航空法与空间法经典译丛

王瀚 主编

THE INTERNATIONAL CIVIL
OPERATIONS OF UNMANNED
AIRCRAFT SYSTEMS UNDER AIR LAW

航空法视域下无人驾驶航空器的国际民事运行

[厄瓜多尔] 路易斯·费尔南多·菲亚洛斯·帕斯米尼奥 著

张丝路 王瀚 译

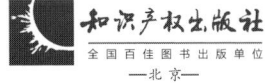

知识产权出版社

全国百佳图书出版单位

—北京—

ⓒ 2021, Kluwer Law International BV, The Netherlands

This is a translation of The International Civil Operations of Unmanned Aircraft Systems under Air Law, by Luis Fernando Fiallos Pazmiño, published and sold by Intellectual Property Publishing House Co., Ltd., by permission of Kluwer Law International, Alphen aan den Rijn, The Netherlands, the owner of all rights to publish and sell same.

本书《航空法视域下无人驾驶航空器的国际民事运行》由路易斯·费尔南多·菲亚洛斯·帕斯米尼奥所著，中文版由知识产权出版社有限责任公司出版发行。原版英文版由位于荷兰阿尔芬安登莱茵的威科法律国际（Kluwer Law International）出版。本中文版由英文版权利所有者许可出版销售，该权利所有者保留所有出版和销售权利。

图书在版编目（CIP）数据

航空法视域下无人驾驶航空器的国际民事运行／（厄瓜）路易斯·费尔南多·菲亚洛斯·帕斯米尼奥著；张丝路，王瀚译． -- 北京：知识产权出版社，2025.9． --（航空法与空间法经典译丛／王瀚主编）． -- ISBN 978－7－5245－0012－4

Ⅰ. D993.4

中国国家版本馆 CIP 数据核字第 202518D0V2 号

责任编辑：秦金萍	责任校对：谷　洋
封面设计：瀚品设计	责任印制：刘译文

航空法视域下无人驾驶航空器的国际民事运行

[厄瓜多尔] 路易斯·费尔南多·菲亚洛斯·帕斯米尼奥　著
张丝路　王　瀚　译

出版发行：	知识产权出版社有限责任公司	网　　址：	http://www.ipph.cn
社　　址：	北京市海淀区气象路 50 号院	邮　　编：	100081
责编电话：	010-82000860 转 8367	责编邮箱：	1195021383@qq.com
发行电话：	010-82000860 转 8101/8102	发行传真：	010-82000893/82005070/82000270
印　　刷：	天津嘉恒印务有限公司	经　　销：	新华书店、各大网上书店及相关专业书店
开　　本：	720mm×1000mm　1/16	印　　张：	18
版　　次：	2025 年 9 月第 1 版	印　　次：	2025 年 9 月第 1 次印刷
字　　数：	275 千字	定　　价：	98.00 元

ISBN 978-7-5245-0012-4

京权图字：01-2025-3445

出版权专有　侵权必究

如有印装质量问题，本社负责调换。

译者简介

张丝路

法学博士，博士后，硕士生导师。现任西北政法大学国际法学院讲师、郑斌航空与空间法研究所研究员、涉外法治研究中心研究员、中国—中亚法律查明与研究中心研究员，西安仲裁委员会仲裁研究院研究员，陕西高校青年创新团队"中国航空航天涉外法治研究"核心成员，最高人民法院第五批实践锻炼青年学者。主要研究领域为国际航空法、海商法、国际私法、国际商事仲裁。独著《陆空联运合同国际私法问题研究》获2024年中国国际私法优秀学术成果奖（二等奖），参译《〈国际民用航空公约〉述评》，先后在《兰州大学学报（社会科学版）》《中国国际法年刊》《中国国际私法与比较法年刊》等国内核心期刊发表多篇文章。

王瀚

法学博士，博士后，西北政法大学原副校长、学位委员会副主席。现任西北政法大学二级教授、博士研究生导师、博士后合作导师、国际法学科带头人，担任国家智库研究基地西北政法大学涉外法治研究中心执行主任、首席专家，丝绸之路区域合作与发展法律研究院院长，陕西省哲学社会科学重点研究基地国际法研究中心主任，中国低空经济法治研究院院长；陕西省"三秦学者"岗位特聘教授，中国国际私法学会副会长，最高人民法院国际商事专家委员会委员，中国国际贸易促进委员会贸易摩擦法律顾问委员会副主任、国际合规工作组召集人。独著《华沙国际航空运输责任体制法律问题研究》《国际私法之程序法比较研究》《国际航空运输责任法研究》等3部，在《中国法学》《比较法研究》《法律科学》《现代法学》《法学杂志》等期刊发表学术论文70余篇，先后获得中国法学会1999年和2002年"全国杰出中青年法学家"提名奖、中国社会科学院首届十大杰出法学博士后、"中国改革开放四十年航空法治建设杰出贡献成就奖"等荣誉称号。

本书获陕西省国际法学科"三秦学者"科研创新团队、中央财政支持地方高校改革发展项目"国际经贸摩擦应对与争端预防法治创新智库建设"专项资金资助，系2023年陕西省教育厅科学研究计划项目"涉外法治视域中国际货物运输争议解决机制研究"（项目编号：23JY076）、2024年陕西高校青年创新团队建设科研计划项目"国际航空安全治理法律问题研究"（项目编号：24JP190）阶段性研究成果

航空法与空间法经典译丛
编 委 会

主编：王 瀚

编委：保罗·史蒂芬·邓普西（Paul Stephen Dempsey）

　　　程家瑞　董念清　高志宏　黄解放

　　　金斗焕（Doo Hwan Kim）　柳 芳

　　　刘亚军　李寿平　李居迁

　　　帕布罗·门德斯·德·莱昂（Pablo Mendes De Leon）

　　　王 瀚　吴建端　尹玉海　张丝路　赵 云

航空法与空间法经典译丛
总　序

在人类的历史长河中，航空航天技术研发和产业活动才刚刚起航；在法律的历史长河中，航空航天法治建设也只能算得上是新生儿。

2000多年前，中国人发明了风筝，承载着人类自由飞翔的美好愿景。1903年，美国莱特兄弟制造了世界上第一架飞机，人类的飞行梦想自此开始实现。1912年，中国航空之父冯如正式成立广东飞行器公司，献身于新兴的航空事业。1919年，包括当时的中国政府在内的26个国家在法国巴黎签署了《空中航行管理公约》，确定了各国空气空间的国家主权地位，标志着人类飞行活动自此进入国际法治时代。1929年，各缔约国在波兰华沙签署了《统一国际航空运输某些规则的公约》，并经过后续不断的现代化和一体化，正式形成了现代完善的国际航空运输责任体制。1944年，各缔约国在芝加哥签署了《国际民用航空公约》（又称《芝加哥公约》）及其附件，据此国际民航组织（ICAO）于1947年正式成立，国际航空运输活动的国际管理体系逐渐形成，国际航空运输活动也因此越来越安全高效。另外，各主权国家的国内军用和民用航空立法体系也逐渐构建，与各国际公约相互配合，形成了比较完备的航空法律体系。

上古时代，中国人"嫦娥奔月"的美丽传说寄托了人类对浩瀚宇宙的无限遐想。1910年，主题为无线电频率所有权的第一篇航天法文章问世，尽管此时人类仍处于仰望星空的冥思之中。1957年，苏联成功发射了第一颗进入行星轨道的人造卫星，正式揭开了人类航天活动的序幕。1959年，联合国和平利用外层空间委员会成立，人类的航天活动自此有了国际协调和监管机构。

1960年，国际空间法学会诞生，航天法学研究活动也正式有了国际学术组织依托。1966年至1979年，《外空条约》《营救协定》《责任公约》《登记公约》《月球协定》五大外空条约先后通过，构成了国际航天法的基本框架。苏联解体之后，外空军事竞赛告一段落，国际航天法的发展丧失了政治斗争需求，开始转入"软法"时代。基于航天产业发展要求，世界各国逐步颁布国内航天立法，充实了航天法律体系。外空商业化、外空军事化利用和外空资源开采等航天活动也给国际和国内航天法的发展带来新的推进剂。我们坚信，未来的航天法律体系将会更加丰富、繁荣。

在传统的法律体系中，"空"和"天"之间存在缝隙，前者为国家主权范围，未经允许不得入内；后者为人类公域，各国有权自由探索。然而，随着技术的进步，航空、航天活动之间的技术隔阂逐渐缩小，活动范围逐渐交叉，临近空间的作用逐步被发掘，空天一体化的趋势已不可避免。在该背景下，亚轨道飞行、空间交通运输、空间交通管理和航天科技在航空的应用等领域迅速交叉融合，这给传统的航空航天管理体制和法律体系带来严峻的挑战，航空法和航天法迫不得已且不可避免地走到了一起。幸运的是，国内外相关机构已经注意到这种趋势，并采取措施积极应对。对此，联合国和平利用外层空间委员会和国际民航组织早在2015年就已经开展合作，共同召开研讨会，商讨空天交叉领域相关活动的监管、政策和法律等前沿问题，加拿大麦吉尔大学和荷兰莱顿大学等世界知名学术研究机构也都将航空法与航天法并行研究和设计课程，取得了全球认可的成果。

中国人是最早仰望星空梦想飞行的民族之一，航空航天技术也逐步从之前的落后梯队追赶到如今的国际先进水平。1954年，一架初教-5军用初级教练机首飞冲天，结束了中华人民共和国不能自制飞机的历史。4年后，我国第一次自己设计和制造的民航飞机"北京1号"在北京航空学院师生的见证下试飞成功，为我国航空航天技术和管理人才的培养奠定了基础。自此，中国的航空工业迅猛发展。1970年，我国第一颗人造地球卫星"东方红一号"成功发射，开创了中国航天历史新纪元，中国航天立法自此有了产业基础。改革开放40多年来，我国航空航天产业实现了腾飞。2003年，神舟飞船载着航天英雄杨利伟一飞冲天，中华民族千年飞天梦圆。2011年，我国首个自主研制的载人空间试验平台"天宫一号"成功入轨，成为外空中屈指可数的空间站之一。2017年，我国具有自主知识产权的C919大飞机在上海浦东国际机场圆满首飞，打破了欧美国家在大飞机研制领域的垄断格局。

在航空航天技术、产业和管理领域不断取得成就的同时，我国的航空航天法治建设也经历了从无到有的艰辛历程。自1978年十一届三中全会将中国的法治建设提上重要议事日程之后，我国逐步形成了以1995年《民用航空法》为基本法，以适航管理、飞行规则、运输规则、航空安保、机场建设和管理等民航各领域法规、规章为主体，以管理程序、咨询通告、管理文件、工作手册和信息公告等规范性文件为补充的航空法律体系。然而，不可否认，该航空法律体系仍有很多不完善之处，比如我国在通用航空法治体系建设方面存在明显不足，我国航空运输产品赔偿责任标准尚未与国际社会实现良好对接，我国对亚轨道商业飞行和邻近空间活动等空天交叉领域的管理还没有明确的组织架构和法律依据。另外，我国目前仍是少数几个欠缺航天基本法的航天大国之一，航天法律体系建设仍然任重道远，并且艰辛之路还将持续一段时间。

因此，我们联合知识产权出版社，组织并策划了"航空法与空间法经典译丛"，通过对国外航空航天领域的经典法学著作的介绍、翻译和深入研究，为国内法学研究人员提供基础理论资料，激发相关领域研究灵感，取长补短，洋为中用，以期在我国航空航天法学理论体系和法治实施体系建设中能有所裨益，推动全面依法治国基本方略在航空航天领域的有效实施。

西北政法大学国际法研究中心主任
西北政法大学郑斌航空与空间法研究所所长

2020年1月5日于西安

翻译凡例

一、本书中的人名和专有术语一般按照通行译法译出。第一次出现的人、无通行译法的专有术语，括注相应的原文，以便读者对照和理解。

二、为忠实表达作者原意，原书中的斜体文字，译者采用了加粗字体。

三、原书采用章后注的形式，为便于与正文对照理解，译者将章后注改为页下注，脚注排序上仍保留了全书连排的形式。

四、本书中的脚注，除对说明性和解释性的文字进行翻译外，还对文后提及的文件、条约等内容进行了翻译，以加强脚注与文后文件列表和条约列表的联系。

五、因本书所涉部分国际文件，如《芝加哥公约》的附件、《遥控驾驶航空器系统（RPAS）手册》，在页码编排上有其独特体例，译者为与相关文件保持一致，采用了章节加页码的方式，如第2章第1页表述为第2-1页、第5章第5页表述为第5-5页。

六、本书脚注中的同前注，指的是与其上一个脚注内容相一致。

七、本书中用星号（*）表示的脚注，系译者对译文的补充性解释或说明。

航空法视域下无人驾驶航空器的国际民事运行

航空航天法律与政策系列

第 19 卷

编辑

航空法与空间法教授帕布罗·门德斯·德·莱昂，以及荷兰莱顿大学空间法助理教授唐妮娅·马颂-斯万（Tanja Masson-Zwaan）。

简介

航空航天法律与政策系列丛书批判性地审视了自20世纪以来国际航空和航天活动所经历的根本变化。在此背景下，相关行业发展日趋成熟，不但摆脱了传统的监管限制，而且涌现出各种创新型应用，急需创造性的法律解决方案。

目标

该系列旨在从法律视角为国际公共航空和空间法律与政策领域作出贡献，其涵盖区域和国家层面上的实施情况、公共机构和服务提供商的责任和义务、竞争法、保险法、公司法，以及欧盟法和国际公法之间的复杂关系。

读者

航空法与空间法律师、学者、政府代表、国际组织以及参与航空和航天活动的公司。

关于本书作者

路易斯·费尔南多·菲亚洛斯·帕斯米尼奥（Luis Fernando Fiallos Pazmiño），1978年3月5日出生于厄瓜多尔的瓜亚基尔市，莱顿大学博士研究生，获得加拿大麦吉尔大学航空与空间法研究所法学硕士学位、厄瓜多尔瓜亚基尔大学法律学位。

2009年，路易斯博士受聘为厄瓜多尔外交部职业外交官，现任厄瓜多尔外交部一等秘书，曾任厄瓜多尔驻加拿大大使馆领事（2014—2016年）、厄瓜多尔驻卡塔尔大使馆副领事（2012—2014年），以及厄瓜多尔外交、贸易与一体化部驻厄瓜多尔民航理事会常任代表（2011—2012年）。在此之前，路易斯博士是一名航空法律师，主要从事航空器融资、航空监管、政策与联盟领域的业务，为厄瓜多尔和拉丁美洲地区的知名航空公司提供咨询服务。

原版序言

无人驾驶航空器系统（UAS）的兴起，正在从根本上塑造国际民用航空的未来。这种技术创新正在人类活动的绝大多数领域引发变革。无人驾驶航空器（UA）是否能够常规从事载运乘客、货物和邮件的国际商业航班？无人驾驶航空器系统能否开辟新市场，刺激全球经济增长并创造就业机会？现在发生了什么？我们应该关注什么？哪些因素可能会影响无人驾驶商用航空的未来？法律挑战是什么？本书旨在从如何推动无人驾驶航空器系统的常态化国际运营的角度，探讨当前的法律和监管框架。本书分析了民用无人驾驶航空器系统在国际运营时所面临的法律挑战和监管挑战，具体包括：

◆ 空域法律制度；

◆ 航空器的概念；

◆ 与国际航空运输有关的国际空中航行的概念；

◆ 安全管理制度。

研究过程中，笔者在解释和适用针对无人驾驶航空器系统的国际航空规则时，还采用了《维也纳条约法公约》（VCLT）规定的条约解释规则，以增强法律的连贯性和实用性。笔者希望为将无人驾驶航空器系统积极且全面地纳入航空法作出贡献，并激发针对该系统的进一步思考。

无人驾驶航空器系统正涉足众多民用领域，与此同时，技术创新仍在持续快速发展，越来越多的人正将想象力付诸实践，催生出各种新理念与应用。尽管无人驾驶航空是一个不断发展的产业，呈现出一系列的特殊性和复杂性，并具有充足的运营机会及巨大的经济潜力，但对于民用航空而言，该产业也是一个希望与挑战并存的新领域。据行业报告称，无人驾驶航空器的市场价值将从2016年的114.5亿美元增长到2025年的518.5亿美元。鉴于该市场的快速发展，预计在未来 10 年内，全球民用航空运营中约有 10% 将由无人驾驶航空器完成。由于统一的规则将有助于规范民用无人驾驶航空器系统的常态化国际运营，在统一的国际监管框架建立之前，我们很难准确预测无人驾驶航空器系统对民用航空的全面经济影响。

无人驾驶航空器系统的快速发展引发了人们针对有人驾驶航空器安全和安保的担忧，这种担忧被 2018 年和 2019 年发生的事件所证实。因此，急需为无人驾驶航空器系统的运营制定全面的监管框架，以促进其安全运行并与有人驾驶航空器有效整合。

国际民航组织致力于提升无人驾驶航空器系统国际运行的安全性，并确保其运行不会对民用航空用户和运营人构成危险。一旦制定出针对无人驾驶航空器系统的标准和建议措施（SARPs），无人驾驶航空器将能够与有人驾驶航空器一并从事国际航空运输，使用相同的空域、程序和空域隔离标准，并像有人驾驶航空器一样，从机场起降，以及与空中交通管制（ATC）机构和其他驾驶员安全无缝地互动。为此，就需要在《芝加哥公约》附件已经采纳的成千上万条标准和建议措施中，加入新的针对无人驾驶航空器系统的标准和建议措施。

现行国际民用航空规范体系主要是为促进有人驾驶航空器的国际空中航行而构建的，因此无人驾驶航空器在融入民用航空系统时，存在监管空白，阻碍了其安全运行与民用航空活动。

国际航空运输由不同的管理制度调整，包括但不限于《芝加哥公约》及其附件等航空公法公约、航空刑法公约以及双边/多边航空运输协定（ASAs）。这些条约和协定之间也在相互影响。因此，当无人驾驶航空器从事国际航空运输时，必须遵守这些法律文件中关于空域使用、航空器国籍以及国际空中航行安全的规定。

最后，随着无人驾驶航空器产业的持续壮大，同时运营的无人驾驶航空器数量也将快速增长。这种情况对各国、国际民航组织和空域规划者构成了巨大挑战，需要在无人驾驶航空器系统的空中交通管理、安全和安保方面采取创新办法。

缩略语表

英文简称	英文全称	中文表述
ACC	Air Canada Cargo	加拿大航空货运公司
ADIZ	Air Defence Identification Zone(s)	防空识别区
AG	Advisory Group	顾问小组
AI	Artificial Intelligence	人工智能
AIS	Aeronautical Information Service(s)	航空信息服务
ANC	Air Navigation Commission	空中航行委员会
ANSP	Air Navigation Service Provider(s)	空中导航服务提供商
APEC	Asia-Pacific Economic Cooperation	亚太经济合作组织
ASA	Air Services Agreement	航空运输协定
ATC	Air Traffic Control	空中交通管制
ATM	Air Traffic Management	空中交通管理
ATS	Air Traffic Service(s)	空中交通服务
BRLOS	Beyond the Radio Line of Sight	无线电信号外
BVLOS	Beyond the Visual Line of Sight	超视距
CAA	Civil Aviation Authority(ies)	民航局
CARICOM	Caribbean Community	加勒比共同体
CASA	Civil Aviation Safety Authority of Australia	澳大利亚民航安全局
CDL	Configuration Deviation List	构型偏差清单
CMA	Continuous Monitoring Approach	持续监测方法

续表

英文简称	英文全称	中文表述
CONOPS	Concept of Operations	运行概念
DAA	Detect and Avoid	发现与避让
DARPA	Defence Advanced Research Projects Agency	国防高级研究计划局
DAS	Detect and Avoid System	发现与避让系统
DDC	Drone Delivery Canada	加拿大无人机运输公司
EASA	European Union Aviation Safety Agency	欧盟航空安全局
EEZ	Exclusive Economic Zone	专属经济区
ELT	Emergency Locator Transmitter	紧急定位发射器
EURON	European Robotics Research Network	欧洲机器人研究网络
FAA	Federal Aviation Administration	联邦航空管理局
FAR	Federal Aviation Regulations	《美国联邦航空条例》
FIR	Flight Information Regions	航班信息区域
GASP	Global Aviation Safety Plan	全球航空安全计划
IATA	International Air Transport Association	国际航空运输协会
ICAO	International Civil Aviation Organization	国际民用航空组织
ICJ	International Court of Justice	国际法院
IFR	Instrument Flight Rules	仪表飞行规则
ILC	International Law Commission	国际法委员会
ITU	International Telecommunications Union	国际电信联盟
MAC	Mid-Air Collisions	空中相撞
MASA	Multilateral Air Services Agreement	《多边航空运输协定》
MALIAT	Multilateral Agreement on the Liberalization of International Air Transportation	国际航空运输自由化多边协定
MCM	Maintenance Control Manual	维修控制手册
MEL	Minimum Equipment List	最低设备清单

续表

英文简称	英文全称	中文表述
MOU	Memorandum of Understanding	谅解备忘录
NOTAM	Notice to Airmen	航行通告
NPA	Notice of Proposed Amendment	拟议修正案通知
OTV	Orbital Test Vehicle	轨道试验飞行器
PANS	Procedures for Air Navigation Services	空中航行服务程序
PCIJ	Permanent Court of International Justice	《常设国际法院规约》
RLOS	Radio Line of Sight	无线电信号内
ROA	Remotely Operated Aircraft	遥控飞机
ROC	Operator Certificate	运营人证书
RPA	Remotely Piloted Aircraft	遥控驾驶航空器
RPAS	Remotely Piloted Aircraft Systems	遥控驾驶航空器系统
RPASP	Remotely Piloted Aircraft System Panel	遥控驾驶航空器系统小组
RPAV	Remotely Piloted Aerial Vehicles	遥控飞行器
RPS	Remote Pilot Stations	遥控站
SARPs	Standards and Recommended Practices	标准和建议措施
SMS	Safety Management System	安全管理体系
SSP	State Safety Programme	国家安全方案
SUPPs	Supplementary Procedures	地区补充程序
TASA	Template Air Services Agreement	航空运输协定范本
UA	Unmanned Aircraft	无人驾驶航空器
UAE	United Arab Emirates	阿联酋
UAS	Unmanned Aircraft Systems	无人驾驶航空器系统
UASAG	Unmanned Aircraft Systems Advisory Group	无人驾驶航空器系统咨询小组
UASSG	Unmanned Aircraft Systems Study Group	无人驾驶航空器系统研究小组

续表

英文简称	英文全称	中文表述
UAV	Unmanned Aerial Vehicles	无人驾驶飞行器
UD	Unmanned Drone	无人驾驶飞机
UK	United Kingdom	英国
UN	United Nations	联合国
UNCLOS	United Nations Convention on the Law of the Sea	《联合国海洋法公约》
USA	United States of America	美国
USOAP	Universal Safety Oversight Audit Programme	普遍安全监督审计计划
UTM	UAS Traffic Management	无人驾驶航空器系统交通管理
VCLT	Vienna Convention on the Law of Treaties	《维也纳条约法公约》
VFR	Visual Flight Rules	目视飞行规则
VHF	Very High Frequency	甚高频
VMC	Visual Meteorological Conditions	目视气象条件
WASA	World Air Services Agreements	《世界航空运输协定》
WWI	World War Ⅰ	第一次世界大战
WWII	World War Ⅱ	第二次世界大战

目　　录

引　论 ··· 1
  0.1　研究主旨 ·· 1
  0.2　法律挑战 ·· 3
  0.3　研究结构 ·· 4
  0.4　研究问题 ·· 7
  0.5　研究方法 ·· 8
      0.5.1　研究路径 ··· 8
      0.5.2　研究贡献 ··· 8
  0.6　理论框架 ·· 9
      0.6.1　习惯国际法 ·· 9
      0.6.2　一般法律原则 ·· 10
      0.6.3　条约 ··· 11
      0.6.4　条约解释方法 ·· 12
      0.6.5　国际组织对条约的解释 ································· 16
      0.6.6　与条约解释相关的嗣后实践 ·························· 19
      0.6.7　后法优先原则和特别法优先原则 ··················· 20

第1章　无人驾驶航空器系统的历史、定义、运用和技术挑战 ········· 22
  1.1　历史回顾 ··· 22
  1.2　无人驾驶航空器系统的定义 ·································· 27
      1.2.1　术语 ··· 27
      1.2.2　国际民航组织的定义 ···································· 29

        1.2.3 欧盟航空安全局的定义 ………………………………… 32
        1.2.4 美国联邦航空管理局的定义 …………………………… 32
        1.2.5 结束语 …………………………………………………… 33
    1.3 无人驾驶航空器的民事用途 ………………………………………… 33
        1.3.1 航空器的分类 …………………………………………… 33
        1.3.2 无人驾驶航空器系统在国际民航中的潜在应用 ……… 34
    1.4 有人驾驶航空器与无人驾驶航空器运行的异同 …………………… 35
        1.4.1 安全标准的一致性 ……………………………………… 35
        1.4.2 相同的空气动力学特性 ………………………………… 35
        1.4.3 客舱乘务组的作用 ……………………………………… 35
    1.5 无人驾驶航空器系统对民航的贡献 ………………………………… 36
        1.5.1 市场研究公司的报告 …………………………………… 36
        1.5.2 全球市场洞察公司的报告 ……………………………… 37
    1.6 技术和运行挑战 ……………………………………………………… 38
        1.6.1 国际民航组织的观点 …………………………………… 38
        1.6.2 发现与避让 ……………………………………………… 38
        1.6.3 空中交通管制单位 ……………………………………… 39
        1.6.4 指挥与控制链路 ………………………………………… 40
        1.6.5 超视距飞行和无线电信号外飞行 ……………………… 40
    1.7 本章小结 ……………………………………………………………… 42

第 2 章 针对空域和航空器的国际法律制度对无人驾驶航空器
       系统运行的适用性 …………………………………………………… 44
    2.1 针对无人驾驶航空器系统之国际监管框架的演进 ………………… 44
        2.1.1 本章要点 ………………………………………………… 44
        2.1.2 《巴黎公约》及其《1929 年议定书》………………… 44
        2.1.3 《芝加哥公约》………………………………………… 46
    2.2 航空法原则对无人驾驶航空器系统运行的适用性 ………………… 48
        2.2.1 国际航空法的原则 ……………………………………… 48

2.2.2 航空法原则的形成与习惯国际法 ………………………… 49
2.2.3 《芝加哥公约》的序言 ……………………………………… 53
2.2.4 主权 …………………………………………………………… 56
2.2.5 领土 …………………………………………………………… 58
2.2.6 民用航空器和国家航空器 …………………………………… 59
2.2.7 民用航空的滥用 ……………………………………………… 67
2.3 本章小结 …………………………………………………………… 74

第3章 无人驾驶航空器 …………………………………………………… 77
3.1 本章要点 …………………………………………………………… 77
3.2 解析《芝加哥公约》第8条"无人驾驶航空器" ……………… 77
 3.2.1 第8条"无人驾驶航空器" ………………………………… 77
 3.2.2 无人驾驶航空器系统国际运行的现状 …………………… 80
 3.2.3 对《芝加哥公约》第8条的分析 ………………………… 81
3.3 根据条约解释规则赋予第8条含义 ……………………………… 94
 3.3.1 根据《条约法公约》规则解释《芝加哥公约》的可行性 … 94
 3.3.2 国际民航组织赋予《芝加哥公约》第8条含义的行动 …… 95
3.4 本章小结 …………………………………………………………… 97

第4章 无人驾驶航空器系统进入外国区域 …………………………… 100
4.1 本章要点 ………………………………………………………… 100
4.2 有关无人驾驶航空器系统运营之国际航班的规定 …………… 100
 4.2.1 国际空中航行 ……………………………………………… 100
 4.2.2 国际航空运输 ……………………………………………… 101
4.3 国际空中航行管理制度 ………………………………………… 104
 4.3.1 《芝加哥公约》规定的国际空中航行制度 …………… 104
 4.3.2 无人驾驶航空器参与国际空中航行的机遇与挑战 …… 107

4.3.3 结束语 ·· 111
4.4 《芝加哥公约》下的无人驾驶航空器国际航空运输管理
制度 ··· 111
 4.4.1 本节之目的 ·· 111
 4.4.2 《芝加哥公约》下的国际航空运输原则 ··················· 112
 4.4.3 无人驾驶航空器运行中的特别法优先原则 ················· 113
 4.4.4 不定期航班 ·· 118
 4.4.5 定期航班 ·· 122
 4.4.6 国内载运权 ·· 123
4.5 《国际航班过境协定》、《国际航空运输协定》、航空自由
以及双边/多边航空运输协定对无人驾驶航空器系统
运营的适用性 ·· 125
 4.5.1 本节之范围 ·· 125
 4.5.2 《国际航班过境协定》 ·································· 126
 4.5.3 《国际航空运输协定》 ·································· 129
 4.5.4 与无人驾驶航空器系统运营相关的航空自由 ··············· 130
 4.5.5 双边/多边航空运输协定 ································· 133
4.6 本章小结 ··· 142

第5章 无人驾驶航空器系统国际运行的安全性 ··············· 145

5.1 本章要点 ··· 145
5.2 《芝加哥公约》及其附件对无人驾驶航空器系统国际
运行的适用性 ·· 145
 5.2.1 《芝加哥公约》框架下有关无人驾驶航空器
系统运行的安全规则 ···································· 145
 5.2.2 《芝加哥公约》附件对无人驾驶航空器系统运行的
适用性 ··· 152

5.2.3 《芝加哥公约》及其安全规则对无人驾驶航空器系统
　　　　 运行的适用性 ··· 157
　　5.2.4 结束语 ·· 167
5.3 需要制定规则以确保无人驾驶航空器系统在民用航空领域
　　安全运行 ·· 168
　　5.3.1 将无人驾驶航空器系统整合至非隔离空域 ···································· 168
　　5.3.2 无人驾驶航空器系统运行中的安全和安保管理 ···························· 170
　　5.3.3 结束语 ·· 183
5.4 涉及无人驾驶航空器系统的事件 ·· 183
　　5.4.1 盖特威克、伦敦希思罗、纽瓦克和迪拜事件 ································ 183
　　5.4.2 可能适用于防止这些事件的主要国内法规 ···································· 184
　　5.4.3 防止类似事件再次发生的经验教训 ·· 187
　　5.4.4 结束语 ·· 188
5.5 本章小结 ·· 189

第6章 结论和建议 ·· 197

6.1 本章要点 ·· 197
6.2 一般结论 ·· 197
6.3 涉及无人驾驶航空器国际空中航行和国际航空运输的
　　法律问题，以及现行国际航空运输法律体系能否支持
　　无人驾驶航空器系统的国际运行 ·· 201
6.4 《芝加哥公约》及其附件是否适用于无人驾驶航空器系统 ·················· 204
6.5 为将无人驾驶航空器系统纳入国际民用航空体系是否需要
　　更新《芝加哥公约》及其附件规定的标准和建议措施 ·························· 205
　　6.5.1 标准和建议措施的适用性 ·· 205
　　6.5.2 运用人工智能管理无人驾驶航空器系统 ·· 207
　　6.5.3 进入外国领空的要求 ·· 208
　　6.5.4 机器人能否驾驶航空器 ·· 210
　　6.5.5 尚需解决的问题和结论性意见 ·· 213

6.6 建议 …………………………………………………… 214

6.7 最后陈述 ………………………………………………… 220

参考书目 ……………………………………………………… 222

案例列表 ……………………………………………………… 236

文件列表 ……………………………………………………… 238

条约列表 ……………………………………………………… 243

索　引 ………………………………………………………… 245

航空航天法律与政策系列 …………………………………… 255

译　后　记 …………………………………………………… 257

引 论

0.1 研究主旨

数世纪以来，人类乘飞机旅行曾是遥不可及的梦想。然而，短短几十年内，这一梦想变成了现实。人类社会见证了航空器的发展，这是一场技术革命。航空器可能是人类有史以来最接近时光机的发明，因为其将长途旅行压缩到几小时或几分钟。人类永不满足的好奇心和对进步的渴望使飞行成为可能。随着航空业的不断发展，新一代先进的航空器出现了，这就是无人驾驶航空器系统。这一特别的技术创新激发了人们的想象力，创造了曾经看似无法实现的机会。无人驾驶航空器系统的应用范围十分广泛，既涉足民用领域，也履行国家职能。事实上，无人驾驶航空器系统如同过去的有人驾驶航空器一样，正在彻底地改变民用航空业。[1]

因此，人类现在面临的挑战是，技术变革的快速发展和广泛应用空间。就像人类学会在一个不断变化的世界中茁壮成长一样，机器也在不断地与新思想和新活动共同进化。虽然技术在稳定快速地发展，但对新技术的适当监管并没有跟上步伐。未来学家雷·库兹韦尔（Ray Kurzweil）在他的"加速回报定律"（law of accelerating returns）[2]中提出，按照今天的速度，21世纪100年的发展，相当于以往2万年的发展。如果这一趋势继续下去，在未来的几年内，无人驾驶航空器系统可能会在全球范围内安全地载运乘客、货物和邮件。随着技术日趋成熟，无人驾驶航空器系统在国家和民用领域的应用

---

[1] F. Fiallos. Chapter 4, *The Applicability of the Public International Air Law Regime to the Operation of UAS*. Edited by B. I. Scott. In *The Law of Unmanned Aircraft Systems: An Introduction to the Current and Future Regulation under National, Regional and International Law* (Alphen aan den Rijn: Wolters Kluwer, 2016), 25.

[2] 根据有关技术发展的历史和未来研究，可以认为，技术革新的速度一直在加速，这表明未来可能会发生更快、更深刻的变化，这些变化可能会也可能不会伴随相应的社会和文化变革。

潜力仍在持续扩大。

2019年5月29日,加拿大航空货运公司(ACC)和加拿大无人机运输公司(DDC)达成协议,同意使用无人驾驶航空器系统从事航空货物运输服务。加拿大无人机运输公司将建设和运营多达15万条航线,其无人驾驶航空器将按照飞行时间表运行并载运不同的货物。在非传统航线涉及的地区,比如加拿大的偏远社区,货物运输是一个复杂的问题,而使用无人驾驶航空器的航空运输服务预计将为此提供具有成本效益的解决方案。前述协议还将推动无人驾驶航空器系统从事常规化国际航空运输业务。[3]

2018年2月7日,世界上第一架自动驾驶客机在中国广州首次公开飞行。亿航184是一款电动飞机,能以每小时100千米的速度搭载一名体重不超过100公斤的乘客飞行23分钟。亿航184由自动飞行系统控制,不需要驾驶员干预。[4]类似地,无人驾驶航空器系统的发展已经使得新形式的航空运输成为可能,包括运输对温度敏感的药品、食品、人道主义物资、紧急救援物资,以及完成货运业务的"最后一公里配送"[5]。美国飞机制造商波音公司也推出了一款自动驾驶航空器,能运输相当于两只小象重量的货物。[6]

无独有偶,荷兰代尔夫特理工大学(Delft University of Technology)的学生也设计了一种名为阿特拉斯(ATLAS)的无人驾驶货机,它既可以降低航空货物运输的成本,也能减少在不同运输方式之间中转所需的时间。该设计旨在实现比有人驾驶货机更高的燃油效率。与此同时,正在研发的无人驾驶航空器系统原型机具备10~30吨的载货能力,仅需12小时即可从中国飞抵欧洲,且燃油消耗极低。这些航空器可以服务于现有货机和适合货运的宽

---

[3] *Drone Delivery Canada Announces Commercial Agreement with Air Canada*. Drone Delivery Canada. Accessed 19 July 2020. https://dronedeliverycanada.com/resources/drone-delivery-canada-announces-commercial-agreement-withair-canada/.

[4] *World's First Passenger Drone Makes Maiden Public Flight in China*. The Express Tribune. 8 February 2018. Accessed 3 May 2020. https://tribune.com.pk/story/1629472/8-worlds-first-passenger-drone-makes-maiden-public-flight-china/.

[5] "最后一公里配送"是一个物流术语,用于描述包裹从货站到最终目的地的运输,目的是尽可能快速和经济地交付物品。

[6] A. Davies. *Boeing's Experimental Cargo Drone Is a Heavy Lifter*. Wired. 14 January 2018. Accessed 3 May 2020. https://www.wired.com/story/boeing-delivery-drone/.

体客机所无法覆盖的机场。[7]

一家保加利亚公司 Dronamics 正在研发一款名为"黑天鹅"(Black Swan)的节油型无人驾驶货机,它能够以比有人驾驶航空器低50%的成本运输350千克货物,航程达到2500千米。当"黑天鹅"自主飞行时,遥控站能够通过卫星实现远程控制。[8] 此外,这款飞机可以在短距未铺装跑道上起降,其商业模式有望实现按需点对点运输,提供当日达速递服务,甚至能以较低的成本飞抵通过陆运或海运需要几天才能到达的偏远地区。[9] 该公司正在与非洲、亚洲和拉丁美洲的航空公司合作,通过许多可用的小型机场运营"黑天鹅"机队。该公司还培训当地工作人员和物流运营商,以低于公路运输的成本,为偏远山区和岛屿社区提供进出货物运输服务。[10]

无人驾驶航空器系统的应用早已突破地球上的娱乐活动、航拍摄影或商品配送等传统范畴。如今,这类航空器已冲出大气层,正计划在外太空大显身手。例如,目前正在研发的空间无人机技术,可通过对接燃料即将耗尽的在轨航天器,将其寿命延长多达5年之久。[11] 值得注意的是,一些军事强国也将空间无人机发展为反卫星武器,具备瘫痪或摧毁敌方卫星的能力。[12]

0.2 法律挑战

当国际民航组织正在努力修改和制定适用于无人驾驶航空器系统的国际运营标准和建议措施时,各成员方已经并继续制定促进这些航空器在其国家领空内运行的法规。这种情况正在破坏为无人驾驶航空器系统国际运行制定

---

〔7〕 P. Hermans. *ATLAS, an Unmanned Medium Ranged Containerized Cargo Freighter*. Platform Unmanned Cargo Aircraft. 1 July 2020. Accessed 3 May 2020. https://www.platformuca.org/project/atlas-an-unmanned-medium-rangedcontainerized-cargo-freighter/.

〔8〕 Ibid.

〔9〕 *Dronamics*. Accessed 25 May 2019. https://www.dronamics.com/.

〔10〕 IATA_StrategicPartner_FORWEB_55pxLogo. Dronamics. Accessed 3 May 2020. https://airlines.iata.org/news/dronemanufacturer-becomes-iata-strategic-partner.

〔11〕 C. Cookson. *Space Drones to Extend Life of Ageing Satellites*. Financial Times. 17 January 2018. Accessed 30 April 2020. https://www.ft.com/content/9ab078e2-fac0-11e7-a492-2c9be7f3120a.

〔12〕 Report: *Russia Tested Anti-Satellite Weapon*. The Daily Beast. 21 December 2016. Accessed 30 April 2020. https://www.thedailybeast.com/report-russia-tested-anti-satellite-weapon.

统一和谐之规则的努力。因此，无人驾驶航空器行业的发展进程、可持续性以及国际民事运行的潜力正面临诸多法律挑战，而本研究试图通过探讨相关议题来应对这些挑战。事实上，随着技术的发展和进步，现有法律愈显滞后，加之涉及无人驾驶航空器的事故的潜在风险也在逐渐增加，人们迫切需要厘清这些问题的答案。

此外，目前关于无人驾驶航空器系统的文献不仅数量有限，而且仅聚焦于法律领域的某些特定方面。相应地，有关无人驾驶航空器系统国际运行之法律问题的文献也非常匮乏。鉴于无人驾驶航空器在法律上被认定为航空器，所以急需在国际航空法的范畴内，探索无人驾驶航空器涉及之法律问题。

本书将重点探讨与无人驾驶航空器国际运行当下以及未来相关的领域，并将解决以下核心问题：现行监管机制为何？需要注意的因素有哪些？哪些关键维度将塑造无人驾驶航空器系统的未来？现存法律挑战何在？本书旨在全面探讨将无人驾驶航空器系统纳入航空法调整范围的可行路径，并推动针对该领域的进一步研究和辩论。

0.3 研究结构

本书旨在从国际航空公法的角度探讨无人驾驶航空器系统运行涉及的法律问题。然而，鉴于航空法各个方面的持续变化，笔者不会进行详尽无遗的分析，而是从如何促进无人驾驶航空器系统常态化国际运营的角度，探讨当前的法律规则和监管框架。具体而言，笔者将重点研究1944年12月7日在芝加哥签署的《国际民用航空公约》（以下简称《芝加哥公约》）第8条对所有无人驾驶航空器的适用性，以此作为本研究的起点。

本书**第1章**回顾了无人驾驶航空器系统的历史、定义及其当前在民用航空领域的运用。本章还讨论了有人驾驶航空器和无人驾驶航空器之间的相似之处和操作区别，这对于理解针对无人驾驶航空器复杂性及其操作风险之法规的发布和修订过程至关重要。在此基础上，本章进一步探讨了无人驾驶航空器系统目前在民用航空领域的贡献及其对未来应用的潜在影响。此外，如果能够解决一些技术上的挑战，将有助于促进无人驾驶航空器系统的常态化国际运营。

第2章探讨了国际航空公法及其对无人驾驶航空器系统运行的适用性。本章介绍了自1929年以来，特别是第一次世界大战（以下简称一战）和第二次世界大战（以下简称二战）期间，有关无人驾驶航空器之国际航空规则的历史演变。此外，因为本书旨在研究无人驾驶航空器系统国际运行涉及的法律问题，所以针对《芝加哥公约》规定的分析显得至关重要。本章还阐明了《芝加哥公约》的部分条款，例如序言、国家的主权和领土领空主权、民用航空器与国家航空器的概念和差别以及民用航空的滥用，以探讨如何适用于无人驾驶航空器系统。

国际空中航行意味着进入外国领空或公海上空飞行。这种飞行取决于航空器的特性，包括速度和功能，与是否有人驾驶无关。这些物理现象使航空器在飞往目的地时能够跨越一个或多个国家的领空，而这意味着航空器需要面对多个国家的空域制度和海关制度。[13]

第3章讨论了无人驾驶航空器（UA）是否属于《芝加哥公约》第8条规定的"无人驾驶航空器"（pilotless aircraft）*。通常来讲，"无人驾驶航空器"意味着"没有驾驶员"。但为了确定 UA 是否确属严格意义上的 pilotless aircraft，笔者将依据国际法原则以及《维也纳条约法公约》（以下简称《条约法公约》）所规定的条约解释规则展开论述——这些规则的理论框架将在本章要点介绍后予以阐明。

研究第8条是否调整无人驾驶航空器是至关重要的，因为该条不仅是无人驾驶航空器在国际空域进行常规运行的法律基础，还将推动无人驾驶航空器国际航空运输的未来发展。

第4章探讨了无人驾驶航空器进入另一国领空或公海上空涉及的法律问

---

[13] P. Mendes de Leon. *Introduction to Air Law*. 10th ed.（Alphen aan den Rijn：Kluwer Law International, 2017），5.

* pilotless aircraft 在《芝加哥公约》官方中译本中译为"无人驾驶航空器"，但本书主要使用 UA 来指代无人驾驶航空器。所以，为避免混淆，在不影响阅读的情况下，本书主要采用加双引号的形式，将 pioltless aircraft 表述为"无人驾驶航空器"。同时，在涉及两者比较时，倾向于直接用英文表示。

题。为此，本章分析了《芝加哥公约》第5条、第6条、第7条以及作为特别法（Lex specialis）的第8条的适用范围和应用。[14] 鉴于目前国际空中航行法律制度和国际航空运输法律制度主要针对有人驾驶航空器，本章分析了这些法律制度［包括航空自由（freedoms of the air）］向民用无人驾驶航空器扩张适用的可能，以及民用无人驾驶航空器国际运行面临的主要法律挑战。因为各国对其领空享有主权，所以国际航空运输必须事先获得授权。该授权与第8条中针对"无人驾驶航空器"的授权不同。为此，本章探讨了针对无人驾驶航空器国际运行的授权之间的相互作用和法律影响。另外，本章还分析了国际航空运输中双边和多边协定的作用。

鉴于有人驾驶航空器和无人驾驶航空器共享同一空域且飞行阶段相同，它们在运行过程中亦面临类似的风险。**第5章**重点考察了无人驾驶航空器系统国际安全运行涉及的主要问题，探讨了《芝加哥公约》及其附件中的安全规定如何适用于无人驾驶航空器系统的国际运行。本章审查了《芝加哥公约》中关于安全的主要规定，例如空中规则、飞机上携带的文件、适航证书、人员执照以及证书和执照的承认。由于民用航空安全规则的核心是有人驾驶航空器，本章分析了无人驾驶航空器系统在国际运行中可能面临的安全挑战。这些挑战涵盖多个方面，例如将无人驾驶航空器系统整合到非隔离空域、安全和安保管理、飞行计划、进入机场、遥控驾驶站之间的移交和最近涉及无人驾驶航空器系统的事故。

第6章总结了本研究的基本内容，包括对研究问题的回顾以及研究结果的说明。具言之，本章将全面评估无人驾驶航空器系统国际运行涉及的法律问题，并对研究结果与现有文献及该领域的一般观点的影响进行分析。最后，本章评估了上述研究成果如何推动航空法的演进，并指出了未来研究的潜在方向。

---

[14] Lex specialis 是一个拉丁短语，意思是"特别法"。这一术语源于法律格言"特别法优先适用"（lex specialis derogat legi generali）。这一原则与法律解释有关，可适用于国内法和国际法。See US Legal, Inc. *Lex Specialis Law and Legal Definition*. Accessed 7 June 2019. https://definitions.uslegal.com/l/lex–specialis/.

0.4 研究问题

虽然航空活动依赖于各国普遍接受的现有术语,并且各国都致力于促进和发展航空产业,[15]但《芝加哥公约》既没有定义"航空",也没有定义"国际民用航空"。[16]《芝加哥公约》是航空法的核心,对促进各国航空运输的发展至关重要,但缺乏对前述术语的明确定义导致了这样一个问题,即如何将无人驾驶航空器系统作为一个组成部分有效地纳入国际民用航空业。随着无人驾驶航空器系统在民用领域的日益普及与技术的成熟,围绕其产生的法律问题仍悬而未决,甚至在国际民用航空的基本法律制度中亦是如此,这些制度包括空域、航空器、国际空中航行、国际航空运输和安全等。

鉴于此,本研究旨在回答以下主要问题:

现行国际航空法律框架是否足以在保障高水平安全的同时,确保无人驾驶航空器系统的运行和发展?

此外,本书的不同章节详细讨论了以下问题,对这些问题的讨论有助于本书在第6章得出一个全面的结论:

(1)《芝加哥公约》及其附件规定的标准和建议措施能否适用于无人驾驶航空器系统?(第1~5章)

(2)与无人驾驶航空器国际空中航行和国际航空运输有关的法律问题是什么?(第5章)

(3)现行国际航空运输法律制度是否支持无人驾驶航空器系统的国际运行?(第5章)

(4)《芝加哥公约》及其附件规定的标准和建议措施是否需要更新,以便将无人驾驶航空器系统纳入国际民用航空体系?(第6章)

---

[15]《芝加哥公约》序言第3句规定:"因此,下列各签署国政府议定了若干原则和办法,使国际民用航空得按照安全和有秩序的方式发展,并使国际航空运输业务得建立在机会均等的基础上,健康地和经济地经营。"

[16] B. F. Havel and G. S. Sanchez. *The Principles and Practice of International Aviation Law* (*The United States*) (Cambridge University Press, 2014), 34.

0.5 研究方法

为回答上述问题,确立论证逻辑并阐明本书所采用的研究路径,笔者采用了法教义学研究方法,其目的是确认特定领域的法律渊源,并明确如何适用该领域的法律规范。[17]质言之,就是研究国际民用航空法律制度当下是如何调整以及未来应如何调整无人驾驶航空器系统的国际运行。这些制度包括《芝加哥公约》及其附件规定的标准和建议措施、《国际航空运输过境协定》(International Air Services Transit Agreement)、《国际航空运输协定》(International Air Transport Agreement)、双边航空运输协定以及国际民航组织就该主题发布的官方文件。

0.5.1 研究路径

本书的研究路径源于这样一个理念,即与有人驾驶航空器一样,无人驾驶航空器系统的国际运行应该是安全、协调和无缝的。[18]自1919年签订《空中航行管理公约》(Convention Relating to the Regulation of Aerial Navigation,以下简称《巴黎公约》)以来,调整国际民用航空的法律制度和监管框架不断发展,但其只规定了两种航空器,即民用航空器和国家航空器,并仅调整民用有人驾驶航空器,对无人驾驶航空器没有特别规定。直到1929年6月15日,修正《巴黎公约》的议定书才纳入了专门针对无人驾驶航空器的规定。

0.5.2 研究贡献

虽然目前讨论无人驾驶航空器系统国际运行法律框架的文献并不丰富,但鉴于涉及无人驾驶航空器系统之事故或事件频发,该领域的重要性正日益凸显。本研究的主要贡献是从国际航空公法的视角,对无人驾驶航空器系统国际运行进行法律推理和辩论。此项法律分析将重点考察前述国际民用航空法律制度在无人驾驶航空器系统国际运行方面的体系一致性及适用性问题。

---

[17] M. McConville, et al. Chapter 1, *Qualitative Legal Research. In Research Methods for Law* (Edinburgh: Edinburgh University Press, 2017), 22–23.

[18] 国际民航组织,Doc 10019 AN/507,《遥控驾驶航空器系统(RPAS)手册》[Manual on Remotely Piloted Aircraft Systems (RPAS)],蒙特利尔:国际民航组织,2015年,第V页。

0.6 理论框架

鉴于法律是一种不断发展演变的复杂人造物,本研究的部分工作在于:针对各国已在国际民用航空法律制度中采用的具体规则提出解释性假设,并将这些假设延伸运用于无人驾驶航空器系统国际运行的新规则范式。

通常来讲,最深刻的发现往往能赋予共性法律现象一致性解释。[19]因此,确定和整合现有的国际法原则和解释规则,将支持笔者提出的论点,这些论点有望成为对无人驾驶航空器现有研究作出贡献的原创内容。

笔者以下将探讨国际公法的渊源、规则、原则、概念以及针对它们的解释。前述渊源包括习惯国际法、一般法律原则和国际协定。对渊源的解释和适用,将采用既定的解释方法、国际组织的解释以及各国的嗣后实践。

这些内容将为进一步分析国际民用航空法律制度如何适用于无人驾驶航空器奠定基础。

0.6.1 习惯国际法

《国际法院规约》第38条所列的国际法渊源,包括"国际习惯,作为惯例之证明而经接受为法律者"[第1款(b)项]以及"一般法律原则为文明各国所承认者"[第1款(c)项]。[20]

构成约束所有国家的习惯国际法,需要满足以下两个条件:

(1)它是持续一定时间的一贯做法;

(2)在法律确信(*opinio juris sive necessitates*)*这种国家信念下,该种做法是必要的。[21]

国际法院在1985年"大陆架案"(利比亚诉马耳他)中确定了习惯国际

---

[19] M. McConville and Wing Hong Chui. *Research Methods for Law* (Edinburgh: Edinburgh University Press, 2017), 161.

[20] 参见《国际法院规约》第38条。

* 拉丁文 *opinio juris sive necessitates*,常缩写为 *opinio juris*。

[21] B. D. Lepard. *Customary International Law: A New Theory with Practical Applications* (Cambridge: Cambridge University Press, 2011), 6. See also J.-S. Brierly. *The Law of Nations* (Oxford: Clarendon Press, 1928), 59–62.

法需要满足的两个条件，其指出：

> 习惯国际法的认定必须考察国家的惯例和法律确信。[22]

统一且一致的习惯需要具备惯例和法律确信两个要素，其中惯例的形式包括但不限于外交信函和声明、国内立法、政府行为和司法判决等形式。[23] 大多数国家承认某一义务性惯例的性质就足以对所有国家具有拘束力，包括新成立国家以及不同意该习惯的国家，除非该国系"一贯反对者"（persistent objectors）。[24]

当各国接受有必要确立一项权威的法律原则或规则以规定、允许或禁止某些行为时，就会形成一项习惯国际法规范。相较于各国的一贯做法，法律确信更为重要，因为各国的一贯做法表明国家对该做法本身存在主观上的法律确信。因此，法律确信可能就足以创造习惯国际法规范，从而使每一案件都无须满足"各国的一贯做法"这一要求。[25] 当各国现在或将来认可某一权威的法律原则或规则是有益的，就意味着国家惯例仅作为法律确信的来源。[26]

0.6.2 一般法律原则

《国际法院规约》第 38 条第 1 款（c）项还提及"一般法律原则为文明各国所承认者"。该规约最初起草于 1920 年，其中"文明各国"这一表述具有特定的历史背景，但进入 21 世纪后，该表述显然已不合时宜，因为当今所有国家都应是文明国家。

在 1920 年，国际法尚未如今日之繁杂，因此《常设国际法院规约》（《国际法院规约》的前身）的起草者面临的挑战是法律不明（*non liquet*）。法律不明是指有管辖权的法院或法庭由于某种原因不能裁决可受理案件的是

---

[22] "大陆架案"（利比亚诉马耳他），1985 ICJ Rep 13, 29, 39, paragraph 27. 另见前引 Lepard 的著作。

[23] I. Brownlie. *Principles of Public International Law* (Oxford: Oxford University Press, 2010), 6 – 7.

[24] 关于"一贯反对者"，新成立国家应受到既有习惯国际法规范的约束。另见 B. D. Lepard, *Customary International Law: A New Theory with Practical Applications* (Cambridge: Cambridge University Press, 2011), 7.

[25] B. D. Lepard, *ibid.*

[26] *Ibid.*, 8.

非曲直,其原因包括但不限于:缺乏可适用的法律、规则含混不清或模棱两可、存在法律冲突,抑或法律后果显失公平。[27]引入一般法律原则,是为了填补在没有相关条约或习惯法解决争端的情况下可能出现的法律空白。起草者并没有赋予国际法院创造新规则的权力,而是要求国际法院审议和适用文明国家所承认的一般法律原则。此处所谓一般法律原则是指,世界主要法系(大陆法系、英美法系、中华法系和其他法系)中普遍存在的国内法原则。也就是说,适用国内法原则是因为这些原则与国际法原则是共通的。[28]

国际法的一般原则可以从其他国际法渊源推导得出,包括习惯国际法和普通条约。[29]国际条约和习惯国际法的快速发展,限制了依靠《国际法院规约》第38条中的"一般法律原则"来填补国际法体系空白的必要性。需要说明的是,尽管国际法院和国际法庭(特别是国际法院)的裁决,经常使用"一般法律原则"这一表述,但大多数时候该措辞指代的是习惯国际法,并由此强调所涉及的习惯规则的重要性及稳定性。换言之,于法院而言,一般法律原则具有习惯国际法的性质。[30]因此,提及一般法律原则,就意味着我们在谈论习惯国际法。有时,"一般法律原则"也被用来指称国际法的基本原则,比如国家主权平等原则或有约必守原则(pacta sunt servanda),没有这些原则,国际法就不会取得今时今日之发展。[31]

0.6.3 条约

《条约法公约》第2条第1款(a)项将"条约"定义如下:

称"条约"者,谓国家间所缔结而以国际法为准之国际书面协定,

---

[27] *Non Liquet*. Oxford Public International Law. May 2006. Accessed 29 June 2020. https://opil.ouplaw.com/view/10.1093/law: epil/9780199231690/law – 9780199231690 – e1669.

[28] J. H. Currie, et al. *International Law: Doctrine, Practice, and Theory* (Toronto, Ontario: Irwin Law, 2014), 145 – 155.

[29] R. Yotova. *Challenges in the Identification of the General Principles of Law Recognized by Civilized Nations: The Approach of the International Court* (Cambridge: University of Cambridge Faculty of Law, 2017), 306.

[30] J. H. Currie, et al. *International Law: Doctrine, Practice, and Theory* (Toronto, Ontario: Irwin Law, 2014), 145 – 155.

[31] *General Principles of Law*. Oxford Public International Law. March 2019. Accessed 29 June 2020. https://www.oxfordbibliographies.com/view/document/obo – 9780199796953/obo – 9780199796953 – 0063.xml.

不论其载于一项单独文书或两项以上相互有关之文书内，亦不论其特定名称如何。

国际协定有各种不同的名称，如条约、公约、协定、宣言、议定书、安排、协议和临时办法（modus vivendi）。这些名称都没有完全固定的含义。然而，比较正式的国际协定通常被称为条约或公约。[32]

0.6.4 条约解释方法

国家在国际法领域的权利与义务一一对应。条约解释的目标是明确缔约方赋予特定措辞的含义，而这与所解释问题产生的背景有关。

《条约法公约》第31~33条是条约解释的逻辑起点。国际法院指出，前述规则应适用于所有条约。这表明解释规则应一体适用于所有国家，而不论该国家是否属于《条约法公约》的缔约方。[33]

根据联合国国际法委员会条约法特别报告员汉弗莱·沃尔多克（Humphrey Waldock）爵士的观点，条约解释应作如下理解：

> 正确的解释过程不是机械地从文本中提取特定措辞不可避免的含义，或寻找和发现各方对条约下产生的每一种情况的某些预先存在的特定意图……在大多数情况下，解释赋予文本意义。[34]

照此理解，解释者试图为特定措辞赋予含义，而非探寻隐含之意。尽管条约之准备工作可资参考，但条约解释的本质不在于寻求文本的唯一确定含义，而是赋予其应有的法律意义。[35]

理查德·加德纳（Richard Gardiner）教授指出，解释之困境包含两个方面：一方面，文义解释与赋予新意是不同的；另一方面，解释者是应该探求

---

[32] O. Svarlien. *An Introduction to the Law of Nations* (New York: McGraw-Hill Book Company, 1955), 261.

[33] R. K. Gardiner. *Treaty Interpretation* (Oxford: Oxford University Press, 2017), 7.

[34] *Third Report on the Law of Treaties*, by Sir Humphrey Waldock, Special Rapporteur, A/CN. 4/167 and Add. 1 – 3 (International Law Commission Study Group on Fragmentation Koskenniemi). Accessed 7 June 2019. http://legal.un.org/ilc/documentation/english/a_cn4_167.pdf.

[35] Richard K. Gardiner. *Treaty Interpretation* (Oxford: Oxford University Press, 2017), 26.

特定措辞的原始含义，即缔约方在缔约时所赋予的含义，还是应该采用客观解释方法，以探求解释与适用问题发生时的含义。[36]

当缔约方缺乏共同的主观解释立场时，客观解释方法便成为唯一可行的解决路径。这是因为解释特定措辞可以处理起草者未曾预见的情形——这些情形可能被完全忽略，或仅作笼统处理而未予具体规定。《条约法公约》规定的解释规则既能指引如何运用解释方法，又为解释者提供了裁量权空间，以确保得出合理的解释结论。[37]

加德纳教授认为，条约解释应采用如下方法：

◆ 根据条约的目的和宗旨，善意地解释特定措辞在上下文中的通常含义；

◆ 审议与条约解释有关的文书，注意缔约方关于含义达成的一致意见，无论是书面记录的，还是通过实践表明的；

◆ 在特定情况下赋予术语特殊含义；

◆ 适用国际法的相关规则。[38]

条约解释的补充资料中，最具重要意义者当属条约的准备工作及缔约情况。《条约法公约》还规定了如何处理条约使用了两种以上作准文字的情况。

《条约法公约》第 31 条规定"解释之通则"，第 32 条规定"解释之补充资料"，第 33 条规定"以两种以上文字认证之条约之解释"。这些规则构成解释条约的基本准则。[39]

尽管如此，国际法委员会在针对前述条约解释规则的评论中指出，这些规则并不是在所有情况下都能适用：

> 应考虑特定解释背景中的所有要素，其相互作用的结果会给出法律上的解释。[40]

---

[36] Richard K. Gardiner. *Treaty Interpretation* (Oxford: Oxford University Press, 2017), 27.
[37] *Ibid.*
[38] *Ibid.*, 8.
[39] *Ibid.*
[40] *Ibid.*, 9.

《条约法公约》中的条约解释规则并非对解释方法的穷尽,因为这些规则既不能解决所有需要解释的问题,也不能保证在任何情况下一定得出正确的结论。然而,这些规则仍有完善的空间,盖因其无法始终产生可经科学验证的解释结果。[41]

《条约法公约》第 31 条第 1 款规定如下:

> 条约应依其用语按其上下文并参照条约之目的及宗旨所具有之通常意义,善意解释之。

该条款反映了这样一个原则,即"依其用语按其上下文并参照条约之目的及宗旨所具有之通常意义"。* 该原则所包含的各个要素之间并没有等级之分,相反,其反映了一个合乎逻辑的进程。其最终的目标是,采用缔约方同意的特定措辞的通常含义,并且条约的目的及宗旨应得到维护。[42]在"联合国大会接纳会员国的权限案"中,法院明确指出,法庭在解释和适用条约时的首要义务是,在这些条款出现的上下文中,明确特定措辞的通常含义。[43]

善意解释条约**的具体边界虽难以界定,但所作解释必须内含合理性要素。[44]因此,解释的出发点是阐明特定措辞的含义,而不是一开始(ab initio)就调查缔约方的意图。[45]

《条约法公约》第 31 条第 2 款明确指出,就条约的目的而言,上下文的范围包括与条约缔结有关的任何文件,以及条约的序言和附件。

《条约法公约》第 31 条第 2 款规定如下:

---

[41] Richard K. Gardiner. *Treaty Interpretation* (Oxford: Oxford University Press, 2017), 6-7.

* 第 31 条第 1 款不仅规定了条约解释的基本原则,即整体性解释原则和善意解释原则,还列举了一系列的条约解释要素,包括文本用语、上下文、目的及宗旨。在中文语境下,此处主要是指整体性解释原则。

[42] M. N. Shaw. *International Law*. 6th ed. (2008). Accessed 2 November 2018. http://www.academia.edu/3386070/Malcolm_N._Shaw_-_International_Law_6th_edition_2008.

[43] *Asylum, Colombia v. Peru*, Merits, Judgment, [1950] ICJ Rep 266, ICGJ 194 (ICJ 1950), 20th November 1950, International Court of Justice [ICJ], Oxford Public International Law, 6 June 2017. https://opil.ouplaw.com/view/10.1093/law:icgj/194icj50.case.1/law-icgj-194icj50.

** 在中文语境下,此处主要是指善意解释原则。

[44] Richard K. Gardiner. *Treaty Interpretation* (Oxford: Oxford University Press, 2017), 152.

[45] 国际法委员会,《国家对国际不法行为的责任的条款草案评述》,2011 年,UN DOC A/56/10。

2. 就解释条约而言，上下文除指连同弁言及附件在内之约文外，并应包括：

(a) 全体当事国间因缔结条约所订与条约有关之任何协定；

(b) 一个以上当事国因缔结条约所订并经其他当事国接受为条约有关文书之任何文书。

《条约法公约》第31条第3款明确了应与上下文一并考虑的内容。其包括缔约方之间的嗣后协定、在条约适用方面的嗣后惯例，以及在缔约方之间关系中适用的任何有关国际法规则。[46]

《条约法公约》第31条第3款规定如下：

3. 应与上下文一并考虑者尚有：

(a) 当事国嗣后所订关于条约之解释或其规定之适用之任何协定；

(b) 嗣后在条约适用方面确定各当事国对条约解释之协定之任何惯例；

(c) 适用于当事国间关系之任何有关国际法规则。

除第31条规定的条约解释通则外，尚有其他需要参考的补充资料。《条约法公约》第32条规定了这些补充资料的使用方法，但这些方法并未被严格限制。尽管第32条没有提供关于补充资料的穷尽性列表，但其指出了解释条约时最常用的补充资料——条约之准备工作。《条约法公约》第32条规定如下：

第32条 解释之补充资料

为证实由适用第31条所得之意义起见，或遇依第31条作解释而：

(a) 意义仍属不明或难解；

(b) 所获结果显属荒谬或不合理时，为确定其意义起见，得使用解释之补充资料，包括条约之准备工作及缔约之情况在内。

---

[46] M. Dixon, M. D. Evans and J. Crawford. *International Law*：Compiled from *Brownlie's Principles of Public InternationalLaw*. 8th ed.；J. Crawford. *Textbook on International Law*. 7th ed.；M. Dixon. *International Law*. 4th ed., Edited by M. Evans（Oxford：Oxford University Press, 2015），179.

对于同一协定，使用不同的作准文字有利有弊，因为语言是一种表达媒介，可以因文化、社会、哲学甚至思维过程的差异而受到影响。比较不同的作准文字，不仅可以有效去除作准文字中的不确定性，还可以发现其中的模糊性或替代可能性，而这是使用单一作准文字时不会发生的问题。[47]《条约法公约》第33条规定了对两种以上作准文字认证的条约解释规则。

第33条　以两种以上文字认证之条约之解释

1. 条约约文经以两种以上文字认证作准者，除依条约之规定或当事国之协议遇意义分歧时应以某种约文为根据外，每种文字之约文应同一作准。

2. 以认证作准文字以外之他种文字作成之条约译本，仅于条约有此规定或当事国有此协议时，始得视为作准约文。

3. 条约用语推定在各作准约文内意义相同。

4. 除依第1项应以某种约文为根据之情形外，倘比较作准约文后发现意义有差别而非适用第31条及第32条所能消除时，应采用顾及条约目的及宗旨之最能调和各约文之意义。

笔者认为，在解释《芝加哥公约》时，必须遵循《条约法公约》中的解释规则，因为这些规则构成习惯国际法，并提供了大多数国家都赞同的解释方法和准则。此外，就条约解释而言，笔者倾向于首先确定特定措辞的通常含义，因为此种含义反映了起草者和缔约方的真实意图，并符合《条约法公约》中所反映的原则。[48]

综上所述，《条约法公约》第31条体现的核心原则应是：条约术语通常含义之确定，须置于条约上下文之中，并参照条约之目的及宗旨予以阐释。

0.6.5 国际组织对条约的解释

联合国及其附属机构通常援用《条约法公约》来解释《联合国宪章》及其相关文件。例如，联合国安全理事会（以下简称安理会）作出的涉及制裁

---

[47] Richard K. Gardiner. *Treaty Interpretation* (Oxford: Oxford University Press, 2017), 354.

[48] *Ibid.*, 22.

的决议经常会引发解释方面的问题,特别是该决议是否对联合国会员国具有拘束力。联合国会员国以及安理会设立的制裁委员会也会解释前述决议。[49] 同样地,其他国际组织也需要频繁解释其组织条约,但记录此种解释过程的文件通常并不公开。[50]

通常而言,国际组织的结构和权力在其组织规约中有所规定,[51] 例如由《芝加哥公约》创设的国际民航组织。国际组织也有专门机关,它们在其职能和权限范围内解释与国际组织有关的条约,但此种解释要受到司法机构解释的约束。如果组织规约提供了一种可靠的解释手段,那么经授权的法庭或司法机构的一致判例就能为特定解释问题的解决提供指引。[52]

为什么国际民航组织被要求解释《芝加哥公约》?这是因为该公约规定了国际民航组织的组成与职能,并将该组织确立为联合国的专门机构。[53] 迈克尔·米尔德(Michael Milde)教授指出,《芝加哥公约》将国际民航组织界定为:

> 在技术、管理领域具有广泛的准立法和行政权力,但在经济领域只具有协商和咨询职能的国际组织。[54]

国际民航组织曾被要求援用《条约法公约》规定的解释规则,以履行其准司法争端解决职能,这使其具有准司法权。[55]

---

[49] *Repertory of Practice of United Nations Organs and Repertoire of the Practice of the Security Council*: *United Nations Digital Library System*. United Nations. Accessed 28 June 2020. http://digitallibrary.un.org/record/754889?ln=en.

[50] *Journal of Transnational Law & Policy*. Accessed 29 June 2020. http://www.law.fsu.edu/co-curriculars/jtlp.

[51] Richard K. Gardiner. *Treaty Interpretation* (Oxford: Oxford University Press, 2017), 111.

[52] *Ibid*. See also Paul. *Introduction to the Law of Treaties* (London: Pinter Publishers, 1989), 96.

[53] 参见《芝加哥公约》第43~96条。

[54] M. Milde. 'The Chicago Convention——After Forty Years', *Annals of Air and Space Law* 119-121 (1984).

[55] 1952年"印度诉巴基斯坦案"涉及巴基斯坦拒绝印度的商业航班飞越其领空;1969年"英国诉西班牙案"涉及西班牙在直布罗陀设置禁飞区;1971年"巴基斯坦诉印度案"涉及印度拒绝巴基斯坦的商业航班飞越其领空;1998年"古巴诉美国案"涉及美国拒绝古巴的商业航班飞越其领空;以及2003年"美国诉15个欧洲国家案"涉及欧盟针对航空器噪声的条例。前述案件中,国际民航组织理事会都没有就实质问题作出裁决,而是由国际民航组织调解案争端。作为一个政治机构,国际民航组织可能不具备其创始人所设想的担任中立争端裁决机构的能力。

参加1944年芝加哥会议的各国认识到统一技术标准的必要性。鉴于此，《芝加哥公约》扩大了国际民航组织的职权，使其可以根据需要随时制定并修改国际标准及建议措施和程序，包括飞行执照、适航认证、航空器登记、国际运营标准以及航空和通信控制等若干事项。任何国家如认为对任何上述国际标准和程序，不能在一切方面遵行，应立即将其本国的措施和国际标准所规定的措施之间的差别，通知国际民航组织。[56]国际民航组织同样发布空中航行服务程序（PANS）[57]和地区补充程序（SUPPs）[58]。因此，国际民航组织成了起草针对民航议题之国际公约的重要平台。[59]《芝加哥公约》第18章规定了两个或两个以上缔约方对公约及其附件的解释或适用发生争议时的解决程序。[60]

国际民航组织针对无人驾驶航空器的目标是，通过标准和建议措施以及配套的空中航行服务程序与指导材料，促进无人驾驶航空器在全球范围内以与有人驾驶航空器相媲美的安全、协调和无缝的方式进行常规化运行。[61]

---

[56] 参见《芝加哥公约》第37条和第38条。

[57] 空中航行服务程序包括比标准和建议措施更为细化的操作规范和规程，它们经常扩张解释有关标准和建议措施中的基本原则。规程只有能在全球范围内适用，才能作为空中航行服务程序。理事会促请缔约各方在其航空情报出版物中公布任何差异，如果这种差异对空中航行安全而言很重要。

[58] 地区补充程序适用于国际民航组织划定的区域。虽然地区补充程序中的规程与空中航行服务程序中的规程相似，但地区补充程序不具有全球适用性。

[59] 例如，在航空安全领域，国际民航组织是主持1963年《关于在航空器内犯罪和其他某些行为的公约》（以下简称《东京公约》）、1970年《制止非法劫持航空器的公约》（以下简称《海牙公约》）和1971年《制止危害民用航空安全的非法行为公约》（以下简称1971年《蒙特利尔公约》）的起草和通过工作的机构。旨在更新1929年《华沙公约》中关于承运人责任的若干公约和议定书也是在国际民航组织的主持下起草的，其中包括1955年《海牙议定书》、1961年《瓜达拉哈拉公约》、1971年《危地马拉议定书》、1975年《蒙特利尔议定书》和1999年《蒙特利尔公约》。国际民航组织除了在国际民用航空技术统一方面发挥作用，还成功地简化了许多涉及国际民航业的手续，例如海关和签证手续。国际民航组织还作为统计数据的收集和标准化中心，协助航空业的发展。

[60] 参见《芝加哥公约》第84条关于争端解决的规定。需要说明的是，《芝加哥公约》的前身《国际民用航空临时协定》（1944年12月7日签署，171 U. N. T. S. 345）确立了临时国际民航组织（PICAO）理事会，并赋予其解决国际航空争端的广泛管辖权。该协定第3条第6款（g）项赋予了临时理事会"作为仲裁机构处理成员方之间可能提交给它的有关国际民用航空之争端"的权力，第7条第9款赋予了理事会审查机场费用以及"就此报告并提出建议"的权力。Gerald FitzGerald. *The Judgment of the International Court of Justice in the Appeal Relating to the Jurisdiction of the ICAO Council*, CAN. Y. B. INT'L L. 153 – 155 (1974).

[61] 国际民航组织，第328号通告，《无人驾驶航空器系统》，访问时间：2020年4月19日，https://skybrary.aero/bookshelf/content/bookDetails.php?bookId=3202。

0.6.6 与条约解释相关的嗣后实践

国际法委员会认为，缔约方就条约理解达成一致后，其嗣后实践与解释性协定一样，都是条约解释的可靠手段。[62]

《条约法公约》第31条"解释之通则"第3款规定如下：

> 应与上下文一并考虑者尚有：
>
> （a）当事国嗣后所订关于条约之解释或其规定之适用之任何协定；
>
> （b）嗣后在条约适用方面确定各当事国对条约解释之协定之任何惯例……

《条约法公约》第31条第3款（a）项涉及缔约方在条约缔结后达成的与缔结此条约无关的解释性协定，它包括关于条约之解释或其规定之适用的任何协定，但并不包含缔约方解释条约的嗣后实践。就条约解释而言，前述实践是解释协定的证据，可以作为一种解释手段，起到与解释协定类似的作用。[63]

国际法院在1999年的一份判决中确认嗣后实践在条约解释方面的作用，该判决指出：

> 关于"嗣后实践"，国际法委员会用下列措辞指出了它的特别重要性：作为解释之要素，这种嗣后实践在条约适用方面的重要性是显而易见的，因为它构成了当事各方关于条约含义的客观证据。在国际法庭的裁决中，嗣后实践早已成为一种公认的解释方法。[64]

正如国际法委员会所特别指出的那样：

> 嗣后实践必须表明，该解释已得到当事各方的默示同意。[65]

---

[62] R. K. Gardiner. *Treaty Interpretation* (Oxford: Oxford University Press, 2017), 203. See also Yearbook of the International Law Commission, 1978, Vol. II. *Part I*: *Documents of the 30th Session*, excluding the Report of the Commission to the General Assembly (New York: UN, 1980), 222.

[63] Richard K. Gardiner. *Treaty Interpretation* (Oxford: Oxford University Press, 2017), 232.

[64] *Ibid.*, 225. 另见"卡西基里/塞杜杜岛案"（博茨瓦纳诉纳米比亚），[1999] ICJ Reports 1045, at 1076, paragraph 49.

[65] Richard K. Gardiner. *Treaty Interpretation* (Oxford: Oxford University Press, 2017), 226.

因此，在《条约法公约》框架下，援引嗣后实践时，应考虑以下要素：

◆ **嗣后实践的概念**：裁定特定实践是否构成条约解释性嗣后实践的核心标准在于，该实践必须能够确证条约缔约方对相关条款形成的共同理解。质言之，相关证据须展现缔约方在履行条约过程中对同一程序的一贯适用行为；若系单方行为，则需证明其他缔约方的同意。[66]

◆ **嗣后实践的频率和一致性**：第31条第3款（c）项规定的嗣后实践的重要性取决于这种实践是否被不断重复。[67]

◆ **嗣后实践可包括行政、立法、司法行为**：任何具有国家权力的机构都可以实施相关行为，只要这些行为表明国家对条约义务或权利的立场。[68]

◆ **嗣后实践和嗣后行为的区别**：实践是一系列连贯事实或行为，既非若干独立适用的个案所能构成，亦非单一孤立事实或行为可予确立。司法机构在认定时，须考察缔约方在后续实践中所展现的一贯行为模式与法律立场。[69]

◆ **条约适用中的实践**：缔约方在条约适用过程中形成的连贯实践表明，此种实践并不限于处理特定争议条款。[70]

0.6.7 后法优先原则和特别法优先原则

当两条或两条以上规则竞相适用于同一情形时，可以通过后法优先原则（*lex posterior derogat priori*）或特别法优先原则来决定应适用的规则。

第一个原则意味着后制定的规则优先于先制定的规则，而第二个原则表明特殊规则优先于一般规则。当这些原则适用于解释立法时，就意味着新规则的立法意图通常是取代或修改先前的法律，而针对特殊情形或特殊制度的立法则旨在成为一般制度的例外。[71]本书探讨了这些原则是否适用于有关无人驾驶航空器系统国际运行的规则。

---

[66] Richard K. Gardiner. *Treaty Interpretation*（Oxford：Oxford University Press，2017），255.

[67] *Ibid.*，227.

[68] *Ibid.*，258.

[69] *Ibid.*，228. See also I. Sinclair. *The Vienna Convention on the Law of Treaties*（Manchester：Manchester University Press，1973），137.

[70] Richard K. Gardiner. *Treaty Interpretation*（Oxford：Oxford University Press，2017），232.

[71] M. Evans. *International Law*. In *International Law*（Oxford：Oxford University Press，2018），109.

笔者认为，后法优先原则不能适用于有关无人驾驶航空器系统国际运行的规则，因为与飞越缔约方领土有关的《芝加哥公约》的条款（第 5~8 条）是在 1944 年 12 月 7 日通过的，且至今未作修改。[72]然而，特别法优先原则可以适用于《芝加哥公约》第 8 条，因该条专门提及"无人驾驶航空器"，并且该条与第 5~7 条将在第 4 章中进一步论述。

在第 1 章中，笔者将探讨无人驾驶航空器的历史沿革、当前应用领域及面临的技术挑战。

---

[72] 参见《芝加哥公约》。

第1章 无人驾驶航空器系统的历史、定义、运用和技术挑战

1.1 历史回顾

尽管无人飞行的想法早在2500年前就萌生了,但无人驾驶航空与有人驾驶航空的发展却发生在同一个时代。"鸽子"是已知的第一种自力推进式无人驾驶飞行装置。希腊塔伦特姆的阿基塔斯[73](Archytas)约在公元前425年发明了这一装置。[74]当时,"鸽子"是一种先进器械,被用于理解鸟类如何飞翔。后来,人类开始尝试其他类型的飞行器。

无人驾驶航空器系统在19世纪末被用于军事领域。1894年8月22日,奥地利在威尼斯上空投放了200个携带炸弹的无人气球。虽袭击未果,但奥地利随后遭对方以相同手段实施军事对等报复。[75]尽管当时技术有限,但无人驾驶航空器仍在一战期间(1914—1918年)发展起来,其早期应用包括导弹炸弹投放及防空炮手训练等。在德国,威廉·冯·西门子(Wilhelm von Siemens)用3年时间(1915—1918年)开发了"西门子鱼雷滑翔机"。该装置从较大的航空器(如齐柏林飞艇)上发射,然后通过细缆遥控导向目标。[76]在同一

---

[73] 塔伦特姆的阿基塔斯是古希腊的数学家、政治领袖和哲学家,活跃于公元前4世纪上半叶(与柏拉图同一时期)。他是早期毕达哥拉斯学派的最后一位杰出人物,也是塔伦特姆的主要政治人物,连续7次当选为将军。从公元前1世纪开始,尽管有其他作品提供佐证,但他的大量作品都是以其名义伪造的,当前其真作仅有4个片段流传下来。

[74] K. Dalamagkidis, L. A. Piegl and K. P. Valavanis. *On Integrating Unmanned Aircraft Systems into the National Airspace System: Issues, Challenges, Operational Restrictions, Certification, and Recommendations* (Dordrecht: Springer, 2009), 12.

[75] R. Naughton. *Remote Piloted Aerial Vehicles*. Accessed 25 April 2018. http://www.ctie.monash.edu/hargrave/rpav_home.html.

[76] B. I. Scott. Chapter 1, *Overview*. In *The Law of Unmanned Aircraft Systems: An Introduction to the Current and Future Regulation under National, Regional and International Law* (Alphen aan den Rijn: Wolters Kluwer, 2016), 3.

时期，美国也进行了无人驾驶航空器系统的研发。1917 年，埃尔默·斯佩里（Elmer Sperry）和彼得·休伊特（Peter Hewitt）制造了一架由无线电控制的无人驾驶航空器，被称为"休伊特－斯佩里自动飞机"。这种航空器可以携带 135 千克炸弹，射程达 80 千米。该成果促使美国陆军订购了"凯特林空中鱼雷"（Kettering Aerial Torpedo），其创新运作机制体现为：预设飞行时间触发引擎停转—机翼分离—机身高速俯冲—80 千克炸弹撞击目标表面后触发爆炸。[77] 后因技术缺陷与精度不足，各国对于无人驾驶航空器系统的研发一度停滞，但其军事潜力仍促使其在一战后得以进一步发展。

1924 年 9 月，英国成功完成全球首次无安全驾驶员随机的无线电遥控无人驾驶飞行试验。英国使用改进的"RAE 1921 靶机"，进行了 39 分钟的炮击训练飞行。尽管美国和英国是二战中仅有的两个使用无线电遥控无人驾驶航空器训练军队的国家，但德国同期也开发了与无人驾驶航空器系统相关的技术。1944 年，德国使用了被称为"响尾蛇"的 F1－103 复仇武器 V－1 作为巡航导弹，其运作模式是预设程序的无人驾驶航空器在击中选定目标时爆炸。德国从海岸发射场向伦敦发射约 10 500 枚 V－1 导弹，但其既未造成毁灭性打击，也没有在二战中发挥决定性作用。[78]

1946 年 4 月，改装后的诺斯罗普 P－61"黑寡妇"为美国气象局执行首次无人驾驶雷暴穿越任务，开创了科研用途无人机采集气象数据的先河。[79] 1955 年，诺斯罗普无线电飞机 SD－1"猎鹰/观察者"实现首次无人侦察飞行，该机型后被美英陆军正式列装部队。[80]

冷战期间，无人驾驶航空器系统的监视潜力得到充分验证。美国曾使用"闪电虫"（lightning bugs，一种预先编程或远程控制的无人驾驶航空器），

---

[77] B. I. Scott. Chapter 1, *Overview*. In *The Law of Unmanned Aircraft Systems: An Introduction to the Current and Future Regulation under National, Regional and International Law* (Alphen aan den Rijn: Wolters Kluwer, 2016), 4.

[78] *The V1*. History Learning Site. Accessed 29 April 2020. https://www.historylearningsite.co.uk/world－war－two/worldwar－two－in－western－europe/the－v－revenge－weapons/the－v1/.

[79] K. Dalamagkidis, L. A. Piegl and K. P. Valavanis. *On Integrating Unmanned Aircraft Systems into the National Airspace System: Issues, Challenges, Operational Restrictions, Certification, and Recommendations* (Dordrecht: Springer, 2009), 12.

[80] *Ibid.*, 15.

对古巴、朝鲜和中国的领空进行监视。在越南战争期间（1968年结束），美国还使用这些无人驾驶航空器观察越南领土。[81]

1998年8月20日至21日，英西图公司（Insitu Group）的"Aerosonde Laima"无人机完成了从加拿大纽芬兰贝尔岛到苏格兰外赫布里底群岛本贝库拉的首次跨大西洋无人驾驶飞行。[82]

过去百年间，无人驾驶航空器系统的应用范围持续扩张。由于其在军事行动中的精准表现，此类航空器的使用频率越来越高。各国倾向于在武装冲突中运用该技术，因其能够有效减少对非军事目标的附带损害，并完全避免飞行员作战伤亡风险。例如，20世纪90年代中期，首次被部署在巴尔干半岛的"捕食者"，从一架无人驾驶侦察机发展成为具有致命摧毁能力的无人驾驶航空器。作为美国空军的象征，"捕食者"在中东地区、阿富汗、巴基斯坦、波斯尼亚和科索沃等地发生的武装冲突中被广泛使用。其他国家也同样使用"捕食者"来实现其军事目的。例如，英国使用"捕食者"来摧毁敌方目标并进行侦查行动。然而，一种更强大的无人驾驶航空器MQ-9"死神"在2018年取代了"捕食者"。[83]

随着军用无人驾驶航空器系统的广泛应用，无人驾驶航空器在民用领域的新用途也日益增多。在21世纪，该技术的运用范围于军事领域之外快速扩张，现已涵盖了测绘摄影、影视制作、新闻报道及体育赛事等多个领域。各国政府亦将其多样化运用于执法巡逻、边境与海域监控、搜救行动等场景，并在洪灾、森林火灾、地震、火山爆发及化学气体泄漏等灾害救援中发挥作用，同时应用于铁路、堤防及能源终端的安全检查等相关活动。然而，由谁执行任务，决定了无人驾驶航空器是民用航空器还是国家航空器——私营机

---

[81] History of U. S. Drones. Understanding Empire：Technology, Power, Politics. 23 January 2020. Accessed 29 April 2018. https://understandingempire.wordpress.com/2-0-a-brief-history-of-u-s-drones/.

[82] K. Dalamagkidis. *Aviation History and Unmanned Flight*. SpringerLink. Accessed 29 April 2020. https://link.springer.com/referenceworkentry/10.1007/978-90-481-9707-1_93.

[83] I. Thomson. *US Air Force Terminates Predator Drones. Now You Will Fear the Reaper*. The Register ©- Biting the Hand That Feeds IT. Accessed 29 April 2020. https://www.theregister.co.uk/2017/02/27/us_air_force_put_predator_drones/.

构操作属民用无人驾驶航空器,而政府执行则具备国家航空器地位。[84]第 2 章将更深入地讨论这一问题。

2013—2018 年,无人驾驶航空器系统拓展至农药喷洒、仓储物流配送以及偏远地区网络信号覆盖等创新领域。例如,加拿大无人机运输公司使用无人驾驶航空器系统提供仓储物流配送服务。这种服务是在农村地区进行仓储货运的理想选择。[85]亚马逊公司的航空优先(Prime Air)项目正在开发一种快递系统,旨在通过无人驾驶航空器在 30 分钟或更短时间内将包裹安全地送到客户手中。[86]谷歌公司正在新墨西哥州的美国太空港(Spaceport America)测试太阳能无人驾驶航空器,用以探索从空中提供高速互联网的途径。[87] 2017 年 6 月 28 日,脸书(Facebook)公司首次成功完成其太阳能无人驾驶航空器 Aquila 的飞行,该机型可以向偏远地区提供互联网服务,并打破了无人驾驶航空器最长续航纪录。

无人驾驶航天器已被用于外空。此种航天器既可以在地球大气层中飞行,也能在外层空间飞行;既可充当卫星,也可作为无人驾驶航天飞机。美国空军的 X-37B,也被称为轨道试验飞行器(OTV),是一种可重复使用的无人驾驶航天器。该航天器类似于美国国家航空航天局(NASA)以前使用的航天飞机,但体积更小。它被用于执行绝密任务,能携带机密物品在地球轨道上长时间飞行,并在重新进入大气层时穿越多个国家的领空。[88]

此外,各国或部署太空无人机实施战略制衡。美中经济与安全审查委

---

[84] B. I. Scott. Chapter 1, *Overview*. In *The Law of Unmanned Aircraft Systems*: *An Introduction to the Current and Future Regulation under National*, *Regional and International Law* (Alphen aan den Rijn: Wolters Kluwer, 2016), 5.

[85] *Depot to Depot Drone Delivery*. Depot to Depot Drone Delivery. Accessed 29 April 2020. https://dronedeliverycanada.com/services/.

[86] *Amazon Prime Air*. Robot Check. Accessed 29 April 2020. https://www.amazon.com/Amazon-Prime-Air/b?ie=UTF8&node=8037720011.

[87] M. Harris. *Project Skybender*: *Google's Secretive 5G Internet Drone Tests Revealed*. The Guardian. 29 January 2016. Accessed 29 April 2020. https://www.theguardian.com/technology/2016/jan/29/project-skybender-google-drone-testsinternet-spaceport-virgin-galactic.

[88] M. Wall. *X-37B*: *The Air Force's Mysterious Space Plane*. Space.com. 8 August 2017. Accessed 30 April 2020. https://www.space.com/25275-x37b-space-plane.html.

员会（The Economic and Security Review Commission of the US and China）于2015年11月向美国国会报告称：自2008年以来，中国已具备复杂的空间接近能力，其空间活动表明中国正在研发共轨反卫星系统，以打击美国的太空资产。该委员会还披露，2013年中国某卫星成功通过机械臂捕获了另一颗中国卫星。[89]太空无人机还可以在轨道上充当服务终端。美国国防高级研究计划局（DARPA）和美国国家航空航天局正在开发特定条件下延长空间基础设施寿命的技术——这类太空无人机将通过机械臂与视觉系统，实现对卫星的检测、燃料加注与维修，以延长它们在太空中的使用寿命。[90]

模型飞机在当今无人驾驶航空器系统应用中仍占据重要地位，因其价格持续走低且更易获取，现已成为最受公众青睐的航空器类型。随着娱乐类无人驾驶航空器使用量的激增，各国政府与民众已意识到其对航空安全、国家安全及隐私构成的风险。目前，针对娱乐类无人驾驶航空器实施监管的国家数量正持续上升。

最终，无人驾驶航空器载人飞行不再只是幻想。2013年4月，"喷气流31"（Jetstream 31）无人机搭载两人从英国兰开夏郡起飞，降落在苏格兰境内的因弗内斯，这是无人驾驶航空器首次在英国管制空域进行往返飞行。2018年2月7日，世界上第一款无人驾驶客运飞机在中国广州首次公开飞行。这些非凡成就为未来发展客运和货运无人驾驶航空器奠定了关键技术基础。[91]

无人驾驶航空器系统在民用创新应用领域潜力巨大，将成为民用航空未来发展的关键。下文将系统阐述无人驾驶航空器系统的分类和定义。

---

[89] *Op-Ed/China's Well-crafted Counterspace Strategy*. SpaceNews. com. 10 July 2017. Accessed 30 April 2020. http://spacenews. com/op – ed – chinas – well – crafted – counterspace – strategy/.

[90] C. Davenport. *Why DARPA and NASA are Building Robot Spacecraft Designed to Act like Service Stations on Orbit*. The Washington Post. 22 December 2017. Accessed 30 April 2020. https://www. washingtonpost. com/news/theswitch/wp/2017/12/22/why – darpa – and – nasa – are – building – robot – spacecraft – designed – to – act – like – service – stations – onorbit/?utm _ term = . ee40969a8a6c.

[91] *Passenger Drone：Unmanned Plane Takes Maiden Flight over UK Skies*. RT International. Accessed 30 April 2020. https://www. rt. com/news/uk – passenger – drone – flight – 206/.

1.2 无人驾驶航空器系统的定义

1.2.1 术语

讨论无人驾驶航空器系统时，通常会使用很多术语。因此，编写本书的挑战就在于使用一个统一的术语——该术语应获得广泛的国际认可，并能够涵盖各种类型的无人驾驶航空器。尽管各国正在加快立法，以促使该技术创新适配有人驾驶航空器，并最大限度地降低相关风险，但除了"遥控驾驶航空器"（RPA）和"遥控驾驶航空器系统"（RPAS）这两个术语，[92]尚没有标准化定义供各国使用。

"无人机"（drone）是媒体、业界和大众最常使用的术语。在一般语境中，无人机意指其在飞行时嗡嗡作响，该词源自古英语 *Dran* 或者 *dræn*，意为"雄蜂"。[93]无人机是美国军队采用的最古老的官方名称，用于指代遥控驾驶航空器。1935 年，美国海军研究实验室无线电部门指挥官德尔莫·法尔尼（Delmer Fahrney）为美国海军研发新型系统时，借用了英国皇家海军用于防空炮训练的 DH 82B"女王蜂"（Queen Bee）的靶机名称。由此，"无人机"成为美国海军数十年来针对无人驾驶航空器的官方术语。[94]

鉴于"无人机"一词通常与武装冲突中的致命武器以及由此导致的破坏性后果联系在一起，该术语在政治领域使用时，难免会存在负面色彩，导致国家和私营实体倾向于使用更为技术性的术语来规避其政治敏感性。[95]例如，国际民航组织和美国联邦航空管理局（FAA）在其官方文件及生效法规中都没有使用"无人机"这个术语。然而，欧盟航空安全局（EASA）在其针对

---

[92]《芝加哥公约》附件 2《空中规则》明确了"遥控驾驶航空器"和"遥控驾驶航空器系统"的定义。

[93] S. Robertson. *How Did Drones Get Their Name*?. Accessed 30 July 2020. Quadcopter Cloud. 18 July 2016. www.quadcoptercloud.com/drones‐get‐name/.

[94] *History Tuesday: The Origin of the Term 'Drone'*. Intercepts I Defense News. 16 January 2014. Accessed 30 April 2018. http://intercepts.defensenews.com/2013/05/the‐origin‐of‐drone‐and‐why‐it‐should‐be‐ok‐to‐use/.

[95] M. E. Peterson. *The UAV and the Current and Future Regulatory Construct for Integration into the National Airspace System*. LLM thesis, McGill University, 2007［Ottawa: Library and Archives Canada (Bibliothèque et Archives Canada)］, 521–612.

《引入无人机操作监管框架》（2015年7月31日）的预先拟议修正案通知（NPA）中使用了"无人机"这一术语。[96]

还有其他一些术语可以指代特定领域的无人驾驶航空器系统，例如无人驾驶飞行器（UAV）[97]、遥控飞机（ROA）[98]、无人驾驶飞机（UD）[99]和遥控飞行器（RPAV）[100]。《芝加哥公约》第8条使用pilotless aircraft指代无人驾驶而能飞行的航空器，但有趣的是，国际民航组织并没有使用这一术语，而是采用了UA和UAS作为通用术语，以涵盖一系列没有驾驶员或驾驶员在遥控站的航空器及其相关部件。这些航空器具体包括无人气球（unmanned balloon）、模型飞机（model aircraft）、遥控驾驶航空器（RPA）、遥控驾驶航空器系统（RPAS）和自动驾驶航空器（autonomous aircraft）。因此，没有比无人驾驶航空器（UA）和无人驾驶航空器系统（UAS）更合适的术语来统括前述不同类别的航空器。这就是为什么笔者在本书中，使用无人驾驶航空器和无人驾驶航空器系统的原因。前述概念意指航空器本身或其相关部件，这些概念来自国际民航组织，其成员几乎涵盖全世界所有的国家。

无人驾驶航空器系统在一定程度上使用了自动驾驶技术。例如，遥控驾驶航空器使用发现与避让系统（DAS）[101]和自动驾驶技术分析气流以确保稳定性，当前述系统或技术认定无法继续安全飞行时，航空器开始默认着陆。

---

[96] B. I. Scott. Chapter 1, *Overview*. In *The Law of Unmanned Aircraft Systems：An Introduction to the Current and Future Regulation under National，Regional and International Law*（Alphen aan den Rijn：Wolters Kluwer, 2016），10.

[97] 加拿大航空规章将无人驾驶航空器（UA）称为无人驾驶飞行器（UAV）。参见第602.41条："除持有特种飞行作业证或者航空运营人证书（ROC）外，任何人不得在飞行中操作无人驾驶飞行器。"这一术语也见于媒体报道和一些法律文献。See S. A. Kaiser. 'UAVs and Their Integration into Non-segregated Airspace', 36（2）*Air and Space Law* 161-172（2011）.

[98] 美国联邦航空管理局和美国国家航空航天局曾将遥控驾驶航空器系统称为遥控飞机。

[99] 欧盟委员会将无人驾驶飞机界定为，无需驾驶员在飞机上，甚至不需要驾驶员远程操控的具有自动化程序的无人驾驶航空器系统。参见《欧盟委员会备忘录：遥控驾驶航空器系统（RPAS）常见问题》[European Commission Remotely Piloted Aviation System（RPAS）：Frequently Asked Questions, Memo]，布鲁塞尔，2014年3月8日。

[100] 意大利民航局（ENAC）于2013年12月发布了一项名为"遥控飞行器"（*Mezzi Aerei a Pilotaggio Remoto*）的法规，该法规为无人驾驶航空器在意大利领空的飞行提供了法律框架。

[101] 'Detect and Avoid' System for Safe Integration of RPAS in Airspace. The Netherlands Aerospace Centre. 30 January 2018. Accessed 2 May 2020. http://www.nlr.org/news/detect-avoid-system-safe-integration-rpas-airspace/.

完全自主飞行的航空器（如亿航184）则嵌入了安全故障系统，如果任何部件发生故障或断开连接，那么航空器会降落在最近的位置以确保安全。[102]当自动驾驶系统认定飞行处于危险时，该系统会直接决定着陆；无人驾驶航空系统则运用人工智能（AI）技术作出前述决定。[103]然而，无人驾驶航空系统是机器且不存在生命危险，因此该系统中的人工智能技术应当引入人工意识。虽然人工智能使航空器自主操作成为可能，但自动驾驶航空器缺乏意识[104]来处理只有人类才能作出的生死攸关的伦理决策。自动驾驶航空器完全按照程序的指令行事，而程序是一套人类预先设定好的算法，使自动驾驶航空器能够在各种场景中飞行。因此，在自动驾驶中是否完全没有人为干预，尚不明确。

无人驾驶航空器和自动驾驶航空器在运行过程中都使用了自动驾驶技术，所以这两类航空器之间没有明确的界限。这种情况使有关无人驾驶航空器的法律监管制度需要考虑多方面因素以及复杂的法律效果，这是国际民航组织和各国应特别注意的。[105]

1.2.2 国际民航组织的定义

国际民航组织将无人驾驶航空器界定为"运行时，驾驶舱内没有驾驶员的航空器"，而无人驾驶航空器系统是指"在驾驶舱内没有驾驶员的情况下运行的航空器及其相关部件"。

上述定义规定于国际民航组织第328号通告《无人驾驶航空器系统》。

---

[102] *EHANG ǀ Official Site-EHANG 184 Autonomous Aerial Vehicle*. Accessed 2 May 2020. http://www.ehang.com/ehang184/.

[103] 人工智能：计算机系统的理论和发展，使其能够执行通常需要人类智能的任务，如视觉感知、语音识别、决策和语言翻译。See *Artificial Intelligence*. Artificial Intelligence—Oxford Reference. 16 June 2017. Accessed 2 May 2020. http://www.oxfordreference.com/view/10.1093/oi/authority.20110803095426960.

[104] 新一代机器人和软件机器人的目标是在不受约束的环境中与人类互动，因此它们需要更好地了解周围环境以及相关的事件、对象和任务。简而言之，新一代的机器人和软件机器人需要某种形式的"人工意识"。See Consciousness and Artificial Intelligence. Accessed 2 May 2020. http://www.consciousness.it/CAI/CAI.htm.

[105] B. I. Scott. Chapter 1, *Overview*. In *The Law of Unmanned Aircraft Systems：An Introduction to the Current and Future Regulation under National，Regional and International Law*（Alphen aan den Rijn：Wolters Kluwer, 2016），12.

因该通告仅针对无人驾驶航空器和无人驾驶航空器系统提供了指导性解释及运行条件，故而该通告对国际民航组织成员方并不具有约束力。第328号通告还向各成员方通知国际民航组织正在考虑将无人驾驶航空器系统整合到非隔离空域和机场的运行中。通告审议了这种整合将面临的挑战，并鼓励各国提供涉及无人驾驶航空器系统的资料，以帮助国际民航组织制定有关政策。[106]

《芝加哥公约》附件7《航空器国籍和登记标志》第2.2条规定，机上无驾驶员运行的航空器应属于无人驾驶航空器。[107]第2.3条规定，无人驾驶航空器必须包括无人驾驶自由气球和遥控驾驶航空器。[108]国际民航组织指出，所有无人驾驶航空器，不管是遥控驾驶、自动驾驶还是两者兼而有之，都应由《芝加哥公约》第8条调整。[109]可以看出，国际民航组织将无人驾驶航空器分为三类，即无人驾驶自由气球、遥控驾驶航空器和自动驾驶航空器。

《芝加哥公约》附件2《空中规则》对遥控驾驶航空器、遥控驾驶航空器系统和无人驾驶自由气球作出了官方界定：

> 遥控驾驶航空器（RPA）是指"一架由遥控站操纵的无人驾驶航空器"；
>
> 遥控驾驶航空器系统（RPAS）包括"一架遥控驾驶航空器、相关的遥控站、所需的指挥与控制链路以及按批准的型号设计的任何其他部件"；
>
> 无人驾驶自由气球则为"无动力驱动、无人操纵、轻于空气、自由飞行的航空器"。

国际民航组织并未给自动驾驶航空器提供官方定义，《遥控驾驶航空器系统（RPAS）手册》（Doc 10019 AN/507）建议将自动驾驶航空器界定为：

---

[106] 国际民航组织，第328号通告，《无人驾驶航空器系统》，访问时间：2020年4月19日，https://www.icao.int/Meetings/UAS/Documents/Circular%20328_en.pdf。

[107] 参见前注附录1。

[108] 《芝加哥公约》附件7《航空器国籍和登记标志》（2012年版），访问时间：2020年4月20日，https://store.icao.int/annex-7-aircraft-nationality-and-registration-marks-chinese-printed.html。

[109] 国际民航组织，Doc 10019 AN/507，《遥控驾驶航空器系统（RPAS）手册》，蒙特利尔：国际民航组织，2015年，第1-1页。

自动驾驶航空器是指不允许驾驶员人工干预飞行的无人驾驶航空器。[110]

无人驾驶自由气球和自动驾驶航空器都不需要人工干预，但遥控驾驶航空器需要驾驶员，尽管其并不在航空器上。就像有人驾驶航空器一样，驾驶员对安全和可预测的飞行至关重要，因为遥控驾驶航空器必须与其他民用航空器和空中交通管理（ATM）系统互动。因此，遥控驾驶航空器的驾驶员应持有执照，并负责在任何时候监测航空器。为此，遥控驾驶航空器驾驶员必须能够充分响应空中交通管制（ATC）单位发出的指令，根据需要适当地通过语音或数据链进行通信，并在整个飞行过程中负责无人驾驶航空器的安全运行。

另一种需要考察的航空器是模型飞机。许多国家认为，不需要为模型飞机制定国际规则，因为这类航空器是为运动或娱乐目的而设计、制造和使用的。[111]因此，《芝加哥公约》及其附件不适用于模型飞机，而应由国内法或区域规则调整。模型飞机不受《芝加哥公约》及标准和建议措施调整的另一方面原因是，模型飞机至少在现实中无法执行国际航班。因此，应由各国在主权范围内自行决定如何规制和监管此类航空器。

国际民航组织指出，所有无人驾驶航空器，不管是遥控驾驶、自动驾驶，还是两者兼而有之，都应由《芝加哥公约》第 8 条调整。然而，该组织还指出，未来只有遥控驾驶航空器会纳入国际民用航空体系。自动驾驶航空器、无人驾驶自由气球或其他在飞行过程中无法实时操控的航空器则不在此列。[112]由此推断，国际民航组织仅着力于将遥控驾驶航空器纳入国际空域，而将同样由《芝加哥公约》第 8 条调整的自动驾驶航空器排除在外。

国际民航组织以外的其他机构（如欧盟航空安全局和美国联邦航空管理局等）在其起草或颁布的法规中，也采用了"无人驾驶航空器"（UA）和

---

〔110〕 国际民航组织，Doc 10019 AN/507，《遥控驾驶航空器系统（RPAS）手册》，蒙特利尔：国际民航组织，2015 年，第 iv 页。

〔111〕 Ibid.，1 - 8。

〔112〕 国际民航组织，第 328 号通告，《无人驾驶航空器系统》，访问时间：2020 年 4 月 19 日，https：//www.icao.int/Meetings/UAS/Documents/Circular% 20328 _ en.pdf。

"无人驾驶航空器系统"（UAS）这两个术语。

1.2.3 欧盟航空安全局的定义

欧盟航空安全局根据欧洲议会和理事会于2008年2月20日颁布的《关于民用航空共同规则和规则制定程序的第216/2008号基本法规》（EC No. 216/2008），拟定了针对《引入无人机操作监管框架》的预先拟议修正案通知［NPA 2017-05（A）］。该规则制定活动包含在规则制定任务（Rule-Making Task，RMT）0230项下的《欧盟航空安全局五年规则制定计划》中。[113]欧盟航空安全局根据无人驾驶航空器系统专家组的意见制定了上述修正案，并对无人驾驶航空器和无人驾驶航空器系统作出了以下定义：

> **无人驾驶航空器（UA）** 是指，在驾驶舱内没有驾驶员的情况下运行或被设计用于在这种情况下运行的任何航空器，此种航空器可以自主飞行或通过遥控驾驶；
>
> **无人驾驶航空器系统（UAS）** 是指，无人驾驶航空器以及无人驾驶航空器安全运行所必需的任何设备、仪器、配件、软件或附件。

前述概念是否会进入立法，目前尚不明确，因为欧盟议会和理事会的提议仍需经过完整的欧盟立法程序。[114]

1.2.4 美国联邦航空管理局的定义

《美国联邦航空条例》（FAR）第107部分适用于非业余爱好者使用的小型无人驾驶航空器之操作。该规定涵盖了重量小于55磅*且具有广泛商业用途的无人驾驶航空器系统。[115]美国联邦航空管理局对无人驾驶航空器和小型无人驾驶航空器系统的定义如下：

---

［113］ 欧盟航空安全局，《2017年12月8日第5号立法修正案通告》，访问时间：2018年5月1日，https://www.easa.europa.eu/document-library/notices-of-proposed-amendment/npa-2017-05。

［114］ B. I. Scott. Chapter 1, *Overview*. In *The Law of Unmanned Aircraft Systems: An Introduction to the Current and FutureRegulation under National, Regional and International Law* (Alphen aan den Rijn: Wolters Kluwer, 2016), 10.

* 55磅约等于25千克。

［115］ *Part 107—Small Unmanned Aircraft Systems*. ECFR Code of Federal Regulations. Accessed 1 May 2020. https://www.ecfr.gov/cgi-bin/text-idx?node=pt14.2.107&rgn=div5。

无人驾驶航空器（UA）是指，驾驶员不能在飞机内直接干预操作飞行的航空器；

小型无人驾驶航空器系统（small UAS）是指，在国家空域中安全高效运行所必需的小型无人驾驶航空器及其相关要素（包括通信链路和控制小型无人驾驶航空器系统的部件）。

1.2.5 结束语

鉴于国际民航组织所采用的术语体现了国际社会就统一不同类别无人驾驶航空器之最适当术语达成的共识，本书使用了无人驾驶航空器（UA）和无人驾驶航空器系统（UAS）这两个术语。在本书中，无人驾驶航空器通常仅指代自身，但在必要情况下，会使用无人驾驶航空器系统指代航空器和系统。因以下章节讨论无人驾驶航空器国际运行涉及的法律问题，故有必要正确理解和应用这些术语。

1.3 无人驾驶航空器的民事用途

1.3.1 航空器的分类

除用于军事、海关和警察部门外，无人驾驶航空还有广泛的民事用途。《芝加哥公约》规定"用于军事、海关和警察部门的航空器，应认为是国家航空器"。[116]航空器的用途决定了其属于国家航空器还是民用航空器。[117]航空器的技术设计、登记标志、所有权或机组成员，不影响其属于国家航空器或民用航空器。[118]因此，一架商用航空公司的波音747运输部队可能被归类为军用航空器，而一架运送紧急血清以遏制疾病暴发的F-14战斗机则可能会被视为民用航空器。[119]

---

[116] 《芝加哥公约》第3条。

[117] P. Mendes de Leon. *Introduction to Air Law*（Alphen aan den Rijn：Kluwer Law International, 2017），15.

[118] M. Milde. *International Air Law and ICAO*（Hague, The Netherlands：Eleven International Pub., 2012），73.

[119] M. Milde. 'The Chicago Convention—Are Major Amendments Necessary or Desirable 50 Years Later?', XIX *Annals of Air and Space Law* 401-418（1994）.

1.3.2 无人驾驶航空器系统在国际民航中的潜在应用

于本书研究之目的,有必要从本书引论所描述的国际运行的角度以及国际民航新发展的角度,考察无人驾驶航空器系统的最新进展。

无人驾驶航空器的民事用途不再局限于监测、摄影或录像等。无人驾驶航空器系统正在改变一些行业的日常活动。例如,保险公司使用无人驾驶航空器检查受损资产。农民使用无人驾驶航空器监测作物发育并收集土壤数据。无人驾驶航空器在娱乐和广告领域也有一席之地,如可被用于拉横幅或设置灯光秀。无人驾驶航空器民事用途的最新进展是运送货物和为通勤者提供空中巴士。更令人振奋的是,无人驾驶航空器配备了传输无线电或视频信号的宽带,其可以将链接扩展至曾经无法到达的位置,或者在需求增长时增强链接。[120]

国际航空运输协会(IATA)也在研究无人驾驶航空器系统如何推动商业航空公司的发展。为此,该协会致力于研究使用无人驾驶航空器进行航空货运服务的优势和机会。

无人驾驶航空器系统正在通过一系列方式提高整个航空业的效率,例如开辟新航线、削减成本、增加收入和服务货运新市场。国际航空运输协会认为无人驾驶航空器未来的民事用途值得期待,因其在以下三个领域为航空业提供了真正的商机:

(1) 机场地面业务:飞机和跑道的安全检查和维护、机场周边监控、鸟类和野生动物管控以及仓库业务(如分拣和盘货)。

(2) 货物运输:在城市、乡村和偏远山区运输包裹、普通货物及特殊货物。

(3) 旅客运输:通过无人驾驶航空器进行客运,包括城市内通勤。[121]

无论是为危重病人提供药品,还是为关闭的石油钻井平台提供紧急备件,

---

[120] P. Cohn, et al. *Commercial Drones Are Here: The Future of Unmanned Aerial Systems*. McKinsey & Company. Accessed 3 May 2020. https://www.mckinsey.com/industries/capital-projects-and-infrastructure/ourinsights/commercial-drones-are-here-the-future-of-unmanned-aerial-systems.

[121] *Cargo Drones*. IATA. Accessed 3 May 2020. http://www.iata.org/whatwedo/cargo/Pages/cargo-drones.aspx.

无人驾驶航空器都可以在安全运送人员或高效运输货物至偏远地区方面发挥至关重要的作用。无人驾驶航空器还可以提供"第一公里"和"最后一公里"配送,并提升货物运输供应链的整体效能。通过无人驾驶航空器国际运行可以在邻国进行交付,特别是在缺乏适当道路运输基础设施的区域。这些进展无疑使得更先进的无人驾驶航空器在国内外以及跨境范围内实现民用变得更加现实。

1.4 有人驾驶航空器与无人驾驶航空器运行的异同

1.4.1 安全标准的一致性

考察有人驾驶航空器和无人驾驶航空器在运行方面的异同,不仅对于解决无人驾驶航空器面对的法律和监管挑战至关重要,而且对于将无人驾驶航空器系统整合到民航业中以实现足够的安全水平也必不可少。要确保足够的安全水平,就意味着无人驾驶航空器系统的国际运行必须达到与民用有人驾驶航空器同等的安全程度。质言之,无人驾驶航空器国际运行不应对人员和财产造成比有人驾驶航空器更大的伤害或风险。因此,无人驾驶航空器系统应按照有人驾驶航空器的飞行规则飞行,并满足与其飞行空域相关的技术和操作要求。

1.4.2 相同的空气动力学特性

无人驾驶航空器具有与有人驾驶航空器相同的空气动力学特性。因此作为航空器,无人驾驶航空器也应是"可以在大气中从空气的反作用而不是从空气对地面的反作用获得支撑的任何机器"。[122]无论是属于有人驾驶或无人驾驶,还是属于民用航空器或国家航空器,都不会影响航空器的技术特性。无人驾驶航空器之所以被认定为航空器,是因为其依靠机翼(无论是旋转的还是固定的)来获得升力。

1.4.3 客舱乘务组的作用

特别需要考察的是有人驾驶航空器的客舱乘务组。一旦无人驾驶航空器

---

[122] 参见《芝加哥公约》附件7《航空器国籍和登记标志》中关于"航空器"的定义。

系统成熟到能够载人国际运行，客舱乘务组必将发挥重要作用，因为他们在保障乘客安全方面是至关重要的。[123]《芝加哥公约》附件6《航空器的运行》第一部分第12.1条对此有所说明，该条规定："运营人必选按照飞机座位数量或所载乘客人数规定出各机型所需客舱乘务组的最少人数，这一最少人数必须获得运营人所在国[124]的批准，以确保在发生紧急情况或需要应急撤离的情况时，能够安全迅速地撤离飞机并且能够履行必要的职责。运营人对每一飞机型号必须分配这些职责。"客运无人驾驶航空器系统的制造商和运营人必须向所在国民航当局证明其所制造和运行的无人驾驶航空器系统也符合前述规定。

1.5 无人驾驶航空器系统对民航的贡献

1.5.1 市场研究公司的报告

2018年2月，市场研究公司（Research & Markets）发布了一份报告，即《无人机（UAV）市场2025年全球分析和预测报告——部件、类型和应用》。该报告预测无人驾驶航空器系统的市场价值将从2016年的114.5亿美元增长到2025年的518.5亿美元。[125] 2017年，无人驾驶航空器的民用需求有所增长，为企业和用户提供了更优质的服务和更高质量的产品。无人驾驶航空器系统销量的增加和操控软件的改良，不仅在市场上造成了激烈的竞争，以致某些公司裁员，而且降低了市场的准入门槛。报告指出，民用无人驾驶航空器系统运营缺乏明确的监管框架，是该行业整体表现平平的重要原因。

推动无人驾驶航空器系统市场增长的因素，包括各国政府对军用无人驾驶航空器预算的增加，以及无人驾驶航空器在采矿、石油、天然气、电信及

---

[123] 《芝加哥公约》附件6《航空器的运行》第一部分将"客舱乘务组成员"定义为："为了乘客的安全，受运营人或机长指派执行值勤任务，但不得作为飞机机组成员的机组成员。"

[124] 《芝加哥公约》附件6《航空器的运行》第一部分将"运营人所在国"定义为："运营人主要业务地点所在的国家，或者如没有这种业务地点时，运营人的永久居所地点所在国。"

[125] 市场研究公司的总部位于爱尔兰都柏林，是全球最大的市场研究机构，为专业人士提供来自81个国家的1700个研究团队的市场洞察和分析。See Research and Markets, Ltd. *About Us—Research and Markets. Research and Markets—Market Research Reports—Welcome.* Accessed 4 May 2020. https://www.researchandmarkets.com/info/about.asp.

零售等商业领域的广泛应用。上述报告估计,无人驾驶航空器货运业务将进一步推动无人驾驶航空器市场的发展。喀麦隆、马拉维、卢旺达和坦桑尼亚等非洲国家正在尝试无人驾驶航空器货运业务。由于美国的无人驾驶航空器货运业务尚处于试验阶段,美国联邦政府仍在不断调整有关无人驾驶航空器的法规。报告认为,交通基础设施匮乏的新兴经济体将从无人驾驶航空器货运业务中获利。[126]

1.5.2 全球市场洞察公司的报告

根据全球市场洞察公司(Global Market Insights,Inc.)更为保守的经济效益研究预测,2024 年商用无人驾驶航空器系统的市场规模将达到 170 亿美元。[127] 该报告分析了无人驾驶航空器系统的市场规模,并涵盖有关其用途、型号、操作模式和行业现状的各类数据。报告分析并展望了美国、加拿大、英国、德国、法国、意大利、西班牙、澳大利亚、中国、印度、日本、韩国、巴西、墨西哥、阿根廷、阿联酋、以色列和南非等国的无人驾驶航空器市场。报告证实,推动无人驾驶航空器市场收入增长的关键因素包括先进的机器学习算法和人工智能技术,这些技术为无人驾驶航空器开辟了新的民事用途。

报告指出,无须人为干预的自动化无人驾驶航空器,因能以更高的准确性和低成本执行危险任务,故其商用市场规模在报告预测期间内将获得大幅增长。例如,Zipline 公司利用其自主飞行器机队在卢旺达运输血液,并为东非偏远地区提供医疗救援。该公司还关注无人驾驶航空器服务的主要产业之一——农业。在农业领域,土壤分析、作物监测、健康评估、种植、农药喷洒和灌溉等都是对无人驾驶航空器服务有高需求的活动。

在北美地区,愈发依赖无人驾驶航空器进行航空拍摄以追踪和更新事件

---

[126] Research and Markets, Ltd. *Unmanned Aerial Vehicle (UAV) Market to 2025—Global Analysis and Forecasts by Component by Type and Application*. Research and Markets—Market Research Reports—Welcome. Accessed 3 May 2020. https://www.researchandmarkets.com/research/vx2jd5/global_unmanned?w=5.

[127] 全球市场洞察公司是一家总部位于美国的全球市场研究和管理咨询公司,服务于大型企业、非营利组织、大学和政府机构。其主要目的是协助与之合作的组织做出持久的战略改进并实现增长目标。其行业研究报告旨在提供详细的定量信息以及针对特定行业的深度解析,用于帮助与之合作的组织可持续地发展。See *About Us*, *Global Market Insights Delaware*. Accessed 4 May 2020. https://www.gminsights.com/about-us.

的进展,故而该地区的民用无人驾驶航空器市场的发展最为成熟。然而,由于民用无人驾驶航空器应用的快速增长,以及政府对无人驾驶航空器商业活动的持续支持,亚太地区的无人驾驶航空器市场亦将实现快速增长。

中国的无人驾驶航空器制造商,如大疆(DJI)和小米(Xiaomi),为民用无人驾驶航空器市场的增长作出了贡献。最后,报告还指出对民用无人驾驶航空器市场作出贡献的最主要的销售公司,比如 3D Robotics、AeroVironment、Airrobotics、Airware、Amazon Prime Air、BAE Systems、Cyberhawk Innovations Ltd.、DroneDeploy、大疆、亿航、Hoverfly Technologies、英特尔公司、Parrot、PrecisionHawk、senseFly 和 Yuneec International。[128]

1.6 技术和运行挑战

1.6.1 国际民航组织的观点

自动驾驶或者驾驶员不在航空器上引发了有关安全与安保责任方面的挑战。为解决前述挑战,国际民航组织评估后认为,有必要引入有关发现与避让(DAA)、指挥与控制(C2)链路、与空中交通管制单位的通信,以及防止无意或非法干扰(如数据链欺骗、劫持和信号干扰)的技术。[129]

尽管当前技术不断发展,但民用无人驾驶航空器国际运行还需要通过认证的技术手段来实现超视距(BVLOS)飞行和无线电信号外(BRLOS)飞行。

1.6.2 发现与避让

《芝加哥公约》附件 2《空中规则》将"发现与避让"定义为"看见、察觉或发现交通冲突或其他危险并采取适当行动的能力"。[130]国际民航组织在

---

[128] Commercial Drone Market Outlook—UAV Industry Size Forecast 2024. Accessed 4 May 2020. https://www.gminsights.com/industry-analysis/unmanned-aerial-vehicles-UAV-commercial-drone-market.

[129] 国际民航组织,第 328 号通告,《无人驾驶航空器系统》,访问时间:2018 年 4 月 18 日,https://skybrary.aero/bookshelf/content/bookDetails.php?bookId=3202。

[130] 《芝加哥公约》附件 2《空中规则》,第 10 版,蒙特利尔:国际民航组织,2005 年,第 1—5 页。

《遥控驾驶航空器系统（RPAS）手册》中指出，发现与避让旨在确保遥控驾驶航空器安全飞行，并使其能够与所有空域使用者在所有空域类别中进行全面整合。为此，遥控驾驶航空器需要具备类似于有人驾驶航空器驾驶员的技术和程序，如视觉、听觉、触觉和相关的认知过程。

遥控驾驶航空器需要结合多个系统和传感器，以便在各种环境条件下发现与避让不同的风险。当遥控驾驶航空器系统有多个发现与避让系统时，这些系统需要妥善地协调，以确保在不同危险（如地形或障碍物与飞行冲突）同时存在时采取适当和协调的避险行动。在空中交通管制单位提供空域间隔服务之外的空域，发现与避让系统及其相关程序对空中相撞（MAC）以外的风险，同样是必要的。[131]

1.6.3 空中交通管制单位

对遥控驾驶员与空中交通管制单位通信的要求，与机上驾驶员与空中交通管制单位通信的要求是一致的。国际民航组织在《遥控驾驶航空器系统（RPAS）手册》中指出，除甚高频（VHF）[132]通信外，空中交通管制数据链也是遥控驾驶航空器所必需的。因为遥控驾驶员不在航空器上，所以需要使用其他通信模式：

◆ 通过遥控驾驶航空器直接与空中交通管制单位通信，不需要进一步的基础设施或设备。空中交通管制单位可能需要指挥与控制链路上的宽带以支持语音和数据中继。

◆ 通过空中交通管制单位和遥控驾驶员之间新的广播频道、专用或网络通信链路。[133]

与空中交通管制单位之间的通信，应满足遥控驾驶航空器飞行空域的相关要求。如果有关空中交通管制单位允许，它还可以包括通信录音。[134]

---

［131］ 国际民航组织，Doc 10019 AN/507，《遥控驾驶航空器系统（RPAS）手册》，蒙特利尔：国际民航组织，2015年，第10-1页。

［132］ 甚高频频率由频道范围内的所有航空器共享。

［133］ 国际民航组织，Doc 10019 AN/507，《遥控驾驶航空器系统（RPAS）手册》，蒙特利尔：国际民航组织，2015年，第10-1页。

［134］ 同前注，第12-1页。

1.6.4 指挥与控制链路

连接遥控站（RPS）和遥控驾驶航空器的指挥与控制链路不仅可以是单工或双工链路，还可以在无线电信号内（RLOS）或无线电信号外通信。国际民航组织在《遥控驾驶航空器系统（RPAS）手册》中指出：[135]

◆ 无线电信号内通信适用于发射器和接收器之间的无线电链路相互覆盖的情况，以便实现直接通信。如果中继发射器也在遥控驾驶航空器的无线电信号覆盖范围内，且传输时可以在不产生延迟的情况下完成，那么其也可以通过地面网络通信。

◆ 无线电信号外通信适用于发射器和接收器之间的无线电链路相互不覆盖的情况。此时，无线电信号外通信就需要借助卫星系统。如果遥控驾驶航空器通过地面网络与一个或多个地面站通信，且地面站传输信息存在延迟，那么这种情况也属于无线电信号外通信。

上述两者的区别在于通信链路的任何部分是否导致了明显的通信延迟。[136]

1.6.5 超视距飞行和无线电信号外飞行

国际民航组织在《遥控驾驶航空器系统（RPAS）手册》中指出，超视距飞行是指，遥控驾驶员和遥控驾驶航空器观察员均无法与遥控驾驶航空器保持直接目视接触时进行的飞行；而无线电信号外飞行是指，发射器的无线电链路和接收器的无线电链路相互不覆盖时进行的飞行。随着此类操作适用范围和复杂性的增加，支持超视距飞行和无线电信号外飞行的最低设备要求相应提高，确保指挥与控制链路稳定性的成本也随之上升。此外，准确识别地形或障碍物以及飞行冲突并采取适当避让措施的能力也是必不可少的。[137]

《遥控驾驶航空器系统（RPAS）手册》还指出，要想进行超视距飞行，

---

[135] 指挥与控制链路是指，遥控驾驶航空器和遥控站之间用于管理飞行的数据链路。参见国际民航组织，Doc 10019 AN/507，《遥控驾驶航空器系统（RPAS）手册》，蒙特利尔：国际民航组织，2015年，第XV页。

[136] 国际民航组织，Doc 10019 AN/507，《遥控驾驶航空器系统（RPAS）手册》，蒙特利尔：国际民航组织，2015年，第2-1页。

[137] 同前注，第2-5页。

遥控驾驶员或遥控驾驶航空器观察员必须有效通过发现与避让系统获知飞行中的风险,如危险的气象条件、地形障碍。[138]在进行受控的超视距飞行之前,必须与相关的交通管制单位进行沟通。沟通应至少包括以下内容:[139]

(1)遥控驾驶航空器的任何操作性能限制,如无法执行标准速率转弯;

(2)在失去指挥与控制链路时,任何预编程的航行剖面图和飞行终止程序;

(3)遥控驾驶航空器与空中交通管制单位之间以供应急使用的直接电话通信,除非空中交通管制单位另有批准。

此外,遥控驾驶航空器和空中交通管制单位之间的通信也应遵循遥控驾驶航空器所在空域关于通信的要求,并应使用标准的空中交通管制通信设备和程序,除非有关空中交通管制单位另有批准。指挥与控制链路应尽可能减少信息传递时间,以便与有人驾驶航空器驾驶员一样,遥控驾驶员可以及时干预航空器之运行。指挥与控制链路使用无线电信号内通信还是使用无线电信号外通信,也会影响遥控驾驶航空器系统的设计。[140]

然而,无论指挥与控制链路使用哪种通信方式,当遥控驾驶航空器进行超视距飞行时,其都应与指挥与控制链路的性能相匹配。因为实现控制功能所需的时间越久,维持安全飞行所需的遥控驾驶航空器自动化水平就越高。[141]

根据目视飞行规则(VFR)进行超视距飞行,需要满足以下条件:

(1)运营人所在国和飞行空域所在国批准该飞行;

(2)遥控驾驶航空器飞行全程的气象条件都符合目视气象条件(VMC);

(3)遥控驾驶航空器使用发现与避让功能或其他措施,以确保遥控驾驶航空器完全避开其他交通工具;

(4)飞行空域没有其他交通工具;

---

[138] 国际民航组织,Doc 10019 AN/507,《遥控驾驶航空器系统(RPAS)手册》,蒙特利尔:国际民航组织,2015年,第9-2页。
[139] 同前注,第9-3页。
[140] 同前注。
[141] 同前注,第9-4页。

(5) 飞行发生在划定的或隔离的空域。[142]

1.7 本章小结

虽然无人飞行理念由来已久，但过去百年来，其才在国家*和民用领域取得了长足的发展。如今采用无人驾驶设备的新技术发展已延伸至外层空间。可以预见的是，客运及货运无人驾驶航空器之国际运行也将很快成为现实。

无人驾驶航空器系统应用广泛，加之其发展迅猛，导致现行法律框架严重滞后，因此迫切需要制定法规，以促进这一革命性机器的国际运行。也正因如此，国际民航组织、各国、学术界和航空业之间的联动迫在眉睫。

多个术语都被用来指称无人驾驶航空器系统。为确保概念的准确性和获得国际认可，本书使用无人驾驶航空器（UA）和无人驾驶航空器系统（UAS）来指称所有类别的无人机。根据国际民航组织的规定，无人驾驶航空器包括以下航空器：遥控驾驶航空器、模型飞机、无人驾驶自由气球和自动驾驶航空器。因为国际民航组织仅致力于监管遥控驾驶航空器系统，所以自动驾驶航空器不在该组织关于无人驾驶航空器系统的研究范围内。但需要强调的是，能够载人和运货的无人驾驶航空器系统通常是自动驾驶航空器。因此，国际民航组织必须立即采取行动，以使自动驾驶航空器纳入调整范围，实现国际运行。

无人驾驶航空器系统正在为整个航空业创造提升运营能力的众多机遇，包括开辟新航线、降低成本、增加收益和开拓新市场（特别是在货运领域）。随着多家公司持续的技术研发，无人驾驶航空器的国际运行将在未来几年成为现实。由于其卓越的适应性和高效的运营效率，货运可能会成为无人驾驶在外国空域运行的主要领域。在下一阶段，无人驾驶航空器或将进入客运领域。

研究与市场和全球市场洞察公司对无人驾驶航空器商业用途的市场研究（见第1.5节）指出，无人驾驶航空器对全球经济的影响是积极的。研究预

---

[142] 国际民航组织，Doc 10019 AN/507，《遥控驾驶航空器系统（RPAS）手册》，蒙特利尔：国际民航组织，2015年，第9－4页。

* 此处主要指军用领域。

测，无人驾驶航空器市场将在未来几年持续增长，特别是在货物交付和农业服务领域。无人驾驶航空器的成功将取决于国际民航组织和各国是否制定促进其发展的适当规章。

无人驾驶航空器上没有驾驶员，因此解决无人驾驶航空器国际运行面对的技术和操作挑战势在必行。为此，在发现与避让、指挥与控制链路以及空中交通管制等领域引入经认证的技术至关重要，因为这些技术将使无人驾驶航空器能够进行超视距飞行和无线电信号外飞行。根据相关国家的法律、法规和程序，无人驾驶航空器驾驶员在飞行过程中负有与有人驾驶航空器驾驶员同样的基本责任。例如，在颁发执照前，无人驾驶航空器驾驶员也必须依据有关规定接受培训，具备法定能力，并出具相关医学证明。

综上所述，本书的初步结论是，《芝加哥公约》、由国际民航组织制定的标准和建议措施以及其他条例，构成了本书试图建立的针对无人驾驶航空器国际运行之新规则的法律和监管基础。

第 2 章　针对空域和航空器的国际法律制度对无人驾驶航空器系统运行的适用性

2.1 针对无人驾驶航空器系统之国际监管框架的演进

2.1.1 本章要点

本章分析有关空域和航空器的国际法律制度对无人驾驶航空器系统运行的适用性。本章首先介绍了一战至二战期间，无人驾驶航空器国际运行之监管框架的根源。本书以无人驾驶航空器系统国际运行为主题，故而必须深入探讨《芝加哥公约》的基本规定及原则。为此，本书分析了《芝加哥公约》序言及其关于国家主权和领土、民用航空器与国家航空器的概念和区别，以及关于民用航空滥用的规定如何适用于无人驾驶航空器的国际运行。在分析前述规定时，应注意围绕本书的主要研究问题展开，即现行的国际法律框架是否足以确保无人驾驶航空器系统的运行和发展，并保持较高的安全水平？在本章的最后，笔者总结了本章研究的结果，以确定《芝加哥公约》是否以及如何适用于无人驾驶航空器系统的国际运行。

2.1.2 《巴黎公约》及其《1929 年议定书》

针对无人驾驶航空器系统的法律框架是在《巴黎公约》（1919 年 10 月 13 日签署）缔结 10 年后才建立起来的。《巴黎公约》签订时，共有 26 个缔约方，包括比利时、玻利维亚、巴西、英国、中国、古巴、捷克斯洛伐克、厄瓜多尔、法国、希腊、危地马拉、海地、汉志（沙特阿拉伯）、洪都拉斯、意大利、日本、利比里亚、尼加拉瓜、巴拿马、秘鲁、波兰、葡萄牙、罗马尼亚、塞尔维亚－克罗地亚－斯洛文尼亚王国、暹罗（泰国）和乌拉圭。

1922年6月1日，14个国家批准了《巴黎公约》，该公约于1922年7月11日生效。[143]之所以批准制定《巴黎公约》，是因为航空技术不断发展，需要专门的国际法规则来"防止争议"并"鼓励各国通过空中通讯手段和平交往"。[144]该公约影响了许多国家有关航空的国内法规范，其中绝大多数国家在1919年之前尚未有针对航空的国内法原则。

但《巴黎公约》本身并未对无人驾驶航空器作出规定。该公约仅规定了两类航空器，即私人航空器与国家航空器。

直至1929年6月15日，《修正〈巴黎公约〉的议定书》（以下简称《1929年议定书》）才对"无人驾驶航空器"（pilotless aircraft）作出规定。[145]《1929年议定书》将1919年《巴黎公约》第15条第2款修改如下：

> 除经特别批准外，缔约国一方的无人驾驶而能飞行的航空器，不得在无人驾驶的情况下于缔约国另一方的领土上空飞行。

一战推动了航空器的军事发展，无人驾驶航空器也不例外。正如本书第1章所述，在《1929年议定书》制定时，各国已经在国际军事行动中广泛地使用无人驾驶航空器，[146]因此修订后的第15条可以视为针对无人驾驶航空器第一次以条约形式进行的规制。[147]

在《1929年议定书》通过之前，广泛用于军事行动的无人驾驶航空器[148]被归类为"国家航空器"。《巴黎公约》第31条对"国家航空器"定义如下：

---

[143] 国际民航组织：《1919年〈巴黎公约〉：管理空中航行的起点》，访问时间：2020年5月22日，https://www.icao.int/secretariat/PostalHistory/1919_the_paris_convention.htm。

[144] 参见《巴黎公约》序言。公约文本可从以下渠道获得：*League of Nations Treaty Series* Vol. XI., p.173, Vol. XXX; Annals of Air and Space Law 2005, 5–15.

[145] 《1929年议定书》的全称是《修订1919年10月13日空中航行管理公约第3、5、7、15、34、37、41、42条和最后条款之议定书》，于1933年5月17日生效。

[146] 关于无人驾驶航空器系统的历史、定义、用途和技术挑战，可参见本书第1章第1.1节。

[147] 国际民航组织，Doc 10019 AN/507，《遥控驾驶航空器系统（RPAS）手册》，蒙特利尔：国际民航组织，2015年，第1-1页。

[148] 关于无人驾驶航空器系统的历史、定义、用途和技术挑战，可参见本书第1章第1.1节。

以下航空器被视为国家航空器：

（a）军用航空器；

（b）专门用于国家职能的航空器，例如邮政、海关、警察。

除此之外的其他航空器都是私人航空器。除用于军事、海关和警察以外的所有国家航空器均应视为航空器，因此应遵守本公约的所有规定。

尽管《巴黎公约》及其《1929年议定书》已失效，[149]但它们作出了开创性的贡献，并影响了航空法的未来发展。这些开创性贡献包括领空主权、国家航空器和民用航空器、航行自由、国内载运权、禁区、航空器国籍和登记、无人驾驶航空器制度、适航证和人员执照以及建立一个专门服务民用航空之国际组织的愿景。[150]

在二战（1939—1945年）即将结束时，美国于1944年11月1日至12月7日在芝加哥组织召开了一次全球会议。会议的结果是，与会各国通过了一项新的国际公约，即《芝加哥公约》，该公约继承了《巴黎公约》及其《1929年议定书》的大部分原则和概念。

本节特别强调经《1929年议定书》修改的《巴黎公约》第15条在《芝加哥公约》起草期间对有关无人驾驶航空器之制度的影响。下一节将分析《芝加哥公约》序言及其关于国家主权和领土、民用航空器与国家航空器的概念和区别、民用航空滥用的规定，在不同于一战和二战的现代背景下，是否仍适用于无人驾驶航空器的民事用途。

2.1.3 《芝加哥公约》

历经25年岁月变迁与又一次世界大战的洗礼，1919年《巴黎公约》及其《1929年议定书》终被取代。1944年，应美国政府邀请，54个国家的代表于11月1日至12月7日在芝加哥召开会议，讨论"建立有关国际航线和国际运行服务的临时安排"，以及"设立临时理事会，负责收集、整理与研

---

[149] 在《芝加哥公约》第80条中，缔约各方承诺应在公约生效时，声明退出《巴黎公约》。

[150] M. Milde. *International Air Law and ICAO* (The Hague: Eleven International Publishing, 2016), 10.

第 2 章 ‖ 针对空域和航空器的国际法律制度对无人驾驶航空器系统运行的适用性

究有关国际航空的资料,并提出改进建议"。[151]作为国际航空公法的主要渊源,[152]米尔德教授指出:

> 《芝加哥公约》与联合国各专门机构的宪章一样,具有双重性质。首先,它是对国际航空公法的全面编纂和统一;其次,它是一个具有普遍性的政府间国际组织的宪章性文件……《芝加哥公约》详尽地构建了国际航空公法这一独立的法律部门。[153]

根据《芝加哥公约》设立的国际民航组织,其核心职能包括制定国际空中航行的原则和技术,并促进国际航空运输的规划和发展。[154]《芝加哥公约》已有 193 个缔约方,[155]是获得批准最多的国际条约之一。[156]

《芝加哥公约》第 8 条取代了 1919 年《巴黎公约》及其《1929 年议定书》第 15 条,详见本书第 4 章。第 8 条规定如下:

> 任何无人驾驶而能飞行的航空器,未经一缔约国特许并遵照此项特许的条件,不得无人驾驶而在该国领土上空飞行。缔约各国承允对此项无人驾驶的航空器在向民用航空器开放的地区内的飞行加以管制,以免危及民用航空器。

因《芝加哥公约》规定了航空器国际运行监管框架的基本原则,故下一节将分析该公约规定的这些原则如何适用于无人驾驶航空器系统的国际运行。

---

[151] 《芝加哥会议记录》,芝加哥:伊利诺伊,1944 年 11 月 1 日至 12 月 7 日,第 11—13 页。

[152] 国际民航组织,国际航空碳抵消和减排计划(Carbon Offsetting and Reduction Scheme for International Aviation),访问时间:2020 年 9 月 30 日,https://www.icao.int/ChicagoConference/Pages/default.aspx。

[153] M. Milde. 'The Chicago Convention—Are Major Amendments Necessary or Desirable 50 Years Later?', XIX *Annals of Air and Space Law* 401-403 (1994).

[154] 《芝加哥公约》第 44 条规定,"国际民用航空组织的宗旨和目的在于发展国际航行的原则和技术,并促进国际航空运输的规划和发展"。

[155] 参见国际民航组织,《〈国际民用航空公约〉的缔约国》,访问时间:2020 年 8 月 7 日,https://www.icao.int/secretariat/legal/List%20of%20Parties/Chicago_EN.pdf。

[156] 同前注。

2.2 航空法原则对无人驾驶航空器系统运行的适用性

2.2.1 国际航空法的原则

确认及编纂国际航空法的原则和办法是《芝加哥公约》的主要成就之一。公约序言指出,"各签署国政府议定了若干原则和办法,使国际民用航空得按照安全和有秩序的方式发展"。但是,这里提到的原则和办法是什么呢?它们之间有什么异同?答案并不简单。由于《芝加哥公约》应受国际法调整,本研究理论框架部分讨论的习惯国际法、一般法律原则和条约解释规则能够为解决前述问题提供必要的指引。

就此而言,特别需要注意的是《芝加哥公约》第82条和第83条,因为这两条都使用"协议"(arrangements)这一措辞来指代缔约方之间的相互义务以及它们之间达成的谅解。

> 第82条 废除与本公约抵触的协议
>
> 缔约各国承认本公约废除了彼此间所有与本公约条款相抵触的义务和谅解,并承允不再承担任何此类义务和达成任何此类谅解。一缔约国如在成为本组织的成员国以前,曾对某一非缔约国或某一缔约国的国民或非缔约国的国民,承担了与本公约的条款相抵触的任何义务,应立即采取步骤,解除其义务。任何缔约国的空运企业如已经承担了任何此类与本公约相抵触的义务,该空运企业所属国应以最大努力立即终止该项义务,无论如何,应在本公约生效后可以合法地采取这种行动时,终止此种义务。

> 第83条 新协议的登记
>
> 任何缔约国在不违反前条的规定下,可以订立与本公约各规定不相抵触的协议。任何此种协议,应立即向理事会登记,理事会应尽速予以公布。

国际法学、外交政治史、国际关系学、外交政策研究以及国际谈判理论等学科都对国际条约有所关注。其中,因各国政府作为条约制定者必须在法律框架内运作,所以国际法学在实践考量中占据核心地位。[157]正因如此,《芝加哥公约》本质上是一份具有国际法约束力的协定,缔约各方根据《条约法公约》的规则,确定了必须遵守的各项原则与制度安排。

2.2.2 航空法原则的形成与习惯国际法

1908年4月至11月,至少有10个德国气球越境降落在法国境内,其中载有25名飞行员,且大多数是德国军官。这一事件促使法国政府于1910年5月8日至6月28日在巴黎召开国际空中航行会议(简称1910年巴黎会议),其动机既为避免国际对抗,亦为飞越外国领土的行为制定运行规则。因此,1910年巴黎会议成为构建国际航空法原则的首次重要尝试。尽管此次会议最终未能起草国际公约,但确实就国际空中航行管制的若干关键问题进行了开创性探讨。[158]

在1914年一战爆发之前,各国皆有保护其领空的做法或习惯。各国对侵犯领空之行为提出抗议,更不惜动用武力捍卫自身权益。因此,1919年《巴黎公约》的通过并非创设了空中主权原则,而是对这一既存原则予以法律确认。此外,《巴黎公约》更明确指出,该原则普遍适用于所有国家。对此,米尔德教授认为:

> 考虑到各国保护其领空的做法,以及它们作为交战国或中立国的战时经验,1910年巴黎会议认为,领空主权原则已然成为习惯国际法,应得到国际条约的正式承认。

同时,1910年巴黎会议确认,各国应在和平时期给予他国航空器无歧视的飞越其领空的自由。此外,1910年巴黎会议还形成了其他影响国际航空法未来发展的关键条款,包括有关禁区、航空器国籍和登记、航空器适航证和合格证书、建立国际航空运输企业和国内载运权的规定。[159]

郑斌教授认为,《芝加哥公约》缔约方接受的主要原则包括领空主

---

[157] D. Johnston. 'Theory, Concept and the Law of Treaties: A Cross-Disciplinary Perspective', 12 *Australian Yearbook of International Law* 114 (1988–1989).

[158] M. Milde. *International Air Law and ICAO* (The Hague: Eleven International Publishing, 2016), 7.

[159] *Ibid.*, 10–11.

权、航空器国籍、航空器或其运营商应满足的条件以及国际合作与便利化措施。[160]约翰·科布·库珀（John Cobb Cooper）教授认为，《芝加哥公约》确定了国际航空公法的四项基本原则，即领空主权、国家空域、公海飞越自由和航空器国籍。[161]库珀教授指出，前述四项原则的具体内容如下：

（1）各国享有排他性的单方面绝对权力，以允许或拒绝他国航空器进入该国领空并规制其飞行。

（2）一国的领土包含领陆、内水、领海和领空。

（3）各国在公海上享有航行自由和飞越自由。

（4）航空器国籍制度应类推适用船舶国籍制度。因此，航空器通常与登记国有特殊关系，该国可以赋予航空器特定权利，并负责保证航空器从事合法行为。

《芝加哥公约》第1条声明"缔约各国承认每一国家对其领土之上的空气空间具有完全的和排他的主权"，从而将主权原则纳入该公约。但该条并未明确国家是否有权击落未获得《芝加哥公约》第8条特许而进入一国领空（包括从事民用航空活动）的无人驾驶航空器。

在苏联军用飞机击落偏航而进入苏联领空的大韩航空007航班后，《芝加哥公约》的缔约方紧急制定了第3条分条。[162]该条强化了"每一国家必须避免对飞行中的民用航空器使用武器"这一习惯国际法原则。尽管如此，各国对未经允许而飞越其领空的民用航空器，仍有权要求该航空器在指定的机场降落，"如拦截，必须不危及航空器内人员的生命和航空器的安全"。这一规定也应适用于无人驾驶航空器，因为它们属于《芝加哥公约》规定的航空器类别。

《联合国宪章》第2条第4款规定：

> 各会员国在其国际关系上不得使用威胁或武力，或以与联合国宗旨

---

[160] B. Cheng. *The Law of International Air Transport* (London: Stevens & Sons, 1984), 119–165.

[161] J. C. Cooper. 'Backgrounds of International Public Air Law', 1 *Yearbook of Air and Space Law* 3 (1967).

[162] 1984年5月10日，国际民航组织第25届大会（临时）通过了修改《芝加哥公约》的议定书，引入第3条分条。该议定书于1998年10月1日正式生效；截至2021年，已有155个缔约方批准该议定书。

不符之任何其他方法，侵害任何会员国或国家之领土完整或政治独立。

禁止使用武力是《联合国宪章》的核心内容，因为联合国的最根本目标是"欲免后世再遭今代人类两度身历惨不堪言之战祸"。[163]尽管如此，《联合国宪章》仍规定了禁止使用武力原则的例外，即该宪章第51条规定。

根据第51条，国家只有在受武力攻击的情况下，才能采取"单独或集体自卫"行动。

第51条

联合国任何会员国受武力攻击时，在安全理事会采取必要办法，以维持国际和平及安全以前，本宪章不得认为禁止行使单独或集体自卫之自然权利。会员国因行使此项自卫权而采取之办法，应立向安全理事会报告，此项办法于任何方面不得影响该会按照本宪章随时采取其所认为必要行动之权责，以维持或恢复国际和平及安全。

由此可知，《联合国宪章》第51条包含了习惯国际法中的自卫原则，即各国能够以维护国家安全为由对进入或接近该国领空的航空器施加要求。例如，美国设立了5个防控识别区（ADIZs），这些区域延伸至其领海之外，覆盖了超过200英里*的海岸。美国要求任何打算进入其领空的航空器必须在进入美国前1个小时，说明其身份并提供位置报告，否则会受到美国的制裁。沿美国海岸飞行而不进入该国领空的航空器无须遵守前述要求。在2011年9月11日恐怖袭击（"9·11"事件）发生后，美国进一步要求以美国领土为终点的航班在起飞前提供旅客信息。[164]

在此，有必要了解《联合国宪章》起草的背景。《联合国宪章》制定于二战结束时，当时人们对军事力量的信心不足，更寄希望于结束使用武力。[165]

---

[163]《宪章》序言指出，"我联合国人民同兹决心，欲免后世再遭今代人类两度身历惨不堪言之战祸，重申基本人权，人格尊严与价值，以及男女与大小各国平等权利之信念，创造适当环境，俾克维持正义，尊重由条约与国际法其他渊源而起之义务，久而弗懈，促成大自由中之社会进步及较善之民生"。

* 200英里约为322千米。

[164] A. S. Williams. *The Interception of Civil Aircraft over the High Seas in the Global War on Terror* [Ottawa: Library and Archives Canada (Bibliothèque et Archives Canada), 2008], 73.

[165] *Self-Defense—International Law—Oxford Bibliographies—Obo*. Igbo-African Studies—Oxford Bibliographies. 19 September 2018. Accessed 3 October 2018. http://www.oxfordbibliographies.com/view/document/obo-9780199796953/obo-9780199796953-0028.xml.

73年后,也许是由于未能通过非武力手段成功应对恐怖主义、非法军火贸易和计算机网络攻击等新威胁,各国通过多个联合国小组和委员会敦促放松禁止使用武力的规则。而这一争论涉及在必要性和相称性原则下使用武力是否可以被正当化,这些内容并未规定在《联合国宪章》中,但在关于自卫规范性的漫长理论思考中同样重要。[166]

1986年,国际法院在"尼加拉瓜诉美国案"中宣称,《联合国宪章》关于自卫权的规定属于习惯国际法规则。国际法院指出,美国将禁止使用武力规则视为国际法中的强制性规范［强行法（*jus cogens*）］。国际法院特别强调在必要性和相称性原则下对自卫权的限制,这一点在《联合国宪章》第51条和习惯国际法中都有所体现。然而,学术界和政界对自卫权的讨论仍在继续。一些强国（如美国和欧洲国家）一直试图通过重新解释第51条,以寻求使用武力的替代方案。[167]

"9·11"事件中,民用航空器在美国被非法劫持,然后故意撞向纽约世贸中心的两座塔楼和华盛顿五角大楼,造成数千名平民死亡。如果当局怀疑航空器被滥用,他们应该采取什么行动?他们有权击落航空器吗?"9·11"事件后,美国宣布发动全球性反恐自卫战争,这使《联合国宪章》禁止使用武力原则的权威性再次受到挑战。2002年《美国国家安全战略》中宣称,美国对恐怖主义、核武器等带来的威胁享有"预防性自卫权"。[168]

尽管如此,国际法院在"尼加拉瓜诉美国案"中的论断依然保有其权威性。2005年,联合国完成了对《联合国宪章》和联合国行动为期两年的审查。该审查形成的最终文件——《2005年世界首脑会议成果:决议》（2005 World Summit Outcome: Resolution）——重申了联合国会员国严格遵守《联合国宪章》规定的承诺。该文件依旧坚持,在非武力攻击情况下,不能行使自卫权。[169]

---

[166] Self-Defense—International Law—Oxford Bibliographies—Obo. Igbo-African Studies—Oxford Bibliographies. 19 September 2018. Accessed 3 October 2018. http://www.oxfordbibliographies.com/view/document/obo-9780199796953/obo-9780199796953-0028.xml.

[167] "在尼加拉瓜境内和针对其的军事和准军事行动案"（尼加拉瓜诉美国）, Judgment of the Court, The Hague: Court, 1986, paragraphs 34, 17.

[168] 美国总统,《美国国家安全战略》,华盛顿,2002年,第15页。

[169] 联合国,《2005年世界首脑会议成果:决议》,纽约,2005年。

《芝加哥公约》第3条分条从未打算凌驾于《联合国宪章》第51条之上。但难以想象的是,当一国遭受恐怖主义袭击或任何针对其自身安全或公民生命的威胁时,该国仍然无动于衷。国际法并不排除一国使用武力,但使用武力必须遵守相称性和必要性的要求,因为这意味着可能会牺牲许多无辜的生命来防止一场重大灾难。这是一个极具挑战性的决策,如果该决策被证明是错误的,选择动武的国家将承担很大的责任。[170]

据此,可以得出结论:《芝加哥公约》规定的原则和办法应被认为是基本规则,其内容兼具概念性和一般性,它们构成了整个国际民用航空系统良好运行的一般行为准则。

航空法包含与航空有关的国际公法和国际私法规则,[171]这意味着航空法在国际法律体系中既不独立也不自治,故而一般法律原则也应是航空法的渊源之一。国际法可能不包含而且通常不包含在特定情况下起决定性作用的明确规则,但国际法学理论的功能是在没有任何具体法律规定的情况下,通过运用一般原则的推论来解决对立的权利和利益之间的冲突,以寻求问题的解决方案。

2.2.3 《芝加哥公约》的序言

《条约法公约》第31条第2款规定,就条约解释而言,上下文的范围应包括序言。[172]因此,序言应被视为一份声明,它不仅解释了在条约起草过程中发挥作用的考虑因素、动机、宗旨和目标,[173]而且阐明了缔约方谈判和缔结条约的背景。此外,序言还提供了缔约方达成协议的背景。[174]

《芝加哥公约》的序言声明如下:

> 序言
>
> 鉴于国际民用航空的未来发展对建立和保持世界各国之间和人民之

---

[170] M. Milde. *International Air Law and ICAO* (The Hague: Eleven International Publishing, 2016), 59.
[171] *Ibid.*, 2.
[172] 《条约法公约》第31条第2款规定:"就解释条约而言,上下文除指连同弁言及附件在内之约文外,并应包括:(a)全体当事国间因缔结条约所订与条约有关之任何协定;(b)一个以上当事国因缔结条约所订并经其他当事国接受为条约有关文书之任何文书。"
[173] R. K. Gardiner. *Treaty Interpretation* (New York, NY: Oxford University Press, 2008), 186.
[174] 加德纳在其著作(*Treaty Interpretation*)中指出,国际法院认为,使用《条约法公约》规定的解释规则是不言自明的。为论证此结论,他引用了"阿韦纳(Avena)和其他墨西哥国民案"(墨西哥诉美国),[2004] ICJ Reports 37–38, paragraph 83。

间的友谊和了解大有帮助，而其滥用足以威胁普遍安全；

又鉴于有需要避免各国之间和人民之间的磨擦并促进其合作，世界和平有赖于此；

因此，下列各签署国政府议定了若干原则和办法，使国际民用航空得按照安全和有秩序的方式发展，并使国际航空运输业务得建立在机会均等的基础上，健康地和经济地经营；为此目的缔结本公约。

为了正确理解该序言，有必要考察《芝加哥公约》的制定背景。序言不仅可以用来解释公约其他条款中出现的术语，还可以说明公约的整体结构是否支持本书试图形成的解释，该解释旨在确定《芝加哥公约》对于无人驾驶航空器系统国际运行的适用性。

军事冲突加速了技术发展。在二战结束前一年（1944年），各国签署了《芝加哥公约》。在这段不幸的历史中，航空技术发展迅速。对于所有参战国而言，拥有具备战术能力的战机以及破坏精度俱佳的战略武器至关重要。[175]二战期间，参战国大规模使用了无人驾驶航空器。例如，1944年6月至1945年3月，德国从海岸发射场或轰炸机上向英国发射了10 500枚V-1s型无人驾驶航空器＊，其中仅2400多枚击中目标，并主要集中在伦敦地区。[176]

在两次世界大战期间，军用飞机的勃兴——在飞入外国空域时投掷炸弹——促使各国严格监管和控制航空器。与此同时，航空的军事重要性也彰显了民用航空在经济和政治方面的巨大潜力。在铁路线和公路网遭到破坏的地区，航空成为最有效和最主要的运输方式。因此，各国迫切需要规范战后航空运输。[177]

《芝加哥公约》的起草者认识到，各国既可以将航空作为发展和进步的手段，也可以将其作为一种致命的战争资源。在此背景下，《芝加哥会议记录》是关于《芝加哥公约》谈判历史的可靠记录。其筹备工作表明，各国在

---

[175] P. Mendes de Leon. *Cabotage in Air Transport Regulation* (Martinus Nijhoff, 1992), 18.

＊ 此处指V-1导弹。

[176] L. R. Newcome. *Unmanned Aviation: A Brief History of Unmanned Aerial Vehicles* (Reston, Va.: American Institute of Aeronautics and Astronautics, 2004), 51.

[177] P. Mendes de Leon. *Cabotage in Air Transport Regulation* (Martinus Nijhoff, 1992), 14.

谈判过程中对序言给予了充分的关注。[178]

根据《条约法公约》的规定，序言是条约上下文的一部分，故其在解释条约文本和目的方面具有重要作用。序言既有助于选择或改变条约的一个或多个措辞的一般含义，也有助于确定条约的目的和宗旨。如果条约的实质性条款中某一术语之含义或所涉问题含糊不清，序言可被用于支持扩张解释或限缩解释，又或拒绝某一解释。[179]

虽然《芝加哥公约》的序言揭示了公约的主要目的是发展国际民用航空，但该公约的实质性条款更清晰且准确地说明了如何实现这一目的。因此，《芝加哥公约》的序言属于解释性承诺而非缔约方的义务，公约的实质性条款和附件则准确地规定了这些义务。

尽管《芝加哥公约》通过时，无人驾驶航空器已被用于军事用途，但其当前面临的法律挑战之一是如何适应并成为国际民用航空的组成部分，如何由主要规范民用有人驾驶航空器的法律框架调整，以及如何实现民用航空之目的和宗旨，即：

（1）建立和保持世界各国之间和人民之间的友谊和了解；

（2）避免各国之间和人民之间的磨擦并促进其合作；

（3）国际民用航空得按照安全和有秩序的方式发展，并使国际航空运输业务得建立在机会均等的基础上，健康地和经济地经营。

研究《芝加哥公约》的序言是有意义的，其内容有助于回答本书提出的研究问题，即现行国际航空法律框架是否足以在保障高水平安全的同时，确保无人驾驶航空器系统的运行和发展？此外，无人驾驶航空器系统如何成为国际民用航空业务的组成部分或能否从事国际民用航空业务？

将无人驾驶航空器系统完全纳入国际民用航空管理制度，使其能够飞越他国领空，完全符合《芝加哥公约》之宗旨和目的。鉴于持续的技术创新为

---

[178] 参见《芝加哥会议记录》（1944年11月1日至12月7日于美国伊利诺伊州芝加哥市召开）中关于《芝加哥公约》序言（见于第147、619、652、660页）、美国草案（见于第555、679页）、航空运输联合草案（见于第375、391、405、418页）以及联合分委员会会议记录（见于第467页）的内容。

[179] R. K. Gardiner. *Treaty Interpretation*（New York：Oxford University Press）.

国际航空运输带来了诸多新机遇，包括货物运输、向偏远地区运送紧急物资，以及作为应对人道主义危机和自然灾害的首选响应手段等，无人驾驶航空器系统已被证明是发展民用航空的积极因素。

在以下各节中，笔者分析了《芝加哥公约》第 1 章的规定。该章规定涵盖了适用于航空法所有方面的一般原则和适用准则；此种分析对理解法律格言"没有原则就不可能有原则之产物"（*ubi non est principalis not potest esse accessorious*）[180]具有重要意义。分析前述规定还可以明确《芝加哥公约》及其标准和建议措施如何适用于无人驾驶航空器系统。

2.2.4 主权

法律格言"土地所有权，上达天穹，下及地心"（*Cujus est solum, ejus est usque ad coelum et ad inferos*）是承认领空主权的法律理据。国家主权是各国公认的国际法原则，或者说是早已存在的是习惯国际法规则。尽管这一概念的外延随着历史的发展而有所改变，但其内涵始终未变。简单地说，主权就是一个国家在其领土内的最高权力。[181]主权促使国家之间建立各种联系并相互合作。国家间合作符合《芝加哥公约》序言的精神，特别是"建立和保持世界各国之间和人民之间的友谊和了解"的愿景。

尽管主权在航空法中起着核心作用，但 1919 年《巴黎公约》和 1944 年《芝加哥公约》都没有定义主权。[182]相反，这两部公约承认主权的存在以及各国行使主权的权力。二战带来的严重后果迫使缔约方在《芝加哥公约》中规定主权原则。

《芝加哥公约》第 1 条规定如下：

第 1 条 主权

缔约各国承认每一国家对其领土之上的空气空间具有完全的和排他

---

[180] 该法律格言的通俗含义是"皮之不存，毛将焉附"。

[181] D. Philpott. *Sovereignty*. In *The Stanford Encyclopedia of Philosophy*. Edited by Edward N. Zalta（Summer 2016 Edition）. Accessed 25 May 2016. http://plato.stanford.edu/archives/sum2016/entries/sovereignty.

[182] P. Mendes de Leon. *Introduction to Air Law*. 10th ed.（Alphen aan den Rijn：Kluwer Law International, 2017），9.

第2章 针对空域和航空器的国际法律制度对无人驾驶航空器系统运行的适用性

的主权。

此后,国际航空运输赖以发展的法律和外交框架包括以下三个简单而又基本的原则:[183]

(1) 一国的主权和管辖权及于其领土、内水、领海及其上空的空气空间。[184]

(2) 一国自主决定是否允许他国航空器进入该国领空。[185]

(3) 在公海上空或不属于任何国家管辖的空气空间,各国航空器享有飞行自由。在专属经济区(EEZ)上空,各国也享有如同公海上空一样的飞行自由。[186]

虽然前述原则的起源相对较晚,但它们是国际法中争议最少的共识之一。领空主权原则保证了国家在国际民用航空的发展中发挥主导作用。[187]

"对其领土之上的空气空间具有完全的和排他的主权"是指,一国可以通过制定针对其领土上方空气空间事务的规范,对该空间享有排他的控制权和专属管辖权。[188]但这并不意味着各国的领空主权是不受限制的。例如,只有当缔约方基于自身主权,没有适用国际民航组织制定的规则时,管辖权才具有排他性。这是因为《芝加哥公约》第37条赋予国际民航组织制定其附件的权力,而缔约方必须遵守这些附件和程序,除非缔约方根据第38条背离国际标准和程序。[189]

根据主权原则,任何航空器未经一国的许可、默许或容忍,不得飞入或飞越该国领空,而无论其飞行高度如何。[190]这一规定同样适用于外国无人驾

---

[183] O. J. Lissitzyn. *International Air Transport and National Policy* (New York: Garland Publishing, 1983), 365.

[184] 《联合国海洋法公约》第2条第2款规定:"此项主权及于领海的上空及其海床和底土。"

[185] 参见《芝加哥公约》第3条、第5~8条。

[186] 参见《芝加哥公约》第12条以及《联合国海洋法公约》第58条、第87条。

[187] O. J. Lissitzyn. *International Air Transport and National Policy* (New York: Garland Publishing, 1983), 365.

[188] M. Milde. *International Air Law and ICAO*. 2nd ed. (The Hague: Eleven International Publishing, 2012), 34.

[189] 参见《芝加哥公约》第37条、第38条。

[190] B. Cheng. *International Law and High-Altitude Flights: Balloons, Rockets and Man-made Satellites* (London: Stevens & Sons Limited), 487–494.

驶航空器。质言之，除非遵守一国针对无人驾驶航空器运行而制定的法律、政策和条例，否则外国无人驾驶航空器不得飞入另一国领空。

《芝加哥公约》第8条规定了针对"无人驾驶航空器"的特别法律制度，确认了飞越国的主权特权，并要求各国管制在其领空内飞行的任何国籍的"无人驾驶航空器"。[191]鉴于此，如果民用无人驾驶航空器国际运行可行，那么其运行不仅需要尊重和遵守飞越国和目的地国的法律和规章，而且在发生降停时，还应遵守降停国有关的法律和规章。

笔者将在下一章详细讨论《芝加哥公约》第8条中"特许"的含义。

2.2.5 领土

《芝加哥公约》在领土的界定概念中承认了领空主权。其第2条规定：

第2条 领土

本公约所指一国的领土，应认为是在该国主权、宗主权、保护或委任统治下的陆地区域及与其邻接的领水。

第2条所指"一国的领土"并非任意为之，而是明确规定了一国行使其主权、宗主权、保护或委任统治的领土范围。它明确指出这些陆地和领水是一国领土的组成部分，国家当然能够在其领土上方的空气空间行使主权。除第2条外，"领土"一词在《芝加哥公约》中重复了50次，故而针对"领土"一词的定义，不仅有助于理解该术语，而且对正确适用《芝加哥公约》也是必要的。

根据《芝加哥公约》的规定，各国可行使以下三种形式的管辖权：

（1）对缔约方领土内所有航空器的领土管辖权；

（2）对飞越或飞入外国领土之航空器的属人管辖权；[192]

（3）对飞越公海和无主地（terra nullis）之航空器的准属地管辖权。[193]

---

[191] 参见《芝加哥公约》第8条。

[192] B. Cheng. *The Law of International Air Transport* (London: Stevens & Sons Limited, 1962), 110.

[193] Terra nullius 是一个拉丁语词汇，意思是不属于任何人或为任何人所有的土地。在国际法中，从未受任何国家主权管辖的领土，或任何国家已明示或暗示放弃其主权的领土，即为无主地。无主地可以通过占领获得。公海和天体属于无主地，但国际条约限制了国家获得前述无主地之主权。

第 2 章 ‖ 针对空域和航空器的国际法律制度对无人驾驶航空器系统运行的适用性

《芝加哥公约》的缔约方对发生在其领土内及领土上空的一切航空活动（包括航空运输和空中航行）能够行使控制权和管辖权，同时考虑到无人驾驶航空器也属于航空器，因此无人驾驶航空器应由《芝加哥公约》调整。[194]

本书第 4 章讨论了无人驾驶航空器进入外国空域涉及的法律问题，第 5 章分析了无人驾驶航空器系统国际运行（包括在公海上空飞行）涉及的安全问题。在这两章中，笔者分析了上述管辖权如何适用于无人机驾驶航空器系统的运行。第 6 章则总结了本书的基本观点以及针对本书所研究之问题的答案。

下一节将从法律角度探讨民用航空器和国家航空器之间的异同。这种比较是必要的，因为它不仅有助于确定无人驾驶航空器属于哪一类别，还有助于明确本书的研究要旨，即《芝加哥公约》及其附件是否适用于无人驾驶航空器系统的国际民事运行。

2.2.6 民用航空器和国家航空器

航空器作为航空业的核心运载工具，受到国际法规范全方位的调整，但在任何主要的国际法渊源中都没有定义"航空器"。这是因为该术语包含了诸多复杂的器型，以至于仅用简单的定义无法全部涵盖。《芝加哥公约》附件 7《航空器国籍和登记标志》规定了"航空器"的定义，这对于正确理解和适用公约及其标准和建议措施是必不可少的。[195] 根据附件 7，"航空器"是指：

> 可以在大气中从空气的反作用，而不是从空气对地面的反作用获得支撑的任何机器。

附件 7 将航空器分为 23 种类型，包括但不限于非动力驱动的自由气球和滑翔机，以及动力驱动的飞船、定翼机、旋翼机和扑翼机等。

2012 年 3 月，国际民航组织通过了附件 7 的第六修正案，将遥控驾驶航

---

[194] 参见本书第 1 章第 1.4.2 节。

[195] M. Milde. *International Air Law and ICAO*. 2nd ed. (The Hague: Eleven International Pub., 2012), 61.

空器纳入其中,并将其定义为"一架由遥控站操纵的无人驾驶航空器"。[196]因无人驾驶航空器依靠机翼来获得升力,故其应属于航空器。Space X 发射系统开发计划[197]试图像飞机一样重复使用火箭。尽管此种运载工具使用的导弹和发射器也穿行于空气空间,但它们并非依靠空气的反作用获得支撑,故此种载具不属于航空器。值得探讨的是,维珍银河公司(Virgin Galactic)目前用于亚轨道飞行的运载工具 VSS Unity 是否属于航空器? VSS Unity 在穿越大气层及空域时具备航空器功能,而在外层空间中又作为航天器运行,因此航空法和空间法应同时适用于这种运载工具。这一结论也同样适用于 X-37B(有时称轨道试验飞行器)——这是由波音公司制造的一款可重复使用的小型无人驾驶航天器,它看起来像一架小型航天飞机。

自动驾驶航空器是不允许驾驶员干预飞行的无人驾驶航空器。[198]遥控驾驶航空器是由遥控站操纵的无人驾驶航空器。[199]此外,由遥控驾驶航空器、相关的遥控站、所需的指挥与控制链路以及按批准的型号设计的任何其他部件共同构成遥控驾驶航空器系统。[200]指挥与控制链路是指,遥控驾驶航空器与遥控站之间用于管理飞行的数据链。连接遥控站和遥控驾驶航空器的指挥与控制链路不仅可以是单工或双工链路,还可以在无线电信号内或无线电信号外通信。[201]

《芝加哥公约》仅调整民用航空器,但没有对其进行定义。该公约只是在概念上对民用航空器和国家航空器有所区分,但后者并不由《芝加哥公约》调整。这种情况看起来有些荒谬,因为这两类航空器共享同一空域,在空中航行时存在交互,并且遵循和执行相同的安全标准。[202]

---

[196] 《芝加哥公约》附件 7《航空器国籍和登记标志》,第 6 版,蒙特利尔:国际民航组织,2012 年 7 月,第 1 页。

[197] Space X 设计、制造和发射先进的火箭和航天器。该公司成立于 2002 年,旨在革新太空技术,其最终目标是使人类能够在其他星球上生活。

[198] 国际民航组织,Doc 10019 AN/507,《遥控驾驶航空器系统(RPAS)手册》,蒙特利尔:国际民航组织,2015 年,第XIV页。

[199] 同前注,第XVIII页。

[200] 同前注。

[201] 同前注,第 XV 页。

[202] M. Milde. *International Air Law and ICAO*. 2nd ed. (The Hague: Eleven International Publishing), 62.

《芝加哥公约》第 3 条规定如下：

第 3 条 民用航空器和国家航空器

1. 本公约仅适用于民用航空器，不适用于国家航空器。

2. 用于军事、海关和警察部门的航空器，应认为是国家航空器。

3. 一缔约国的国家航空器，未经特别协定或其他方式的许可并遵照其中的规定，不得在另一缔约国领土上空飞行或在此领土上降落。

4. 缔约各国承允在发布关于其国家航空器的规章时，对民用航空器的航行安全予以应有的注意。

该条款没有定义民用航空器，这会使得缔约方对这一措辞产生不同的理解。

《芝加哥公约》第 3 条第 2 款仅说明国家航空器的用途，将其限制为军事、海关和警察部门使用的航空器。[203]

通常而言，权威解释一项法律规则之权能只属于有权改变或废止此规则的个人或机构，故而法院和法庭并不是唯一有权作出条约解释的主体。政府部门、立法机关、法律顾问、律师和学术界工作的一部分就是解释条约规定。[204]因此，笔者试图提供一些有助于理解《芝加哥公约》第 3 条的方法和观点。

什么是民用航空器？根据《条约法公约》规定的条约解释准则，条约解释旨在明确条约使用之措辞的含义。而解释条约的困难在于，措辞可能有多种意思。一个更复杂的问题是，《芝加哥公约》虽然规定了"民用航空器"这一术语，但并没有对其定义提供任何说明或指导，那么缔约方能否按照自己的意愿去推断该定义并进行解释呢？以下分析详细阐述了民用航空器的两种解释路径。

第一种路径是从逻辑上得出结论，即除军事、海关和警察部门使用的航空器外，其他所有航空器都应被视为民用航空器。郑斌教授认为：

---

[203] M. Milde. *International Air Law and ICAO* (The Hague: Eleven International Publishing, 2012), 71–72.

[204] R. K. Gardiner. *Treaty Interpretation* (Oxford: Oxford University Press, 2017), 11.

《芝加哥公约》通过严格限定国家航空器的范围，对民用航空进行了非常宽泛的解释。民用航空器包括除军事、海关和警察部门使用的航空器以外的所有用于航空业的航空器。[205]

这种分析方法符合法律格言"存疑时应以轻缓优先"（semper in dubiis benigniora præferenda），即在存疑事项中，应当优先采用更为宽泛的解释。[206]

《芝加哥公约》第3条类似于《巴黎公约》第30条，后者对私人航空器（《芝加哥公约》规定为民用航空器）和国家航空器进行了更明确的区分。该条规定如下：

第30条

以下航空器被视为国家航空器：

（a）军用航空器；

（b）专门用于国家职能的航空器，例如邮政、海关、警察。

除此之外的其他航空器都是私人航空器。除用于军事、海关和警察以外的所有国家航空器均应被视为私人航空器，因此应遵守本公约的所有规定。

根据法律格言"最好的解释来源于对上下文的理解"（ex præcedentibus et consequentibus es optima interpretatio），《巴黎公约》所规定的概念和原则对理解《芝加哥公约》的规定仍具有解释价值，故《巴黎公约》第30条的内容有助于寻求民用航空器和国家航空器之间的实质区别。

第二种路径是功能分析。在没有任何例外规定的情况下，航空器的性质取决于其在特定时刻执行的功能，而不考虑其设计、技术特征、国籍或所有权等因素。对于无人驾驶航空器而言，除用于军事、海关和警察服务外，其还被用于提供诸多政府服务和私人服务，例如海岸巡逻、搜索和救援、运输紧急援助物资、监控、从事人道主义飞行和提供地质服务等。[207]

---

[205] B. Cheng. *The Law of International Air Transport*（London：Stevens & Sons, 1984），112.

[206] E. Hilton Jackson. *Latin for Lawyers*（Clark, New Jersey：Exchange, 2015），242.

[207] M. Milde. *International Air Law and ICAO*（The Hague：Eleven International Publishing, 2012），73.

此外,《芝加哥公约》第 35 条规定了从事国际航行的航空器的货物限制,具体如下:

第 35 条 货物限制

1. 从事国际航行的航空器,非经一国许可,在该国领土内或在该国领土上空时不得载运军火或作战物资,至于本条所指军火或作战物资的含意,各国应以规章自行确定,但为求得统一起见,应适当考虑国际民航组织随时所作的建议。

2. 缔约各国为了公共程序和安全,除第 1 款所列物品外,保留管制或禁止在其领土内或领土上空载运其他物品的权利。但在这方面,对从事国际航行的本国航空器和从事同样航行的其他国家的航空器,不得有所区别,也不得对在航空器上为航空器操作或航行所必要的或为机组成员或乘客的安全而必须携带和使用的器械加任何限制。

第 35 条第 1 款并没有明确载运军火和作战物资的航空器属于国家航空器还是民用航空器,故而该条款适用于所有类型的航空器。然而,我们如何确定载运军火和作战物资的无人驾驶航空器属于民用航空器还是国家航空器?米尔德教授认为,综合考虑以下因素可能有助于确定航空器的性质:

◆ **航空器的设计和技术特征**:有些航空器(包括其武器装备)是专门为军事作战而制造的,而其他类型的航空器则可以很容易地改装以用于其他目的。仅仅根据航空器的技术特征来确定航空器的性质并不可靠。

◆ **航空器的登记标志**:航空器的国籍和登记标志可以表明某一航空器为"军用"航空器,但这一事实本身并不证明该航空器在特定情况下被"用于军事用途"。

◆ **航空器的所有权**:航空器为一国所有或为一国军事部门所有的事实是判断其归属的有效证据,但这一事实本身并不证明该航空器在特定情况下被"用于军事用途"。

◆ **航空器执飞的任务**:航空器所携带的飞行文件的性质、飞行计划、通信程序、机组成员的组成(由军事人员构成或由非军事人员构成)、飞行的保密性或公开性等,都有助于确定一架航空器是否属于军用航空器。[208]

质言之，航空器的性质取决于其用途和提供的服务。

国际公法将国家行为区分为主权行为（acta iure imperii）和商业行为（acta iure gestionis）。其中，主权行为是国家基于主权做出的行为，商业行为是国家以私主体的身份做出的行为。按照这种区分方法，国家可以使用国家航空器执行公共职能，也可以在经济部门使用民用航空器，在这种情况下，《芝加哥公约》及其标准和建议措施的规定将适用于此种民用航空器。[209]前述方法为学者所广泛接受和援用。

以上结论仅构成法律推定（praesumptio iuris）。[210]解释《芝加哥公约》第3条以确定民用航空器与国家航空器之间的区别，应遵循《条约法公约》规定的条约解释规则以及特定飞行涉及的所有要素，包括但不限于机组成员或旅客的性质、所载货物的性质、航空器的技术特征、航空器的所有权及其国籍标志。

尽管《芝加哥公约》不适用于国家航空器，但该公约的部分条款却涉及国家航空器。例如，《芝加哥公约》第3条第3款对过境权作出限制，规定"一缔约国的国家航空器，未经特别协定或其他方式的许可并遵照其中的规定，不得在另一缔约国领土上空飞行或在此领土上降落"。

《芝加哥公约》第8条中有关"无人驾驶航空器"的规定与第3条第3款的内容类似，并且该条并不区分"无人驾驶航空器"是民用航空器还是国家航空器。第8条第1句规定：

> 任何无人驾驶而能飞行的航空器，未经一缔约国特许并遵照此项特许的条件，不得无人驾驶而在该国领土上空飞行。

由此，根据《芝加哥公约》第8条，无人驾驶航空器无论是民用航空器

---

[208] M. Milde. *International Air Law and ICAO* (The Hague: Eleven International Publishing, 2012), 72.

[209] P. Mendes de Leon. *Introduction to Air Law*. 10th ed. (Alphen aan den Rijn: Kluwer Law International, 2017), 22.

[210] B. A. Garner and H. C. Black. *Black's Law Dictionary*. 7th ed. (St. Paul, Minn.: West Group). 法律推定，即法律假定某种状态、事物存在，直到它被否定为止。

还是国家航空器，都必须获得特许，才能在一国领空飞行，因而没有必要将该公约第3条第3款适用于无人驾驶航空器。[211]据此，即使是民用无人驾驶航空器，也需要获得批准，并应符合批准设定的条件，才能飞入外国领空。

此外，《芝加哥公约》第3条第4款规定，在发布关于国家航空器的规章时，缔约方应"对民用航空器的航行安全予以应有的注意"。第3条第4款规定如下：

> 缔约各国承允在发布关于其国家航空器的规章时，对民用航空器的航行安全予以应有的注意。

该款存在的原因是，国家航空器原则上不受《芝加哥公约》的调整，进而也就不受国际民航组织根据该公约制定的标准和建议措施以及空中航行服务程序之约束。[212]然而，国际民航组织大会每届会议都会通过一项广泛的决议，称为《国际民航组织关于空中航行的持续政策及相关做法的综合声明》（Consolidated Statement of ICAO Continuing Policies and Associated Practices Related Specifically to Air Navigation）。该声明的附件P《民用和军用空中交通的协调》（Coordination of Civil and Military Air Traffic）规定了以下内容：

> 各缔约国为规范其国家航空器在公海上空航行所制定的规章和程序，应确保此类航行不得损抑国际民用航空交通的安全、规律和效率，并在实际可行的范围内遵守附件2《空中规则》。[213]

该条款要求国家航空器也需在公海上空遵守《芝加哥公约》附件2《空中规则》的内容。国际民航组织大会第A37-15号决议的附件O延续上述做法，并特别要求军用航空器遵守附件2的相关内容。[214]

无论是有人驾驶航空器还是无人驾驶航空器，决定其属于民用航空器还是国家航空器的最为普遍接受的方法是按照航空器所执行的功能。因此，必

---

[211] 参见《芝加哥公约》第8条。

[212] M. Ells. *Unmanned State Aircraft and the Exercise of Due Regard*. 21 March 2015. Accessed 7 May 2020. https://papers.ssrn.com/sol3/papers.cfm?abstract_id=2580875.

[213] M. Milde. *International Air Law and ICAO* (The Hague: Eleven International Publishing, 2016), 105.

[214] 国际民航组织，《第37届大会有效决议》，2010年10月8日，访问时间：2020年7月7日，https://www.icao.int/Meetings/AMC/Assembly37/Documents/ProvisionalEdition/a37_res_prov_en.pdf.

须从更广泛的意义上理解《芝加哥公约》第 3 条第 4 款。传统观点认为，该条款适用于有人驾驶航空器。然而，需要指出的是，如果无人驾驶航空器属于国家航空器，根据第 3 条第 4 款，缔约方关于该类航空器的规定也必须适当考虑民用有人驾驶航空器和民用无人驾驶航空器的飞行安全。

《芝加哥公约》第 8 条第 2 句规定与第 3 条第 4 款的内容也具有相似性，即要求缔约方通过精准控制来确保民用航空器的安全。

> 缔约各国承允对此项无人驾驶的航空器在向民用航空器开放的地区内的飞行加以管制，以免危及民用航空器。

《芝加哥公约》虽然不适用于国家航空器，但它也规定此种航空器需要采取特别的安全措施，例如保持"适当注意"和获得"特许"。[215]此外，必须采取预防措施，防止并尽量减少国家航空器的潜在危险，"因为空中交通管制单位可能不知道国家航空器的飞行意图，进而也就不能要求其保持飞行所需的最低间隔距离"。[216]

作为航空器，无人驾驶航空器亦应受特定飞行条件的约束。这些条件要求无人驾驶航空器需要遵守"特许"以及承担"避免对民用航空器造成危险"的义务，故其类似于国家航空器飞行所需遵守之条件。[217]特别需要说明的是，"适当注意"义务既不针对特定类型的航空器，也不针对特定空域。相反，这是一个重要的安全问题，任何航空器（包括无人驾驶航空器）都不能否认或免除这一义务。

根据《芝加哥公约》第 35 条第 1 款，从事国际航行的无人驾驶航空器，非经一国许可，在该国领土内或在该国领土上空时不得载运军火或作战物资。而从事这种飞行的无人驾驶航空器当然属于国家航空器。

无人驾驶航空器可以在多种场合运用，故而其可以是民用航空器，也可以是国家航空器。因此，《芝加哥公约》第 3 条分条也适用于无人驾驶航空

---

[215] 参见《芝加哥公约》第 3 条。

[216] Due Regard—SKYbrary Aviation Safety. SKYbrary Wiki. Accessed 7 July 2020. https://www.skybrary.aero/index.php/Due _ Regard.

[217] 《芝加哥公约》第 3 条和第 8 条都使用"特许"这一措辞，但第 5 条没有使用特许，而采用"获准"这一措辞。

器的运行，特别是在民用领域使用时：

2. 缔约各国承认，每一国家在行使其主权时……有权要求该航空器在指定的机场降落；该国也可以给该航空器任何其他指令，以终止此类侵犯……

3. 任何民用航空器必须遵守根据本条第二款发出的命令……

根据前述内容，无人驾驶航空器的驾驶员无论使用电子手段还是目视手段来操纵航空器，都应遵守飞越国的指示，并按照该国要求在指定机场降落。有人驾驶航空器通常是通过目视手段执行前述要求，而无人驾驶航空器则依赖发现与避让系统执行前述要求。因而，无人驾驶航空器国际运行对经认证的发现与避让系统提出了更高要求。[218]

由此可知，《芝加哥公约》仅适用于民用航空器。鉴于该公约没有提供民用航空器的定义，所以为了确定该公约是否可以调整无人驾驶航空器的国际运行，首先需要探讨民用航空器的含义和范围。

结合前文分析，笔者认为，无人驾驶航空器执行民用功能时，应属于民用航空器的范畴，进而与《芝加哥公约》第3条规定的国家航空器相区别。然而，这并不意味着无人驾驶航空器系统的国际民事运行完全由《芝加哥公约》调整。无人驾驶航空器系统运行过程中的复杂性，引发了许多尚未解决的议题，例如安全、安保以及与此类航空器相适应的国际航空运输法律制度。

2.2.7 民用航空的滥用

国际民用航空会议的议题之一是"民用航空的滥用"。加拿大提出了《芝加哥公约》第4条的初稿，具体内容如下：

避免滥用民用航空对各国安全造成威胁，并为建立和维持一个永久的普遍安全制度作出最有效的贡献。

---

[218] 参见国际民航组织，Doc 10019 AN/507，《遥控驾驶航空器系统（RPAS）手册》，蒙特利尔：国际民航组织，2015年，定义。发现与避让是指，"看见、察觉或发现交通冲突或其他危险并采取适当行动的能力"。

来自美国、英国和加拿大的一项三方提案修改了初稿的措辞，具体内容如下：

> 缔约各国拒绝将民用航空作为国际关系中国家政策的工具。[219]

这一措辞源于宣布战争为非法的《凯洛格—白里安公约》（Kellogg-Briand Pact）。[220] 该公约的全称为《关于废弃战争作为国家政策工具的一般公约》（General Treaty for Renunciation of War as an Instrument of National Policy），是 1928 年在法国巴黎签署的一项国际协定。在该公约中，缔约方承诺不使用战争来解决任何冲突，而不问冲突的性质或缘由。凡违反此项义务的缔约方，将不得享有本公约赋予之权益。[221]

三方提案随后被提交给国际民航组织起草委员会，以寻求更为合适的措辞来表达各方禁止利用民用航空进行侵略之愿望。[222] 缔约方最终同意使用以下措辞作为《芝加哥公约》第 4 条的内容，即：

> 缔约各国同意不将民用航空用于和本公约的宗旨不相符的任何目的。

该条的言下之意是，缔约各方在民用航空运营中应以公约确定和允许之目的为限。

《芝加哥公约》第 3 条分条第 2 款的部分内容与第 4 条的措辞类似：

> 2. 缔约各国承认，每一国家在行使其主权时，对未经允许而飞越其领土的民用航空器，或者有合理的根据认为该航空器被用于与本公约宗旨不相符的目的，有权要求该航空器在指定的机场降落；……

---

[219] 参见《第二部分：委员会工作记录》，摘自《芝加哥会议记录》，芝加哥：伊利诺伊，1944 年 11 月 1 日至 12 月 7 日，访问时间：2020 年 3 月 26 日，https://www.icao.int/ChicagoConference/Pages/proceed.aspx。

[220] 同前注。

[221] 德国、法国和美国于 1928 年 8 月 27 日签署《凯洛格—白里安公约》，其他缔约方随后签署该公约。该公约由法国和美国发起，宣布放弃使用战争，并呼吁和平解决争端。尽管如此，但在该公约签署 11 年后二战爆发。类似的规定也被纳入《联合国宪章》。《凯洛格—白里安公约》并非由国际联盟缔结，现在仍然有效。

[222] R. I. R. Abeyratne. *Convention on International Civil Aviation: A Commentary* (Springer International Publishing, 2014), 91.

第 2 章 ║ 针对空域和航空器的国际法律制度对无人驾驶航空器系统运行的适用性

第3条和第4条的目的是什么？通过分析《芝加哥公约》的序言，可以列出公约的一系列目的，包括促进合作、建立与维护世界各国和人民之间的友谊和了解。序言还强调，滥用国际民用航空可能对普遍安全构成威胁，由此缔约各方商定了一些原则和办法，使国际民用航空得以按照安全和有序的方式发展。序言部分表示，国际航空运输业务须建立在机会均等的基础上，健康地和经济地经营。[223]

此外，《芝加哥公约》第44条还明确了国际民航组织的目的。该条(a)、(d)、(h)项指出，国际民航组织的目的包括保证全世界国际民用航空安全地和有秩序地发展；满足世界人民对安全、正常、有效和经济的航空运输的需要，以及促进国际航行的飞行安全。具体规定如下：

第44条 目的

国际民用航空组织的宗旨和目的在于发展国际航行的原则和技术，并促进国际航空运输的规划和发展，以：

(a) 保证全世界国际民用航空安全地和有秩序地发展；

……

(d) 满足世界人民对安全、正常、有效和经济的航空运输的需要；

……

(h) 促进国际航行的飞行安全；

……

国际民航组织第33届大会通过第A33-1号决议，即《关于滥用民用航空器作为杀伤性武器和涉及民用航空的其他恐怖主义行为的宣言》（Declaration on the Misuse of Civil Aircraft as Weapons of Destruction and other Terrorist Acts involving Civil Aviation），谴责了在美国发生的导致众多无辜生命丧失、人类遭受苦难和破坏的"9·11"事件。

该决议认为，将民用航空器作为杀伤性武器使用不符合《芝加哥公约》

---

[223] *Convention on International Civil Aviation*. Doc 7300. Accessed 26 March 2020. https：//www.icao.int/publications/pages/doc7300.aspx. 参见《芝加哥公约》序言。

的条文和精神。特别是，该决议宣称这些行为与其序言、第 4 条和第 44 条相悖，此类行为和其他涉及民用航空器或民用航空设施的恐怖主义行为构成违反国际法的严重罪行。[224]国际民航组织敦促所有缔约方追究并严厉惩罚那些滥用民用航空器作为杀伤性武器的行为者，包括负责策划和组织此类行为的人，以及为这些行为者提供协助、支持或庇护的人；还敦促所有缔约方加强努力，以便全面实施和执行关于航空安全的多边公约以及相关标准和建议措施，并采取额外的安全措施，以防止和消除涉及民用航空的恐怖主义行为。[225]

尽管法律能积极主动地指导人的行为，但其内容总是被动的，是对已认识到的社会问题的反应。法律具有滞后性——快节奏的生活是全球化的典型特征之一，这使得立法者对社会问题的反应总是迟缓的，即便不是毫无反应，也至少是相当拖延的。[226]这一情况同样适用于航空领域，因为飞行本身就是一个处于持续变化状态的动态过程。正因如此，《芝加哥公约》的起草者显然无法预见滥用民用航空的所有具体情况。然而，从该公约第 4 条的起草过程可以看出，起草者的意图是防止民用航空对国家安全造成威胁。国际民航组织第 A33-1 号决议便体现了这一安全关切。

无人驾驶航空器的作用和设计类似于有人驾驶航空器，[227]故而其也可能遭受破坏或非法干扰，并可被用作杀伤性武器。无人驾驶航空器可能会以不同的方式危及正在飞行的飞机、机上的乘客和机组成员、地勤人员或公众的安全。例如，无人驾驶航空器可被用来携带小型炸弹或化学武器，其致命性

---

[224] 国际民航组织，第 A33-1 号决议，《关于滥用民用航空器作为杀伤性武器和涉及民用航空的其他恐怖主义行为的宣言》，蒙特利尔，2001 年 9 月 25 日至 10 月 5 日，访问时间：2020 年 3 月 27 日，https://www.icao.int/Meetings/AMC/MA/Assembly% 2033rd% 20Session/plugin - resolutions _ a33.pdf。

[225] 同前注。

[226] The Law of the Future and the Future of Law. HiiL. Accessed 21 July 2020. http://www.hiil.org/publication/the - law - ofthe - future - and - the - future - of - law.

[227] 国际民航组织，Doc 10019 AN/507，《遥控驾驶航空器系统（RPAS）手册》，蒙特利尔：国际民航组织，2015 年，第 13 页。

第2章 ‖ 针对空域和航空器的国际法律制度对无人驾驶航空器系统运行的适用性

与军用武器不相上下。这些行为不符合国际航空安全法律制度[228]以及《芝加哥公约》第35条关于货物限制的规定,除非飞越国允许。[229]无论是否需要驾驶员人为干预无人驾驶航空器,其既可以用于执行特定任务,也能减少人类暴露的风险,但其也可能被黑客攻击或被数据链欺骗。与有人驾驶航空器相比,无人驾驶航空器的购买与维护成本以及燃料消耗更低,且具有更高的精度。故而,无人驾驶航空器既可以被用于监视、侦察和搜集情报,也可被用于非法目的,如间谍活动。无人驾驶航空器的部署速度更快,且其操作与电子游戏非常类似,这显著降低了驾驶员操纵无人驾驶航空器参与非法活动的道德责任感。

如前所述,鉴于无人驾驶航空器系统可能对民用航空安全构成潜在威胁,国际民航组织建议,无人驾驶航空器系统的操纵标准至少应与有人驾驶航空器的相关标准保持一致。在这方面,国际民航组织发布了旨在保障飞行机组成员安全的程序和系统规定,这可以作为针对无人驾驶航空器系统独特性质制定规范时的一般参考资料。采用识别技术,如用于访问控制系统的生物识别技术,可以提升无人驾驶航空器系统的安全性。此外,在访问控制级别上,可以考虑对无人驾驶航空器和遥控站有所区分。对于在无人陪同的情况下获准进入机场限制安全区域之人员的背景调查规则,也应适用于无人驾驶航空器驾驶员。指挥与控制链路对于操作无人驾驶航空器系统至关重要,但由于其复杂性,可能需要由第三方提供和管理相应的硬件和软件。因此,指挥与控制链路应该有能力预防各种非法干扰,包括黑客攻击、数据链欺骗和其他

---

[228] 国际航空安全法律制度处理针对民用航空的各种类型的非法干扰,特别是对飞行中飞机的非法扣押(劫持)、对飞行中飞机或空中飞行设施的破坏、对地面飞机或机场人员的服务攻击以及机上不守规矩的旅客的行为。See M. Milde. *International Air Law and ICAO* (The Hague: Eleven International Publishing, 2016), 219. 针对非法干扰的公约主要有:1963年9月14日签署的《东京公约》、1970年12月16日签署的《海牙公约》、1971年9月23日签署的《蒙特利尔公约》、1988年2月24日签署的《制止在用于国际民用航空的机场发生非暴力行为以补充一九七一年九月二十三日订于蒙特利尔的制止危害民用航空安全的非法行为的公约的议定书》(简称1988年《蒙特利尔议定书》)以及1991年3月1日签署的《在可塑炸药中添加识别剂以便探测的公约》。

[229] 参见《芝加哥公约》第35条。

形式的干扰。[230]

事实证明，航空业是一个充满活力的行业，无人驾驶航空器系统及其应用持续发展，同时也伴随着被滥用的风险。例如，走私者利用无人驾驶航空器将智能手机从中国香港地区带入中国内地。这些走私者在午夜后行动，只需几秒钟就能使用无人驾驶航空器运送装有10余部智能手机的小袋子。一夜之间，他们就能偷运15 000部智能手机。[231]此外，无人驾驶航空器已成为贩毒集团非法运毒的最新工具之一，替代了使用汽车通过入境口岸或地下隧道的传统运输方法。[232]

一旦无人驾驶航空器成为家庭用品，其潜在的滥用问题就显现出来。在此背景下，考虑到隐私并不在《芝加哥公约》的调整范畴和目标之内，那么侵犯个人隐私是否属于滥用民用航空？各国通常通过国内法规制隐私保护与执法事宜。但值得注意的是，当在无人驾驶航空器上安装具有处理数据能力的有效载荷（如摄影设备）时，其可能会受到《芝加哥公约》的规制，因为该公约第36条规定：

第36条 照相机
缔约各国可以禁止或管制在其领土上空的航空器内使用照相机。

在国际法框架内，时际法（intertemporal law）这一概念或许可以用来判断侵犯隐私是否属于滥用民用航空。时际法可以解决以下两个问题：

（1）条约谈判、缔结或批准的时间是否属于解释条款的主要因素；

（2）条约条款的含义是否可以随着国际法的发展而演变。[233]

笔者认为，在试图使用演绎解释方法来判断侵犯隐私是否属于滥用民用

---

[230] 国际民航组织，Doc 10019 AN/507，《遥控驾驶航空器系统（RPAS）手册》，蒙特利尔：国际民航组织，2015年，第13页。

[231] Smugglers Used UA to Bring ＄79.8 Million Worth of iPhones into China. They Just Got Busted. CNBC. 30 March 2018. Accessed 2 April 2020. https：//www.cnbc.com/2018/03/30/china－busts－smugglers－using－UA－to－transportsmartphones.html.

[232] S. Dinan. UA Become Latest Tool Drug Cartels Use to Smuggle Drugs into U.S. The Washington Times. 20 August 2017. Accessed 2 April 2020. https：//www.washingtontimes.com/news/2017/aug/20/mexican－drug－cartels－using－UAto－smuggle－heroi/.

[233] R.K. Gardiner. Treaty Interpretation (Oxford：Oxford University Press, 2017), 251－252.

航空时，应注意与法院和仲裁庭作出的裁决保持一致。例如，在"费尔德布鲁格诉荷兰案"中，欧盟法院裁定：

> 演绎解释允许根据现代条件解释公约中已经包含的可变及不断变化的概念……但不允许赋予公约全新的概念或新的适用范围，这是欧盟理事会成员方的立法权限……[234]

当条约条款有不同的含义时，将演绎解释和缔约方的嗣后实践相结合，可以更透彻地解释其中的含义。缔约方在缔结条约时针对特定措辞所采用的含义限制了演绎解释的范围，而条约缔约方的嗣后实践则提供了关于条约内容之演变的额外补充资料。

笔者认为，基于以下几方面原因，使用无人驾驶航空器侵犯隐私应受《芝加哥公约》第4条调整：

◆ 无人驾驶航空器系统已经从监控国家演变为监控人们的生活；
◆ 无人驾驶航空器系统是民用航空的组成部分，应受《芝加哥公约》的调整；
◆ 各国通常管控和制裁侵犯隐私的行为；
◆《芝加哥公约》的宗旨和目的不包括侵犯隐私；
◆《芝加哥公约》第36条规定"缔约各国可以禁止或管制在其领土上空的航空器内使用照相机"，故而在无人驾驶航空器上禁止使用摄影设备或照相机来侵犯隐私。

笔者认为，只要各国继续保有其承诺，确保《芝加哥公约》继续发挥作用，以便国际民用航空可以安全有序地发展，并使国际航空运输服务能够建立在机会均等的基础上，健康地和经济地经营，那么公约第4条就应适用于无人驾驶航空器系统的国际运行。同时，随着无人驾驶航空器系统技术水平的不断提升，人们难以预见其在民用航空中的所有使用和滥用情形。[235]

因此，为实现国际民航组织之宗旨和目的，该组织应继续鼓励为和平目

---

[234] R. K. Gardiner. *Treaty Interpretation*（Oxford：Oxford University Press，2017），243. 另见"费尔德布鲁格诉荷兰案"，ECHR Case No. 8/1984/20/127（Judgment of 23 April 1986）.

[235] 参见《芝加哥公约》序言。

的而设计和操作航空器。[236]同时,在不影响安全的情况下,各国应在更广泛的意义上适用《芝加哥公约》第4条,以应对无人驾驶航空器系统被滥用的各种可能性。

2.3 本章小结

1919年《巴黎公约》及其《1929年议定书》是一战以来首次在国际层面上致力于规范无人驾驶航空器系统的国际军用飞行。

鉴于无人驾驶航空器具有军事以外的用途,《巴黎公约》的缔约方赋予了无人驾驶航空器独立于民用或军用航空器之地位。根据《1929年议定书》第15条规定,无人驾驶航空器,无论是民用航空器还是军用航空器,在任何情况下,除经特别授权外,不得飞越另一缔约方领空。

1944年,《芝加哥公约》取代了《巴黎公约》及其《1929年议定书》,成为当下国际民用航空的大宪章。该公约保留了后者规定的若干航空法概念和原则,其中也包括针对无人驾驶航空器运行的相关规定。特别需要指出的是,《芝加哥公约》保留了《1929年议定书》第15条规定的基本精神,即无人驾驶航空器的国际运行在任何时候都需要特许。

《芝加哥公约》在第8条关于"无人驾驶航空器"的规定中增加了一项义务,即"缔约各国承允对此项无人驾驶的航空器在向民用航空器开放的地区内的飞行加以管制,以免危及民用航空器"。该规定明确了无人驾驶航空器与民用航空器的区别,但并未考虑到在目前的技术条件下,无人驾驶航空器亦可从事民用航空活动的事实。但是,第8条既不影响也不禁止无人驾驶航空器从事民用航空活动,因为该规定仅要求无人驾驶航空器在向民用航空器开放的地区内飞行时,应当采取措施,以免危及民用航空器。

《芝加哥公约》规定的航空法原则适用于无人驾驶航空器的国际运行。领土主权原则赋予任何国家允许或禁止无人驾驶航空器在其领土上空飞行的绝对权利。无人驾驶航空器应根据国际法行使登记国所赋予的权利和义务,登记国也有责任保证航空器从事合法行为。此外,将无人驾驶航空器系统完全纳入国际民用航空体系符合《芝加哥公约》的宗旨。该公约的序言指出,

---

[236] 参见《芝加哥公约》第44条。

其目的是"使国际民用航空得按照安全和有秩序的方式发展,并使国际航空运输业务得建立在机会均等的基础上,健康地和经济地经营"。无人驾驶航空器是《芝加哥公约》缔约方一致认可的可以执行国际民事运行任务的航空器,因此没有理由将其排除在外。

根据《芝加哥公约》附件7《航空器国籍和登记标志》的规定,无人驾驶航空器属于该附件所列的23类航空器中的一种。无人驾驶航空器之所以属于航空器,是因为其依靠机翼(无论是旋转的还是固定的)来获得升力。根据附件7,遥控驾驶航空器是指由遥控站操纵的无人驾驶航空器。尽管遥控驾驶航空器属于无人驾驶航空器,但该类航空器需要由驾驶员操纵,故而需要考察的问题是遥控驾驶航空器是否属于《芝加哥公约》第8条规定的"无人驾驶航空器"。第3章将进一步讨论该问题。

《芝加哥公约》将航空器区分为民用航空器和国家航空器,但后者被排除在公约的调整范围之外。对于此种区分,有两种法律分析路径:一是除用于军事、海关和警察部门的航空器外,其他航空器都是民用航空器;二是前述区分与航空器所执行的功能有关,而不考虑航空器的特性。国家和私营实体可将无人驾驶航空器用于军事、海关和警察服务以外的其他用途,如海岸巡逻、搜寻和救援、运输紧急援助物资、监控、从事人道主义飞行和提供地质服务等。无论是有人驾驶航空器还是无人驾驶航空器,决定其属于民用航空器还是国家航空器的关键是其所执行的功能。

随着全球化进程的加快和新技术的发展,如无人驾驶航空器的出现,民用航空遭受非法干扰的可能性正在增加。此外,法律是不断变化之社会现实的产物。[237]自《芝加哥公约》第3条分条和第4条通过以来,国际航空安全的关注点已转向民兵、恐怖分子、叛乱分子、犯罪团伙等非国家行为者,以及新技术发展所带来的日益不可预测的威胁。无人驾驶航空器已被用于走私活动,甚至被用来暗杀国家元首,[238]故而滥用无人驾驶航空器的可能性很高。

---

[237] P. Allott. *The Concept of International Law*. Accessed 21 July 2020. http://www.ejil.org/pdfs/10/1/577.pdf.

[238] J. Forero and K. Vyas. *Venezuela Says Drone Attack Targeted President Maduro*. The Wall Street Journal. 5 August 2020. Accessed 26 August 2018, https://www.wsj.com/articles/venezuela-says-drone-attack-targeted-president-maduro-1533427311.

对此，《芝加哥公约》禁止将民用航空用于与公约宗旨不相符的任何目的。鉴于所有从事民用航空活动的航空器都必须遵守《芝加哥公约》，前述禁令也同样适用于无人驾驶航空器系统。

《芝加哥公约》第1条、第2条、第3条、第3条分条和第4条所构建的空域和航空器的国际法律制度应适用于无人驾驶航空器系统的国际运行。无人驾驶航空器不仅应遵守这些规定，还应遵守《芝加哥公约》的其他规定，其中一些条款将在以下章节中进一步讨论，以回应各国人民日益增长的克服影响全球互联之时空障碍的愿望。

最后，目前尚不确定的是，针对有人驾驶航空器载运乘客、货物和邮件而构建的国际航空运输法律制度，是否也适用于无人驾驶航空器的国际运行。因此，在下一章中，笔者将考察《芝加哥公约》第8条，以确定国际空中航行法律制度和国际航空运输法律制度是否适用于无人驾驶航空器。为此目的，笔者将在下一章分析从事定期飞行之无人驾驶航空器和从事不定期飞行之无人驾驶航空器之间的相互作用和法律影响。

第 3 章 无人驾驶航空器

3.1 本章要点

《芝加哥公约》第 8 条是调整无人驾驶航空器系统运行的核心条款。该条款在其文本意义上指的是"没有驾驶员的航空器"（aircraft without a pilot），它如何适用于无人驾驶航空器及其子类别（如遥控驾驶航空器）？这一回答至关重要，因为无人驾驶航空器进入外国空域的法律依据在于明确其本质——这是一种没有驾驶员在机上操纵的航空器，即使它由地面上的驾驶员远程遥控。这一界定看似矛盾甚至荒谬，但恰恰是确立法律确定性的关键。甚至是无稽之谈。

在针对上述问题的分析过程中，笔者使用了本书引论理论框架部分讨论的条约解释原则和规则，因为此处法律研究旨在确定《芝加哥公约》第 8 条"无人驾驶航空器"所有要素的范围及适用。相反，第 4 章侧重于探讨无人驾驶航空器进入外国空域所涉及的法律问题。

3.2 解析《芝加哥公约》第 8 条 "无人驾驶航空器"

3.2.1 第 8 条 "无人驾驶航空器"

《芝加哥公约》第 8 条只允许经飞越国特许的无人驾驶飞行，该条规定：

> 第 8 条 无人驾驶航空器
>
> 任何无人驾驶而能飞行的航空器，未经一缔约国特许并遵照此项特许的条件，不得无人驾驶而在该国领土上空飞行。缔约各国承允对此项无人驾驶的航空器在向民用航空器开放的地区内的飞行加以管制，以免危及民用航空器。

国际民航组织指出，所有无人驾驶航空器，无论是遥控驾驶、自动驾驶或两者兼而有之，都要遵守《芝加哥公约》第8条关于"无人驾驶航空器"的规定。[239]

根据《芝加哥公约》第8条和国际民航组织对其有关规定的解释，国际民航组织开始采取行动，协调《芝加哥公约》附件中的各项规范，以处理适航性、无人驾驶运行、遥控驾驶员的执照和医疗资格、发现与避让系统的要求、频谱（包括保护无人驾驶航空器免受无意或非法干扰）以及与其他航空器的区分标准等方面的问题。在此过程中，国际民航组织修订并通过了新的标准和建议措施，[240]以及配套的空中航行服务程序[241]与指导材料，这些会在本书后续章节中进一步讨论。[242]它们旨在促进无人驾驶航空器在全球范围内以与有人驾驶航空器相媲美的安全、协调和无缝的方式进行常态化运营。[243]笔者在第5章第5.2.2节中论述了《芝加哥公约》附件的法律效力。

为帮助国际民航组织理事会实现拟议目标，空中航行委员会（ANC）[244]

---

[239] 国际民航组织，Doc 10019 AN/507，《遥控驾驶航空器系统（RPAS）手册》，蒙特利尔：国际民航组织，2015年，第1-1页。

[240] 国际民航组织将标准和建议措施作为《芝加哥公约》的附件。米尔德教授在其《国际航空法与国际民航组织》（*International Air Law and ICAO*，第2版）中指出："《公约》没有对'标准和建议措施'作出定义。"国际民航组织在随后的几次国际民航组织大会决议（第A36-13号决议附录A）中下了一个定义，目前的文本是："（a）标准——凡有关物理特征、结构、材料、性能、人员或程序的规格，其统一应用被认为对国际空中航行的安全或正常是必需的，各缔约国将按照公约予以遵守；如不可能遵照执行时，按照公约第38条，必须通知理事会；（b）建议措施——凡有关物理特征、结构、材料、性能、人员或程序的规格，其统一应用被认为对国际航行的安全、正常或效率是有利的，各缔约国将力求按照公约予以遵守。"

[241] 空中航行服务程序是由国际民航组织编写的文件，其法律地位低于标准和建议措施。空中航行服务程序是为"全球应用"而设计的，包括操作实践。相对于标准和建议措施来说，空中航行服务程序被视为过于详细的材料。空中航行服务程序通常会对附件中相应的标准和建议措施的基本原则进行拓展，以协调其应用。

[242] 参见本书第5章第5.3节中的相关规定。

[243] 国际民航组织，Doc 10019 AN/507，《遥控驾驶航空器系统（RPAS）手册》，蒙特利尔：国际民航组织，2015年，第V页。

[244] 关于空中航行委员会，参见 https://www.icao.int/about icao/AirNavigationCommission/Pages/default.aspx，访问时间：2020年3月26日。空中航行委员会审查并建议标准和建议措施及空中航行服务程序，供国际民航组织理事会通过或批准。根据《芝加哥公约》的规定，空中航行委员会由19名"在航空科学和实践方面具有适当资格和经验"的成员组成。虽然空中航行委员会委员由国际民航组织特定缔约方提名并由理事会任命，但他们并不代表任何特定国家或地区的利益。相反，他们独立行事，利用自己的专业知识为整个国际民用航空业的利益服务。

在2007年4月19日第175届会议第二次会议上成立了无人驾驶航空器系统研究小组（UASSG）。该研究小组的第一个具体成果是2011年3月发布的第328号通告《无人驾驶航空器系统》。该通告探讨了国际民航组织和缔约方为遵守《芝加哥公约》及其附件而需要关注的法律和监管问题。[245]国际民航组织于2012年3月通过了第一批与无人驾驶航空器有关的标准和建议措施，并载于附件2《空中规则》和附件7《航空器国籍和登记标志》。[246]

2014年5月6日，在第196届会议第二次会议期间，空中航行委员会同意建立遥控驾驶航空器系统小组（RPASP），该小组致力于推进无人驾驶航空器系统研究小组已经开始的工作。经过三年的努力，遥控驾驶航空器系统小组在许多团体和专家的参与下，编写了一本指导手册。2015年4月，国际民航组织秘书长[247]发布了《遥控驾驶航空器系统（RPAS）手册》，该手册就无人驾驶航空器系统的技术和操作提供了指导，并与已经采用的将无人驾驶航空器系统纳入空域和小型机场的标准相一致。

《芝加哥公约》附件7《航空器国籍和登记标志》规定，机上无驾驶员运行的航空器应被归类为无人驾驶航空器。[248]附件7还将无人驾驶航空器分为三类，即遥控驾驶航空器、无人驾驶自由气球和自动驾驶航空器。遥控驾驶航空器系统包括"一架遥控驾驶航空器、相关的遥控站、所需的指挥与控制链路以及按批准的型号设计的任何其他部件"。[249]遥控驾驶航空器系统也是其他国际航空机构使用的首选术语，如欧洲空中航行安全组织

---

[245] 国际民航组织为《芝加哥公约》制定了19个附件。标准和建议措施是每个附件的重要组成部分，按编号的章、分章、段和分段排列。

[246] 国际民航组织，Doc 10019 AN/507，《遥控驾驶航空器系统（RPAS）手册》，蒙特利尔：国际民航组织，2015年，第1-3页。

[247] 国际民航组织秘书长是秘书处的领导和该组织的首席执行官，负责秘书处工作的总体方向。秘书长领导在国际民航领域工作的专业国际工作人员。秘书长担任国际民航组织理事会的秘书，对整个理事会负责，并按照既定政策履行理事会所赋予的职责，定期向理事会报告秘书处活动的进展情况。秘书处由五个主要部门组成：空中航行局、航空运输局、技术合作局、法律事务和对外关系局以及行政服务局。秘书长还直接负责管理和有效开展分配给秘书长办公室的与财务、评估和内部审计、通信以及七个地区办事处有关的活动。

[248] 《芝加哥公约》附件7《航空器国籍和登记标志》，第6版，蒙特利尔：国际民航组织，2012年7月，第2页。

[249] 同前注。

（Eurocontrol）[250]、欧盟航空安全局[251]、澳大利亚民航安全局（CASA）[252]和新西兰民航局（CAA）[253]。

笔者在本书中使用无人驾驶航空器（UA）和无人驾驶航空器系统（UAS）来指代《芝加哥公约》附件7中所有类型的无人驾驶航空器及其部件。然而，在必要时，笔者会使用遥控驾驶航空器或遥控驾驶航空器系统来指出其作为无人驾驶航空器和无人驾驶航空器系统的子类别的特定性质。

3.2.2 无人驾驶航空器系统国际运行的现状

尽管《芝加哥公约》第8条"无人驾驶航空器"的规定比较陈旧，[254]但现实问题是，无人驾驶航空器系统在外国空域的运营是否普遍？2016年8月29日，国际民航组织秘书处通过LE 4/63-16/77号文件向成员方进行了咨询，询问除其他事项外，它们是否在过去两年中收到过民用无人驾驶航空器运行的特许申请。国际民航组织秘书处在国际民航组织法律委员会第36届会议授权下进行了这项调查，旨在处理遥控驾驶航空器系统除责任以外的其他方面的问题，这些方面可能需要特别关注。[255]

---

[250] 欧洲空中航行安全组织，《遥控驾驶航空器系统（RPAS）空中交通管理运行概念》[Remotely Piloted Aircraft Systems（RPAS）ATM Concept of Operations（CONOPS）]，2017年12月21日，访问时间：2018年11月4日，https://www.eurocontrol.int/publications/remotely-piloted-aircraft-systems-rpas-atm-concept-operations-conops。

[251] 欧盟航空安全局，《无人驾驶航空器运行管理框架概要》(Introduction of a Regulatory Framework for the Operation of Unmanned Aircraft)，2015年12月18日，访问时间：2020年8月5日，https://www.easa.europa.eu/sites/default/files/dfu/Introduction%20of%20a%20regulatory%20framework%20for%20the%20operation%20of%20unmanned%20aircraft.pdf。

[252] 澳大利亚民航安全局，《遥控驾驶航空器系统的安全运行管理》（Regulating RPAS for Safer Operations），2016年3月22日，访问时间：2018年11月4日，https://www.casa.gov.au/about-us/standard-page/regulating-rpas-safer-operations。

[253] 新西兰民航局，《第101部分：CAA规章合集》（Part 101：CAA Consolidation），2017年3月10日，访问时间：2020年8月5日，https://www.caa.govt.nz/assets/legacy/rules/Rule_Consolidations/Part_101_Consolidation.pdf。

[254] 《1929年议定书》修正了1919年《巴黎公约》，纳入了关于"无人驾驶航空器"的第一个法律条款，后来被1944年《芝加哥公约》采纳。

[255] 在国际民航组织法律委员会第37届会议上，国际民航组织秘书处提交《关于遥控驾驶航空器系统的法律调查》（Remotely Piloted Aircraft Systems Legal Survey），访问时间：2020年7月22日，https://www.icao.int/Meetings/LC37/Documents/LC37%20WP%202021%20EN%20Remotely%20Piloted%20Aircraft.pdf。

对国际民航组织上述调查的答复表明，目前受无人驾驶航空器国际空中航行影响的国家数量仍然有限，因为在调查所涉的两年中，61个受访对象中只有26个确认收到过外国无人驾驶航空器系统运营商根据《芝加哥公约》第8条要求"特许"在其领土内运营民用无人驾驶航空器的申请。此外，对于那些在此期间从事无人驾驶航空器系统国际运营的国家来说，目前的法律状况似乎并不构成障碍，因为这些申请中只有80%获得批准，仅三项申请因国家主权、运行安全、国家或航空安全抑或国内法律或法规以外的原因而被拒绝。这项调查结果具有一定的意义，因为其不仅提供了民用无人驾驶航空器系统国际运行的证据以及当前成员方在这方面的情况，还表明民用无人驾驶航空器系统越来越多地进入外国空域。[256]

3.2.3 对《芝加哥公约》第8条的分析

3.2.3.1《芝加哥公约》第8条的核心要件

《芝加哥公约》第1条规定，"每一国家对其领土以上的空气空间具有完全的和排他的主权"。[257]因此，公约起草者必须提供允许或拒绝外国航空器飞入另一国领空的管制手段。正如前文第2章所讨论的那样，违反领空主权原则必然违反《芝加哥公约》，进而也违反习惯国际法。[258]

《芝加哥公约》为各国授权进入其领空飞行提供了法律框架。根据该公约第8条规定，缔约方可在事先给予"特许"的情况下，允许"无人驾驶而能飞行的航空器"在其领土上空飞行。因此，未经另一缔约方事先同意，无人驾驶航空器不得进入该国领空。

尽管《巴黎公约》第15条（经《1929年议定书》修订）为"无人驾驶航空器"的飞行提供了监管依据，但印度代表团在1944年芝加哥会议上通过第348号文件提出了现行第8条的措辞，该措辞与前述第15条几乎完全相同。起草委员会第二小组将该条措辞纳入其第二次报告（第414号文件），

---

[256] 在国际民航组织法律委员会第37届会议上，国际民航组织秘书处提交《关于遥控驾驶航空器系统的法律调查》，访问时间：2020年7月22日，https://www.icao.int/Meetings/LC37/Documents/LC37%20WP%2021%20EN%20Remotely%20Piloted%20Aircraft.pdf。

[257] 参见《芝加哥公约》第1条关于主权的规定。

[258] 参见本书第2章第2.2.3节。

随后在小组最后一次会议上对该措辞稍作修改后予以通过。[259]

正如第 1 章中事实调查结果所指出的那样,[260] 无人驾驶航空器早在两次世界大战期间就已经存在。然而,《芝加哥公约》及其附件均未对"无人驾驶航空器"作出明确定义,直至第 11 次空中航行会议[261] 才认可了全球空中交通管理运行概念,并发表以下声明:

> 无人驾驶飞行器(UAV)是一种"无人驾驶航空器"。根据《芝加哥公约》第 8 条规定,该种航空器在飞行时,机上并没有驾驶员操控,它可以从另一个地方(地面、另一架飞机、太空)进行远程遥控,或者由程序控制并实现完全自主。[262]

2004 年,国际民航组织第 35 届大会认可了前述对无人驾驶飞行器定义的理解。[263]

后来,《芝加哥公约》附件 7《航空器国籍和登记标志》在其第六修正案中引入了"遥控驾驶航空器"一词,并将其定义为:

> **遥控驾驶航空器(RPA)**:一架由遥控站操纵的无人驾驶航空器。[264]

《芝加哥公约》第 8 条包含的三个核心要件值得分析,这既是为了正确理解和整体适用该条款,也是为了分析无人驾驶航空器系统在外国空域运行的法律影响,即:

(1) 无人驾驶而能飞行;

(2) 国家特许;

---

[259] 附录 2,《针对〈国际民用航空公约〉条款的评论》(Commentary on the Development of the Individual Articles of the Convention on International Civil Aviation),由芝加哥会议秘书处弗吉尼亚·C. 利特尔(Virginia C. Little)夫人完成并由临时国际民航组织发布,1947 年 3 月 25 日,Doc 2996, IC/8, 第 1382 页。

[260] 参见本书第 1.1 节历史回顾。

[261] 第 11 次空中航行会议,蒙特利尔,2003 年 9 月 22 日至 10 月 3 日。

[262] 国际民航组织,Doc 9854 AN/458,《全球空中交通管理运行概念》(Global Air Traffic Management Operational Concept),蒙特利尔:国际民航组织,2005 年,第 82 页。

[263] 国际民航组织,Doc 10019 AN/507,《遥控驾驶航空器系统(RPAS)手册》,蒙特利尔:国际民航组织,2015 年,第 1—2 页。

[264] 《芝加哥公约》附件 7《航空器国籍和登记标志》,第 6 版,蒙特利尔:国际民航组织,2012 年 7 月,第 2 页。

(3) 以免危及民用航空器。

综合上述三个要件，可知 UA 确属 pilotless aircraft，进入他国领空需要事先获得许可，并应始终适当注意避止危及民用航空器。

虽然无人驾驶航空器自一战以来就已存在并主要用于军事行动，但如今国际空域中民用无人驾驶航空器系统的活动日益增多。然而，要将无人驾驶航空器与民用有人驾驶航空器的日常运行进行整合，主要取决于能否发展一套完整的标准和建议措施及空中航行服务程序，以专门解决针对无人驾驶空器运行的性质和风险。

在接下来的小节中，笔者将利用本研究引论部分所解释的理论框架对这些要件进行剖析。[265]

3.2.3.2 措辞之"无人驾驶而能飞行"

3.2.3.2.1 "无人驾驶航空器"的含义

国际民航组织认为，"无人驾驶而能飞行"的航空器是指，航空器上没有驾驶员但由遥控站的驾驶员操纵的情况。[266]国际民航组织的解释是否符合国际法，特别是能否符合"无人驾驶航空器"（pilotless aircraft）一词的一般含义？我们必须根据国际法确定，《芝加哥公约》第 8 条中的"无人驾驶航空器"是指在航空器上没有驾驶员但能遥控飞行的航空器，还是指航空器在飞行时完全没有驾驶员的干预，由此必须诉诸《条约法公约》的解释规则。

"无人驾驶而能飞行"这一短语的含义是什么？遥控驾驶航空器是否等同于第 8 条规定的"无人驾驶而能飞行的航空器"？该条款至少提出了两种理解"无人驾驶航空器"含义和范围的路径，即：

(1) 航空器在飞行时完全无需驾驶员干预，甚至无需遥控站的介入；

(2) 航空器上没有驾驶员，但能遥控飞行。[267]

---

[265] 参见本书引论理论框架部分。

[266] 2004 年国际民航组织第 35 届大会第 A35-14 号决议采纳了这一定义。

[267] M. Huttunen. *Unmanned, Remotely Piloted, or Something Else? Analysing the Terminological Dogfight*. Air and Space Law（May 2017）. Accessed 16 July 2020. https://www.kluwerlawonline.com/abstract.php?area=Journals&id=AILA2017023.349-68.

笔者通过本书引论理论框架部分中讨论的国际法原则和解释规则来解决这些问题。[268] 此外，为了回答《芝加哥公约》及其标准和建议措施是否适用于 UA 这一研究问题，笔者会在接下来的两节中，分析遥控驾驶航空器是否属于 pilotless aircraft。然而，首先需要讨论的是，为什么要使用遥控驾驶航空器作为分析的基础呢？

正如我们在第 3.2.1 节中所看到的那样，国际民航组织已明确根据《芝加哥公约》，任何设计为无人驾驶而能飞行的航空器都被称为 pilotless aircraft。尽管国际民航组织称这些航空器为 UA 而非 pilotless aircraft，但根据《芝加哥公约》附件 7《航空器国籍和登记标志》的规定，[269] UA 所指的航空器范围十分广泛，包括从自由飞行的气象气球到由持执照的航空专业人员远程操纵的复杂航空器。遥控驾驶航空器属于 UA 分类的一种，国际民航组织不仅为其制定了指导材料，[270] 还通过了标准和建议措施。[271] 因为该组织已经注意到，UA 的这一类别——遥控驾驶航空器——可以与有人驾驶航空器一起被纳入国际飞行空域体系。[272]

3.2.3.2.2 遥控驾驶航空器不是"无人驾驶航空器"的理由

关于第一个要件"无人驾驶而能飞行"，国际民航组织在《芝加哥公约》第 8 条中并未对"在航空器上"（on board）这一术语的解释进行明文规定。"无人驾驶"的通常含义是指没有驾驶员。[273] 然而，国际民航组织的解释和结论是，《芝加哥公约》起草者关于第 8 条中"无人驾驶而能飞行的航空器"的意图，暗含着航空器上没有驾驶员但由遥控站控制和操纵飞行的

---

[268] 参见本书引论理论框架部分。

[269] 《芝加哥公约》附件 7《航空器国籍和登记标志》，第 6 版，蒙特利尔：国际民航组织，2012 年 7 月，第 2 页。

[270] 国际民航组织，Doc 10019 AN/507，《遥控驾驶航空器系统（RPAS）手册》，蒙特利尔：国际民航组织，2015 年，第 1-1 页。

[271] 附件 2《空中规则》、附件 7《航空器国籍和登记标志》和附件 13《航空器事故和事故征候调查》已经纳入了无人驾驶航空器国际空中航行规则。国际民航组织理事会在附件 1《人员执照的颁发》中规定了有关遥控驾驶员执照的内容。

[272] 国际民航组织，《遥控驾驶航空器系统（RPAS）国际仪表飞行规则运行概念》（Remotely Piloted Aircraft System (RPAS) Concept of Operations (CONOPS) for International IFR Operations），访问时间：2020 年 9 月 2 日，https://www.icao.int/safety/ua/documents/rpas%20conops.pdf。

[273] 参见《芝加哥公约》第 8 条。

情况。[274]

根据国际民航组织的定义,[275]遥控驾驶航空器是指"由遥控站操纵的无人驾驶航空器(UA)"。因此,根据 pilotless aircraft 的一般含义,可以很容易得出结论,即遥控驾驶航空器并不是一种能够在没有驾驶员的情况下飞行的航空器,因为实际上仍有一名驾驶员在驾驶它,只不过是从遥控站操纵而已。《芝加哥公约》附件2《空中规则》将"遥控驾驶员"定义为:

> 由运营人指派对遥控驾驶航空器的操作负有必不可少职责并在飞行期间适时操纵飞行控件的人。[276]

基于上述分析,《芝加哥公约》第8条不适用于遥控驾驶航空器,因为其确有一名驾驶员,但该条适用于不允许驾驶员干预飞行管理的无人驾驶航空器,即"自动驾驶航空器"。[277]换言之,第8条只适用于那些可以在没有驾驶员操作的情况下自主飞行的无人驾驶航空器,而不适用于那些由驾驶员遥控驾驶的无人驾驶航空器。然而,国际民航组织已将自动驾驶航空器排除在《遥控驾驶航空器系统(RPAS)手册》的工作范围之外,故而对自动驾驶航空器的法律监管目前仍付之阙如。之所以将其排除在外,是因为人们无法在飞行过程中对包括无人驾驶自由气球在内的自动驾驶航空器及其运行进行实时监管。[278]尽管如此,国际民航组织正在研究这一问题,并就这类新规则提出建议。

3.2.3.2.3 遥控驾驶航空器是"无人驾驶航空器"的理由

《芝加哥公约》虽然没有定义"航空器"一词,但其附件7《航空器国

---

[274] 国际民航组织,Doc 10019 AN/507,《遥控驾驶航空器系统(RPAS)手册》,蒙特利尔:国际民航组织,2015年,第1-1页。

[275] 参见附件7《航空器国籍和登记标志》对"遥控驾驶航空器"的定义,第6版(2012年7月),第1-8页。

[276] 参见附件2《空中规则》对"遥控驾驶员"的定义,第10版(2015年7月)。

[277] 参见国际民航组织,Doc 10019 AN/507,《遥控驾驶航空器系统(RPAS)手册》,蒙特利尔:国际民航组织,2015年。该手册对自动驾驶航空器(Autonomous aircraft *)作出了定义,其是指一种不允许驾驶员干预飞行管理的无人驾驶航空器。特别需要说明的是,此术语仅用于前述手册的上下文中,且该术语(带有一个星号 *)在国际民航组织内没有正式地位。

[278] 国际民航组织,Doc 10019 AN/507,《遥控驾驶航空器系统(RPAS)手册》,蒙特利尔:国际民航组织,2015年,第1-8页。

籍和登记标志》及其他附件对该术语进行了定义：

> 航空器是指可以在大气中从空气的反作用，而不是从空气对地面的反作用获得支撑的任何机器。[279]

"无人驾驶航空器"在航空领域中持续发展，故而对国际民航组织制定无人驾驶航空器监管框架的背景和过程有所了解，有助于将无人驾驶航空器系统纳入民航法律体系。国际民航组织大会为在航空法框架内承认无人驾驶航空器提供了相关资料。2014年，在国际民航组织第35届大会上，各国一致认为无人驾驶飞行器是"无人驾驶航空器"。[280] 2012年，经修订后的附件7《航空器国籍和登记标志》正式承认遥控驾驶航空器为无人驾驶航空器的一个子类，并明确其定义，即它是"由遥控站操纵的无人驾驶航空器"。[281]鉴于此，附件7明确规定，所有无人驾驶航空器，无论是否遥控驾驶，均须遵守《芝加哥公约》第8条的规定。

2015年3月，国际民航组织还发布了《遥控驾驶航空器系统（RPAS）手册》。尽管该手册对国际民航组织成员方没有约束力，但它为遥控驾驶航空器纳入非隔离空域所涉及的技术和运行问题提供了指导，并与上述标准和建议措施中遥控驾驶航空器系统的定义保持一致。该手册旨在"协助制定未来针对遥控驾驶航空器系统的标准和建议措施"。[282]

最有可能的情况是，遥控驾驶航空器作为"无人驾驶航空器"的概念，将继续作为国际民航组织成员方的共识性理解并付诸实践，这不仅是因为标准和建议措施已经通过，还因为未来标准和建议措施的发展仍将继续基于这样一个理念——"无人驾驶航空器"是指无人驾驶而能飞行的航空器。

---

[279]《芝加哥公约》附件7《航空器国籍和登记标志》，第6版，蒙特利尔：国际民航组织，2012年7月，第XIV页。

[280] 国际民航组织，Doc 10019 AN/507，《遥控驾驶航空器系统（RPAS）手册》，蒙特利尔：国际民航组织，2015年，第1-2页。

[281]《芝加哥公约》附件7《航空器国籍和登记标志》，第6版，蒙特利尔：国际民航组织，2012年7月，第1页。

[282] 国际民航组织，Doc 10019 AN/507，《遥控驾驶航空器系统（RPAS）手册》，蒙特利尔：国际民航组织，2015年，第1-8页。

3.2.3.3 特别许可的要求

无人驾驶航空器系统的运行引发了一些担忧。然而，迄今为止，最重要的是安全问题，即以下风险：

(1) 与其他空域使用者的相互干扰和冲突，以及如何避免空中相撞；

(2) 对地面人员和财产的损害。[283]

《芝加哥公约》附件2《空中规则》解决了上述问题，并明确规定，除其他事项外，遥控驾驶航空器的运行方式应尽量避免对人员、财产或其他航空器造成危害，并符合附录4中规定的条件。[284]根据附件2附录4的规定，"遥控驾驶航空器系统必须按照登记国、运营人所在国（如有不同）以及预计在其运行的国家规定的条件运行"。[285]因此，东道国对进入其领空的特别许可，旨在确立接受无人驾驶航空器在其领空运行的条件。[286]

无人驾驶航空器必须满足预计在其运行的特定空域对于性能和设备装备的要求。[287]为此，必须获得特别许可，以确保无人驾驶航空器在一国领空内安全运行。特许既不涉及航权的交换，也不以允许商业运营为目的。米科·赫图宁（Mikko Huttunen）认为，如果无人驾驶航空器不定期飞行可以从《芝加哥公约》第5条规定之权利中受益，那么"考虑到目前的技术状况，这样做似乎有些安全隐患"。[288]《芝加哥公约》第8条与该公约第1条的精神相一致，即确保缔约各方对无人驾驶航空器系统在其领土上方空气空间的运行享有绝对的管辖权和控制权。

鉴于无人驾驶航空器须遵守特别许可的规定，上述附录4还明确了遥控

---

[283] *Drones. Unmanned Civil Aviation.* Scribd. Accessed 6 August 2020. https://www.scribd.com/document/370576620/Drones–Unmanned–Civil–Aviation.

[284] 《芝加哥公约》附件2《空中规则》，第10版，蒙特利尔：国际民航组织，2005年，第3-2页。

[285] 同前注，附录第4-1页。

[286] K. Bernauw. *Drones：The Emerging Era of Unmanned Civil Aviation.* Zbornik Pravnog Fakulteta U Zagrebu. 29 April 2016. Accessed 6 November 2018. https://hrcak.srce.hr/157605.

[287] 《芝加哥公约》附件2《空中规则》，第10版，蒙特利尔：国际民航组织，2005年，附录第4-1页。

[288] Mikko Huttunen | University of Lapland—Academia.edu. Accessed 5 August 2020. http://ulapland.academia.edu/MikkoHuttunen.

驾驶航空器系统的一般运行规则以及申请特别许可的最低要求，即：

1. 一般运行规则

1.1 从事国际空中航行的遥控驾驶航空器系统，未得到遥控驾驶航空器起飞地点所在国家的有关许可，不得运行。

1.2 遥控驾驶航空器，未得到每个预计在其运行的国家发布的特殊许可，不得飞越其他国家的领土。此种许可的形式可以是有关国家之间的协议。

1.3 未经与空中交通服务（ATS）主管当局事先协调，遥控驾驶航空器不得在公海上空运行。

1.4 当作运行计划时，如经合理估计航空器可能会进入有关空域，则必须在起飞前取得1.2和1.3所述的许可和协调。

1.5 遥控驾驶航空器系统必须按照登记国、运营人所在国（如有不同）以及预计在其运行的国家所规定的条件运行。

1.6 必须按照本附件第3章或预计在其运行的国家的其他规定提交飞行计划。

1.7 遥控驾驶航空器系统必须满足预计在其运行的特定空域对于性能和设备装备的要求。

3. 申请许可

3.1 除非国家另有规定，必须在遥控驾驶航空器预定飞行七天之前向飞越国家有关当局提出上述1.2中提到的申请许可。

3.2 除非另有国家规定，申请许可必须包括以下内容：……

国际民航组织还在《遥控驾驶航空器系统（RPAS）手册》中规定了一系列准则，供各国在评估和批准无人驾驶航空器系统的国际运行时参考。这些准则是应空中航行委员会和秘书长（2005年4月12日）的要求提出的，邀请部分国家和国际组织提出并预测，包括可能促进民用无人驾驶航空器系统国际运行特别许可的申请、处理和签发机制。[289]国际民航组织建议的申请

---

[289] 国际民航组织，Doc 10019 AN/507，《遥控驾驶航空器系统（RPAS）手册》，蒙特利尔：国际民航组织，2015年，第1-2页。

许可表模板见《遥控驾驶航空器系统（RPAS）手册》附件2。

为促进国际民航组织建议的特别许可程序的实施和执行，各国必须考虑四个关键要素，即：[290]

（1）与空中交通服务的协调；

（2）无人驾驶航空器系统的运行条件；

（3）相应证书和许可证的副本；

（4）申请许可的时限。

当无人驾驶航空器进入一国领空时，可能会出现几种情况。在这些情况下，事先协调将成为不可或缺的要素，这既是为了与飞行安全有关的事项，也是基于国家安全考虑。例如，无人驾驶航空器的遥控驾驶员可能需要按照空中交通服务当局的要求，在出现不利气象条件时改道飞行，或在飞越受限空域或遇到紧急情况时确定备用机场。航空器（包括无人驾驶航空器）在公海上空飞行之前，必须与有关空中交通服务当局进行协调。[291]

作为无人驾驶航空器系统的一个子类，遥控驾驶航空器系统需要多个部件才能运行，因此必须遵守多国不同的规定，如登记国、运营人所在国（如有不同）以及预计在其运行的国家的相关要求。这些规定涉及与以下要素有关的多个方面：[292]

◆ 转发器等设备；

◆ 飞行时间和飞行高度；

◆ 性能标准，如速度、爬升率、下降率、转弯半径等；

◆ 空域等级；

◆ 操作人员的资格认证。

---

[290] 国际民航组织，Doc 10019 AN/507，《遥控驾驶航空器系统（RPAS）手册》，蒙特利尔：国际民航组织，2015年，第3-1页。

[291] 《芝加哥公约》附件2《空中规则》第2.1.2条规定："一缔约国如果和只要未向国际民航组织通知有相反的决定，即认为该国就其登记的航空器而言，已经同意：为在公海上空某些区域飞行之目的，当一缔约国按照地区航行协议已接受对该地区提供空中交通服务的责任时，本附件内'有关ATS当局'系指负责提供这种服务的国家指定的有关当局。"

[292] 国际民航组织，Doc 10019 AN/507，《遥控驾驶航空器系统（RPAS）手册》，蒙特利尔：国际民航组织，2015年，第3-2页。

与有人驾驶航空器一样，无人驾驶航空器在国际空域运行时，也必须提交飞行计划，具体要求见《芝加哥公约》附件2《空中规则》第3章。飞行计划独立于先前讨论的特别许可，其应包含附件2第3.3节中规定的信息。[293]提交的特别许可申请书还应包括相关证书、遥控驾驶员执照和无线电台执照的复印件。[294]除非国家另有规定，否则必须至少在预定飞行日期前七日向无人驾驶航空器运行所在国有关当局申请许可。[295]

3.2.3.4 措辞之"以免危及"

《芝加哥公约》第8条包含的核心要件中，最后一个要件规定"对此项无人驾驶的航空器……的飞行加以管制，以免危及民用航空器"。飞越国承诺采取一切措施，确保无人驾驶航空器的飞行不会影响民用航空器的安全。

《芝加哥公约》第8条区分了"**无人驾驶航空器**"和**民用航空器**，其起草者可能已经认识到"无人驾驶航空器"不是民用航空器，因此必须对其适用与"国家航空器"类似的基于适当注意义务的管制措施。[296]

> 第8条　无人驾驶航空器
> ……缔约各国承允对此项无人驾驶的航空器在向民用航空器开放的地区内的飞行加以管制，以免危及民用航空器。[297]

要让无人驾驶航空器能够在民用航空器附近运行，遥控驾驶员仍然至关重要，这既是出于保障"安全"的需要，也因为无需驾驶员干预的航空器（自动驾驶航空器）的技术仍处于研发阶段。[298]这种情况带来的挑战在于：根据《芝加哥公约》第8条的不同规定，"无人驾驶航空器"是否因被区别对待而不属于"民用航空器"？若是如此，《芝加哥公约》的监管框架与

---

[293] 参见《芝加哥公约》附件2《空中规则》，第10版，蒙特利尔：国际民航组织，2005年，第3.3节。
[294] 国际民航组织，Doc 10019 AN/507，《遥控驾驶航空器系统（RPAS）手册》，蒙特利尔：国际民航组织，2015年，第3-2页。
[295] 同前注。
[296] 同前注，第1-2页。
[297] 参见《芝加哥公约》第8条。
[298] 参见第3.2.1条关于"接近"的定义，载《芝加哥公约》附件2《空中规则》，第10版，蒙特利尔：国际民航组织，2005年，第3-2页。

标准和建议措施又如何适用于民用无人驾驶航空器？必须强调"使用"（use）这一概念——因为无论其设计、标记或遥控装置如何，关键在于其实际用途。

由第8条使用的措辞可知，《芝加哥公约》的起草者已经认识到无人驾驶航空器的特性以及在向民用航空器开放之区域飞行时的潜在风险。无人驾驶航空器和民用航空器之间的明确区别表明，无人驾驶航空器不应危及空中交通安全，因此必须对其加以管控，以免危及民用航空器。[299]

无人驾驶航空器需要达到与民用有人驾驶航空器同等的安全水平，[300]特别是在向民用航空器开放之区域飞行时。在这方面，无人驾驶航空器对民用有人驾驶航空器造成的事故数量正在增加。[301]例如，2018年12月19日至21日，英国伦敦附近的盖特威克机场当局取消了数百架商业航班，起因是有报告称在跑道附近发现了小型无人驾驶航空器。这一事件导致约14万名乘客的出行受到严重影响，约1000架航班被取消。[302]此外，2019年2月15日，迪拜国际机场因报告称发现无人驾驶航空器而短暂暂停运营。机场当局报告称，因无人驾驶航空器的活动，他们在上午10时13分至10时45分推迟了航班。[303]

为了不影响民用航空交通，以及减少无人驾驶飞行时的相关风险，无人驾驶航空器必须以至少与民用有人驾驶航空器相当的安全水平飞行。这一要求是必要的，有利于避免无人驾驶航空器与其他民用航空器在同一空域飞行时出现危险或增加风险——无论无人驾驶航空器本身是否执行民用功能，并由此被视为民用无人驾驶航空器。换言之，无人驾驶航空器在飞行时应小心谨慎，并始终遵守空中规则。

---

[299] 参见《芝加哥公约》第8条。

[300] 国际民航组织，Doc 10019 AN/507，《遥控驾驶航空器系统（RPAS）手册》，蒙特利尔：国际民航组织，2015年，第1-2页。

[301] 参见本书第5章第5.4节。

[302] J Grierson. '*Gatwick Returns to Normality but Drone Threat Remains*'. The Guardian (Guardian News and Media). 4 January 2019. Accessed 7 August 2020. https：//www.theguardian.com/world/2019/jan/04/gatwick-returns-to-normality-but-drone-threat-remains.

[303] Associated Press. *Aeropuerto De Dubái Cancela Vuelos Por Drones*. El Nuevo Herald. 15 February 2019. Accessed 7 August 2020. https：//www.elnuevoherald.com/noticias/mundo/article226318085.html.

无人驾驶航空器在运行时应适当考虑（due regard）在同一空域飞行的民用航空器的安全。然而，什么是适当考虑？《芝加哥公约》及其标准和建议措施均未对"适当考虑"一词作出定义。[304] 不过，国际民航组织在《民用航空器拦截手册（国际民航组织现行规定和专门建议合集）》[Manual Concerning Interception of Civil Aircraft（Consolidation of Current ICAO Provisions and Special Recommendations）] 中提供了指导原则：

> 缔约国须遵守的原则
>
> 2.5 实现规章的统一，乃是民用航空器航行安全之必须，缔约国在制定规章和行政指令时，必须对以下原则予以适当考虑：
>
> a）对民用航空器拦截仅作为最后使用的手段；
>
> b）如果进行拦截，拦截应仅限于识别航空器，除非有必要使该航空器返回原计划航迹，指引其飞出国家空域边界，引导其离开禁区、限制区或危险区，或指示其在指定的机场进行着陆；
>
> c）不得用民用航空器进行拦截练习；
>
> d）如果能建立无线电联系，用无线电话将导航指引和相关信息发给被拦截航空器；
>
> e）如果要求被拦截的民用航空器在飞越的领土上着陆时，所指定的着陆机场应适合有关型号航空器的安全着陆。[305]

《针对可能威胁民用航空器运行的军事活动的安全措施手册》（Manual Concerning Safety Measures Relating to Military Activities Potentially Hazardous to Civil Aircraft Operations）提供了"适当考虑"的额外标准：

> 根据公约*第3条第4款之规定，缔约国在为其国家航空器制定规章时，应适当考虑民用航空器的航行安全；……

---

[304] M. Ells. *Unmanned State Aircraft and the Exercise of Due Regard*. SSRN. 21 March 2015. Accessed 7 August 2020. https://papers.ssrn.com/sol3/papers.cfm?abstract_id.

[305] 国际民航组织，Doc 9433 AN/926，《民用航空器拦截手册（国际民航组织现行规定和专门建议合集）》，1990 年第 2 版，访问时间：2020 年 8 月 8 日，http://www.wing.com.ua/images/stories/library/ovd/9433.pdf。

* 此处公约指的是《芝加哥公约》。

6.1 为了适当考虑民用航空器的安全和有效运行，各国应确保负责规划和实施对这种航空器有潜在危险的活动的军事当局充分了解和熟悉活动地区的下列情况：

a）民用航空器运行的类型；

b）空中交通服务空域组织和负责空中交通服务的单位；

c）空中交通服务路线及其范围；

d）相关条例和特别规则，包括空域限制……[306]

学者马克·埃尔斯（Mark Ells）总结道：

适当考虑的本质是与其他航空器保持间隔。[307]

美国联邦航空管理局对适当考虑的定义也支持了这一结论：

在飞行期间，国营航空器的机长负责将其航空器与所有其他航空器分隔。[308]

综上所述，无人驾驶航空器在飞行期间应始终保持"适当考虑"的状态，即为安全起见与其他民用航空器保持适当间隔。

最后，民用有人驾驶航空器必须遵守一套复杂的与安全相关的标准和建议措施以及空中航行服务程序（见第6章分析），以降低飞行风险。鉴于此，没有理由可以免除无人驾驶航空器的这一基本义务，特别是其在执行民用功能时。这是一项安全义务，也是所有航空器（无论其类型如何）为维护整个航空系统的安全而对其他航空器应采取的最低限度的注意标准。

---

[306] 国际民航组织，Doc 9554 AN/932，《针对可能威胁民用航空器运行的军事活动的安全措施手册》，访问时间：2020年8月8日，http://dgca.gov.in/intradgca/intra/icaodocs/Doc% 209554% 20-% 20Safety% 20Manual% 20Military% 20Activities% 20Hazardous% 20to% 20Civil% 20AC% 20Ops% 20Ed% 201% 20（En）。

[307] M. Ells. *Unmanned State Aircraft and the Exercise of Due Regard*. SSRN. 21 March 2015. Accessed 7 August 2020. https://papers.ssrn.com/sol3/papers.cfm?abstract_id.

[308] 美国联邦航空管理局第JO 7110.65号、第JO 7610.4号和第JO 7210.3号令中都提到了"适当考虑"操作。为进行"适当考虑"操作，美国联邦航空管理局第JO 7110.65号和第JO 7610.4号令均规定，有关操作必须在四个条件中的至少一个条件下进行；第JO 7210.3号令似乎要求有关操作须满足所有四个条件。这似乎是对操作要求的错误表述，促使形成了一系列限制性规定，导致操作在大多数情况下无法进行。

3.3 根据条约解释规则赋予第8条含义

3.3.1 根据《条约法公约》规则解释《芝加哥公约》的可行性

《条约法公约》第4条规定，该公约仅适用于各国在其生效后缔结的条约，而该公约于1980年1月27日生效：

> 第4条 本公约不溯既往
>
> 以不妨碍本公约所载任何规则之依国际法而毋须基于本公约原应适用于条约者之适用为限，本公约仅对各国于本公约对各该国生效后所缔结之条约适用之。

《芝加哥公约》是在1944年12月7日缔结的，那么《条约法公约》的解释规则应如何适用于该条约？

根据《条约法公约》第5条，公约适用于"为一国际组织约章之任何条约"：

> 第5条 组成国际组织之条约及在一国际组织内议定之条约
>
> 本公约适用于为一国际组织约章之任何条约及在一国际组织内议定之任何条约，但对该组织任何有关规则并无妨碍。

《芝加哥公约》不仅是国际航空公法的主要渊源，而且是确立国际民航组织的基本文件。[309] 截至2019年5月，国际民航组织共有193个成员方，[310] 它们必须遵守条约规定的义务。因此，《芝加哥公约》须受《条约法公约》规则的约束，因为它是一个负责规范国际民用航空技术、经济、安全、安保和环境议题的国际组织的约章。[311]

鉴于《条约法公约》主要反映的是习惯国际法，即便不从约章的角度分析其对《芝加哥公约》的适用性，《芝加哥公约》也应受制于其规定的条约

---

[309] 参见《芝加哥公约》第43条。
[310] 参见国际民航组织，《〈国际民用航空公约〉的缔约国》，访问时间：2020年5月5日，https://www.icao.int/secretariat/legal/List%20of%20Parties/Chicago_EN.pdf。
[311] 参见《芝加哥公约》第44条。

解释规则。在这方面，国际法院在若干判决中指出，《条约法公约》第31条反映了习惯国际法。[312]例如，在"利比亚诉乍得案"中，国际法院指出：

> 41. 法院回顾，根据《条约法公约》第31条所反映的习惯国际法，必须根据条约用语按其上下文并参照其目的和宗旨所具有的通常意义，善意解释条约。解释必须首先以条约文本为基础。作为一项补充措施，可求助于解释手段，如条约的筹备工作和缔结情况。[313]

此外，《条约法公约》第3条（a）项、第4条及其序言第8段确认，习惯国际法规则继续适用于《条约法公约》未作规定的问题。[314]

由于《条约法公约》的条约解释规则是习惯国际法，它们也适用于在该公约生效前缔结的条约（如本书中的《芝加哥公约》），或该公约生效后对有关各方生效之前缔结的条约。[315]因此，《条约法公约》第4条的效力是将"纯粹的"（pure）公约规则适用于该公约生效后缔结的条约，[316]而该公约规定的条约解释习惯规则可以直接适用于《芝加哥公约》。

3.3.2 国际民航组织赋予《芝加哥公约》第8条含义的行动

《芝加哥公约》的起草者是否有意将航空器上没有驾驶员但由驾驶员遥控飞行的情况纳入第8条？例如，对"无人驾驶航空器"的特许是否也适用于从事不定期或定期飞行的无人驾驶航空器？此外，根据对《芝加哥公约》

---

[312] 参见"利吉丹岛和西巴丹岛主权案"（印度尼西亚诉马来西亚），（2002）ICJ Rep 625, paragraph 37；"审计案"（荷兰诉法国），Award（12 March 2004）. XXV RIAA 267, paragraph 54 - 79；"萨利尼建筑公司和意大利贸易公司诉约旦案"，ICSID Case No. ARB/02/13, Decision on Jurisdiction（9 November 2004）, paragraph 75；"菲尼克斯行动公司诉捷克案"，ICSID Case No. ARB/06/5, Award（15 April 2009）, paragraph 75.

[313] "领土争端案"（利比亚诉乍得），ICJ Rep 1994, paragraph 41.

[314] *Vienna Convention on the Law of Treaties*（1969）, Oxford Public International Law, 6 June 2017. Accessed 7 August 2020. https://opil. ouplaw. com/view/10. 1093/law: epil/9780199231690/law - 9780199231690 - e1498.

[315] P. McDade. 'The Effect of Article 4 of the Vienna Convention on the Law of Treaties 1969'. 35 (3) *International and Comparative Law Quarterly* 499 - 511（1986）. Accessed 8 August 2020. https://doi. org/10. 1093/iclqaj/35. 3. 499.

[316] "纯粹的"规则只有在被纳入公约后才具有权威性。例如，在某些领域，特别是那些涉及争端解决、条约的解释和修改以及条约文本通过和保留的规则方面，《条约法公约》的规则不具有习惯国际法的地位。

第3条和第8条的分析,如果"无人驾驶航空器"获得与国家航空器同等的待遇,那么民用航空器的规则又如何适用于无人驾驶航空器?

根据国际法,解释《芝加哥公约》第8条的唯一方法是参考《条约法公约》中确立的解释原则和规则(见本书引论理论框架部分的阐述),因为这些原则和规则是习惯国际法,为回答上述问题提供了准则。无论以何种法律观点解释第8条,其解释结果都将影响无人驾驶航空器的未来发展,因为该条款的适用以及占主导地位的权威解释将促进或限制民用无人驾驶航空器系统的国际运行。

在解释第8条的过程中,国际民航组织考虑了起草者的意图和《芝加哥公约》的通过背景。遥控驾驶航空器、非遥控无人驾驶航空器、自动驾驶航空器在一战时就已存在,并由民用和军用实体运营。因此,无人驾驶而能飞行的航空器是指航空器上没有驾驶员的情况。[317]

2006年5月23日至24日,国际民航组织在蒙特利尔首次举行了关于无人驾驶航空器系统的探索性会议,旨在确定国际组织在推进监管无人驾驶航空器系统方面的作用。会议的结论是,有必要统一有关监管框架的术语、战略和原则,并且国际民航组织应发挥协调中心的作用。[318]

2007年1月11日至12日,国际民航组织第二次非正式会议在佛罗里达州棕榈海岸举行。会议一致认为,有必要统一观念、概念和术语,且国际民航组织应协调制定一份战略指导文件,以指导无人驾驶航空器系统监管规则的发展。尽管指导文件对国际民航组织成员方不具有约束力,但它将成为各国和各组织制定规章的基础。随着各国和各组织制定的监管材料日趋成熟,这些材料可为国际民航组织的指导文件提供有益参考。该文件随后将作为后续制定标准和建议措施时达成共识的基础。该会议还得出结论,国际民航组织应作为全球互操作性和统一性的协调中心,创建一个监管概念,以协调改进有关无人驾驶航空器系统的标准和建议措施,促进其他机构技术规范的发

---

[317] 国际民航组织,Doc 10019 AN/507,《遥控驾驶航空器系统(RPAS)手册》,蒙特利尔:国际民航组织,2015年,第1—1页。

[318] 同前注,第1—2页。

展,并确定无人驾驶航空器系统活动的通信要求。[319]

为帮助国际民航组织实现上述目标,空中航行委员会在 2007 年 4 月 19 日召开的第 175 届会议第二次会议上,批准成立了无人驾驶航空器系统研究小组,并规定了具体的职权范围和工作计划。该小组于 2011 年 3 月发布了第 328 号通告《无人驾驶航空器系统》。该通告向各国说明需要纳入《芝加哥公约》附件的一系列议题,以确保无人驾驶航空器系统符合该公约的相关规定。2014 年 5 月 6 日,空中航行委员会在其第 196 届会议第二次会议上,成立了遥控驾驶航空器系统小组,以推进无人驾驶航空器系统研究小组已经开始的工作。

3.4 本章小结

根据上述分析,《芝加哥公约》第 8 条适用于无人驾驶航空器(UA),无论其是自动驾驶还是遥控驾驶。飞越国必须签发特许,以便无人驾驶航空器能够运行,并且无论其执行的是民用功能还是国家职能,在任何时候都应承担适当考虑义务。

国际民航组织的结论认为,"无人驾驶航空器"(pilotless aircraft)是指在航空器上没有驾驶员的航空器,这符合《条约法公约》的解释规则。因此,遥控驾驶航空器是"无人驾驶航空器"的一种。以下论据支持国际民航组织对第 8 条的解释:

◆ 国际民航组织作为国际民用航空的管理机构,不是独断地而是在与成员方协商的过程中作出这一解释,成员方赞同将遥控驾驶航空器理解为"无人驾驶航空器"。

◆ 国际民航组织在《芝加哥公约》附件 2《空中规则》、附件 7《航空器国籍和登记标志》以及附件 13《航空器事故和事故调查》中引入了第一批遥控驾驶航空器系统管制措施,国际民航组织成员方自此开始遵守这些措施。

---

[319] 国际民航组织,Doc 10019 AN/507,《遥控驾驶航空器系统(RPAS)手册》,蒙特利尔:国际民航组织,2015 年,第 1—2 页。

◆ 遥控驾驶航空器和自动驾驶航空器在一战时就已存在，并执行民用和军事功能。因此，各国的理解是，无人驾驶而能飞行的航空器是指在航空器上没有驾驶员的航空器。

◆ 2016 年 8 月国际民航组织的调查证实了成员方关于遥控驾驶航空器的实践，其表明遥控驾驶航空器确实属于《芝加哥公约》第 8 条规定的"无人驾驶航空器"。

然而，对于"无人驾驶航空器"的理解，笔者与国际民航组织之间存在一些分歧，这在各国实践中也有所体现。笔者倾向于首先考虑词语的通常含义，因为它们反映了法律文书起草者和缔约方的真实意图。此外，《条约法公约》第 31 条反映了一项原则，即根据条约的上下文以及条约的目标和宗旨确定术语的通常含义。第 31 条的三个要素之间没有等级之分。相反，这些要素反映了一种逻辑递进关系，因为它们之间并不相互排斥。如果《芝加哥公约》的起草者认为，在当今技术发展背景下，"无人驾驶航空器"是指没有驾驶员操纵的航空器，那么除了自动驾驶航空器和无人驾驶自由气球，遥控驾驶航空器就不应属于这一定义范畴，因为它有驾驶员（尽管是远程操纵）。

在这种推理思路下，根据词语的通常含义来解释第 8 条（该条不包含遥控驾驶航空器），甚至可以便利遥控驾驶航空器进入外国空域，因为运营人不必在每次需要从事国际航班飞行时都申请特许。此外，这还意味着遥控驾驶航空器可以根据《芝加哥公约》第 5 条执行不定期飞行，而无须向目的地国或飞越国申请特许。因为遥控驾驶航空器需要由驾驶员操纵它，所以其属于有人驾驶航空器的范畴。

这一解释也符合《芝加哥公约》的序言，该公约的目标和宗旨包括：

> 使国际民用航空得按照安全和有秩序的方式发展，并使国际航空运输服务得建立在机会均等的基础上，健康地和经济地经营。

这一解释并不意味着无须通过标准和建议措施来应对安全和安保挑战带来的技术和监管需求。遥控驾驶航空器是一种具有巨大潜力的民用航空技术创新，但要使其与其他航空器一样实现安全且常态化地运行，就必须制定并采用具体的法规来应对其运行中固有的特殊风险，笔者将在第 5 章中讨论这些方面。

如上所述,尽管国际民航组织有权解释《芝加哥公约》,但笔者认为解释过程是动态的,在理解第 8 条方面总会有新的法律观点。有必要强调的是,任何解释意图都必须遵循《条约法公约》的解释规则,因为它们是习惯国际法,并提供了一种被大多数国家认可的解释方法和准则。

下一章将分析国际空中航行法律制度和国际航空运输法律制度如何适用于无人驾驶航空器系统的国际运行。

第4章 无人驾驶航空器系统进入外国区域

4.1 本章要点

无人驾驶航空器系统将改变人们的日常活动,因为其不仅可能改变运输货物与邮件的方式,还有可能改变人们出行的方式。值此航空新时代,面对创新带来的新机遇,需要考察的是现行国际航空法律框架是否允许民用无人驾驶航空器系统进入他国领空或公海上空?

本章旨在回答上述问题的部分内容,故而本章将着重分析《芝加哥公约》第5条、第6条、第7条与作为特别规则的第8条,以探讨相关国际空中航行法律制度和国际航空运输法律制度是否适用于无人驾驶航空器系统。本章还考察了航空自由(freedoms of the air,也可译为"空中自由")的运用以及各国为实现国际运行而达成的双边和多边协定的作用。

4.2 有关无人驾驶航空器系统运营之国际航班的规定

4.2.1 国际空中航行

尽管《芝加哥公约》及其附件经常使用"空中航行"和"国际空中航行"这两个术语,但并没有对其作出正式定义。1919年《巴黎公约》也没有定义该术语。标准和建议措施同样提及国际空中航行,但《芝加哥公约》附件前言对标准和建议措施的定义中也并未涉及国际空中航行的确切含义:

> 标准是指,凡有关物理特征、结构、材料、性能、人员或程序的规格,其统一应用被认为对国际航行的安全或正常是必需的,各缔约国将按照公约予以遵守;如不可能遵照执行时,按照公约第38条,必须通知

理事会。

建议措施是指，凡有关物理特征、结构、材料、性能、人员或程序的规格，其统一应用被认为对国际航行的安全、正常或效率是有利的，各缔约国将力求按照公约予以遵守。[320]

《联合国海洋法公约》也使用了"航行"一词，但同样没有对其作出定义。[321]

根据《芝加哥公约》及其附件使用"空中航行"这一术语的背景，并考虑到无论从事何种航空运输服务，空中航行都涉及规划、记录和控制航空器从一个地方移动到另一个地方的过程，故而空中航行应是指飞行的技术和运营。[322]

因此，笔者认为，国际空中航行是指，驾驶航空器飞越一个以上国家的领空或在公海上空飞行，并遵守适用于航空器的规则，且不危及机上或地面人员的安全。

4.2.2 国际航空运输

4.2.2.1 航空运输协定作为国际航空运输的基础

毫无疑问，国际航空运输对现代世界的发展作出了积极贡献。具体而言，商业航空不仅为各国提供了重要的经济收入来源，还为大型国际企业和国内企业创造了大量就业机会。[323] 国际航空运输也促进了国家间的贸易，其支持地区或国家旅游业的发展，并成为国家处理外交关系的一种工具。由于其战略性质，国家主权以及国家在安全、国防、外交政策和贸易等方面的利益几乎体现在国际航空运输领域的各个方面。

根据《芝加哥公约》第 6 条，定期航班需要事先获得授权，[324] 因为《芝

---

[320] 《芝加哥公约》附件 2《空中规则》，第 10 版，蒙特利尔：国际民航组织，2005 年，第 V 页。
[321] 《联合国海洋法公约》，访问时间：2020 年 5 月 3 日，http://www.un.org/depts/los/convention_agreements/texts/unclos/unclos_e.pdf.
[322] N. Bowditch. *Glossary*. In *The American Practical Navigator* (New York, NY: Skyhorse, 2013), 815.
[323] 国际民航组织，《国际民航组织关于世界民航的报告——行业表现（2017 年）》（Industry Performance. ICAO World Civil Aviation Report / 2017），蒙特利尔：国际民航组织，2018 年，第 18—34 页。
[324] 参见《芝加哥公约》第 6 条。

加哥公约》所有缔约方的领空在法律层面上处于关闭状态，除非各国为运营定期国际航班之目的开放领空。[325] 传统上，双边航空运输协定是各国向其他国家开放领空、从事国际航空运输业务和管理国际航空运输之经济方面的首选模式。

国际民航组织制定的双边、区域性或多边航空运输协定范本（TASA）都定义了"国际航空运输"一词，即：

> 国际航空运输是指，在一国领土内搭载旅客、行李、货物和邮件运往另一国的航空运输；[326]
>
> ……
>
> 航空运输是指，为取酬或出租之目的单独或混合使用航空器载运旅客、行李、货物和邮件的公共运输。

《国际民航组织航空运输协定范本》（以下简称《航空运输协定范本》）构成了航空运输协定的综合性框架，其中包括对航空运输协定中的各种要素采取传统、过渡和完全自由化的方法的条款草案，还包括可选择的措辞。这些措辞以国际民航组织多年来制定的关于航空运输协定各项规定的示范条款或语言为基础，具体包括运力、关税、竞争法、经营、航空安全和安保等方面。[327]

《航空运输协定范本》中条款的另一个措辞来源是，各成员方在其航空运输协定中对相关术语的实践和惯用方式。因此，就多数条款而言其文本体现了当前国际航空运输领域各国最普遍采用的术语用法。[328]

---

[325] P. Mendes de Leon and K. Mitusch. *Competition in Air Transport*. 24 January 2018. Accessed 30 July 2020. http://www.europarl.europa.eu/RegData/etudes/STUD/2018/618984/IPOL_STU（2018）618984_EN.pdf.

[326] 国际民航组织，附录5《航空运输协定范本》，访问时间：2020年8月7日，https://www.icao.int/Meetings/AMC/MA/ICAN2009/templateairservicesagreements.pdf。

[327] 国际民航组织，Doc 9587，《国际航空运输经济管理的政策与指导材料》（Policy and Guidance Material on the Economic Regulation of International Air Transport），蒙特利尔：国际民航组织，2008年。

[328] 国际民航组织，附录5《航空运输协定范本》，访问时间：2020年8月7日，https://www.icao.int/Meetings/AMC/MA/ICAN2009/templateairservicesagreements.pdf。

4.2.2.2 国际航空运输与国际航班的区别与联系

除了"国际空中航行"和"国际航空运输"这两个术语，我们经常在航空法律文献中看到"国际航班"（international air services）一词来代指国际商业航班。故而，有必要分析该术语的含义及其对无人驾驶航空器系统国际运行的法律影响。《芝加哥公约》第96条对"国际航班"一词定义如下：

第96条 就本公约而言：

（a）"航班"指以航空器从事乘客、邮件或货物的公共运输的任何定期航班。

（b）"国际航班"指经过一个以上国家领土之上的空气空间的航班。

（c）……

（d）……

因此，国际航班是指，有偿并按照公布的时间表向公众开放的一系列定期飞行的航班，用于运送乘客、邮件或货物，并穿越一个或多个国家的领空或公海上空。

根据《芝加哥公约》第96条（b）项，国际航空运输和国际航班之间的主要区别在于，前者是一个包括不定期航班和定期航班的通用术语，而后者仅限于定期航班。不定期航班包括通用航空中相对较小的部分，如私人航班、航空作业、空中出租车服务和各类包机业务，而定期航班是国际航空运输的主要组成部分。[329] 鉴于此，当笔者使用"国际航空运输"一词时，它还包括国际航班。

为了强化对这三个术语的理解，笔者认为，"国际空中航行"涉及国际运行的技术和运营方面，并受标准和建议措施的规范，而"国际航空运输"和"国际航班"涉及国际运行的经济方面。在经济方面，各国尚未就监管商业航班运营的全球性法律框架达成一致意见，故而国际航空运输主要通过双边或多边协定相互授权来实现。此外，各国在允许或拒绝外国航

---

[329] M. Milde. *International Air Law and ICAO* (The Hague: Eleven International Publishing, 2012), 106–107.

空器在其领土上空运输时，会出于安全和安保利益或经济利益，主张其领土主权。[330]

4.2.2.3 结束语

综上所述，尽管《芝加哥公约》中的"国际空中航行"[331]"国际航空运输"[332]"国际航班"[333]等术语都用于指代国际飞行，但这些术语有不同的法律含义，且只有国际航班在条约中有正式的定义。后续章节将详细地阐述这些定义。

4.3 国际空中航行管理制度

4.3.1《芝加哥公约》规定的国际空中航行制度

《芝加哥公约》及其附件为航空器的国际空中航行提供了监管框架，但1944年芝加哥会议并未通过关于航权授予和交换的规则，[334]故而国际航空运输规则受制于各国之间的双边或多边协定。但需要指出的是，虽然《芝加哥公约》第5条授予不定期航班进入或飞越一国领空的权利，但目的地国可出于安全原因限制不定期航班穿越边远地区或没有空中航行设施的地区。

《芝加哥公约》第44条规定，在国际民航组织的宗旨和目的中，国际民航组织有责任"防止因不合理的竞争而造成经济上的浪费"。该公约第15条

---

[330] M. Milde. *International Air Law and ICAO* (The Hague: Eleven International Publishing, 2012), 105.

[331] 参见《芝加哥公约》第11条"空中规章的适用"、第20条"标志的展示"、第21条"登记的报告"、第23条"海关和移民程序"、第27条"不因专利权的主张而扣押航空器"、第44条"目的"以及第55条"理事会可以行使的职能"。

[332] 参见《芝加哥公约》序言、第44条"目的"、第55条"理事会可以行使的职能"以及第三部分"国际航空运输"。

[333] 参见《芝加哥公约》第5条"不定期飞行的权利"、第15条"机场费用和类似费用"、第54条"理事会必须履行的职能"、第55条"理事会可以行使的职能"、第71条"理事会对设施的提供和维护"以及第96条中的定义。

[334] 1944年芝加哥会议起草了若干关于航权的附带协定，其中包括《国际航班过境协定》（International Air Services Transit Agreement）和《国际航空运输协定》（International Air Transport Agreement）。《国际航班过境协定》规定了定期国际航班中前两种航空自由的多边交换，截至目前，已有133个国家批准了该协定，但俄罗斯、加拿大、巴西、中国和印度尼西亚等国家并非其成员。《国际航空运输协定》则规定了国际航班五种航空自由的多边交换。然而，在随后的半个世纪里，只有11个国家批准了这项协定，甚至连其主要支持者美国也在批准后退出。

规定在使用机场和空中航行服务设施时应适用统一条件，对航空器承运人的收费应一致，对过境、入境或出境不得收取任何费用。[335]然而，根据《芝加哥公约》第44条（a）、（b）、（c）、（h）和（i）项的规定，国际民航组织的主要工作范围是国际空中航行的技术规定以及国际民用航空的安全和安保。[336]

《芝加哥公约》的许多条款适用于航空器的国际空中航行或对其产生直接影响，即：

◆ 第1条重申国家对其领土上空拥有主权的原则。

◆ 第3条分条规定，国家有权要求未经允许而飞越其领土的民用航空器降落，但不得对其使用武器，也不得危及航空器内人员的生命和航空器的安全。

◆ 第8条禁止未经特别许可的无人驾驶飞行。

◆ 第9条规定，国家出于军事需要或者公共安全的原因，可以设立禁飞区。国家有权要求进入禁飞区的航空器必须立即在附近的机场降落。

◆ 第11条规定，空中航行规则应不分国籍，不具有歧视性；航空器在进入或离开该国领土或在其领土内时，应遵守有关航空器操作和航行的当地法律和规章。

◆ 第12条规定，各国确保在其领土上空飞行或在其领土内运转的航空器及具有其国籍标志的航空器应遵守当地关于航空器飞行和运转的现行规则和规章。此类国内规章应尽可能与标准和建议措施保持一致。

◆《芝加哥公约》第15条要求，缔约各方航空器在使用空中航行设施时，应适用统一条件；对从事定期国际航班飞行的航空器，应不高于从事同样飞行的本国航空器所缴纳的费用；不得仅因给予通过或进入或离去其领土的权利而征收任何费用；所征收的费用应公布并通报给国际民航组织理事会；如果缔约方提出意见，国际民航组织理事会可对此类收费进行审查，并就此向有关国家提出报告和建议。

◆ 第22条规定了国家便利和加速航行的一般义务。

---

[335] 参见《芝加哥公约》第15条。
[336] 参见《芝加哥公约》第44条。

◆ 第 25 条规定，缔约各方必须援助遇险航空器。

◆ 第 26 条规定，发生死亡或者重伤事故时，事故所在地国家应对事故进行调查；航空器登记国可以指派观察员参与调查。

◆ 第 28 条规定，缔约各方在其认为切实可行的范围内，根据《芝加哥公约》附件所述的标准和建议措施，在其领土内提供空中航行服务，如机场、无线电服务、气象服务以及其他空中航行设施。通信程序、简码、标志、信号、操作规程、航空地图和图表必须与适用的标准和建议措施相一致。

◆ 第 29 条规定，每一从事国际空中航行的航空器应当携带其航空器登记证、航空器适航证、机组成员的适当执照、航空器航行记录簿、无线电设备及其许可证、旅客名单和货物舱单。

◆ 第 30 条和第 31 条规定，航空器从事国际空中航行时，必须携带无线电发射设备，并持有该航空器登记国发给或核准的适航证。

◆ 第 32 条规定，从事国际空中航行的每一航空器驾驶员和其他机组人员必须携带航空器登记国颁发给或核准的合格证书和执照。

◆ 第 33 条规定，缔约方有义务承认前述适航证、合格证书和执照有效，但前提是发给或核准这些证书或执照的要求须等于或高于《芝加哥公约》规定的最低标准。

◆ 第 34 条规定，从事国际空中航行的每一航空器应保持一份航行记录簿，以记载航空器、机组及每次航行的详细信息。

◆ 第 35 条禁止从事国际空中航行的航空器载运军火或作战物资，除非飞越国许可。

◆ 第 44 条规定，国际民航组织应发展国际空中航行的原则和技术，以促进飞行安全，并鼓励发展空中航行设施。

◆ 第 68 条允许缔约各方指定其境内的国际航路和机场。

◆ 第 70 条、第 71 条和第 74 条允许国际民航组织理事会资助或提供空中航行服务或技术援助。

上述规定应适用于所有航空器，故而它们理应适用于无人驾驶航空器系统。同时，这些规定适用于所有情况下的有人驾驶航空器或无人驾驶航空器。

自莱特兄弟首次实现有人驾驶航空器可控飞行以来，经过116年的发展，国际空中航行的技术标准才达到今日之水准。因此，应以有人驾驶航空器国际空中航行的技术标准作为无人驾驶航空器国际空中航行技术标准之基准。同时，在确定针对无人驾驶航空器之前述基准时，试错的方法至关重要。通过有人驾驶航空器不断发展而积累的整体知识，是助力无人驾驶航空器国际空中航行达到与有人驾驶航空器国际空中航行同样安全水平的重要因素。

4.3.2 无人驾驶航空器参与国际空中航行的机遇与挑战

无人驾驶航空器若要从事国际航空运输，就必须能够在载运乘客、货物或邮件之前安全飞行，故其必须遵守国际民航组织的空中航行规则。根据第1章所述的新技术发展可知，无人驾驶航空器不仅具备从事国际空中航行的能力，而且随着无人驾驶航空器系统不再局限于监测、摄影或录像等用途，无人驾驶航空器将可能从事国际航空运输。同时，无人驾驶航空器也已具有在跨国载运乘客、货物和邮件的潜力。[337]

尽管无人驾驶航空器系统的发展情况表明，在安全和安保以及飞行的技术操作方面，不应对有人驾驶航空器和无人驾驶航空器进行区分，但国际民航组织正努力根据无人驾驶航空器部件的复杂性及其操作的性质和风险，设置差异化的监管规则。[338]

国际空中航行涉及航空器飞越国界或在公海上空飞行。[339]国际民航组织和各国制定无人驾驶航空器系统国际空中航行规则时，应注意无人驾驶航空器系统从事此类飞行时的特殊情况，即无人驾驶航空器系统、遥控站或前述两者均在运营人所在国领土以外的其他地点运行。[340]例如，一架在运营人

---

[337] 参见第1章第1.3.2节无人驾驶航空器在国际民航中的潜在应用。
[338] 国际民航组织，《遥控驾驶航空器系统（RPAS）国际仪表飞行运行概念》，访问时间：2020年4月19日，https://www.icao.int/safety/UA/Documents/RPAS%20CONOPS。
[339] "国际空中航行"并无官方定义。笔者认为，国际空中航行应是指，驾驶航空器飞越一个以上国家的领空或在公海上空飞行，并遵守适用于航空器的规则，且不危及机上或地面人员的安全。
[340] 国际民航组织，《遥控驾驶航空器系统（RPAS）国际仪表飞行运行概念》，访问时间：2020年4月19日，https://www.icao.int/safety/UA/Documents/RPAS%20CONOPS。

所在国以外的其他国家注册的无人驾驶航空器在从事航空作业（如定位和发现金枪鱼鱼群）时,[341]可以由一名遥控驾驶员操纵,该驾驶员同时还可以操纵从事同一作业的其他空中无人驾驶航空器。如果存在以下情况,无人驾驶航空器的国际空中航行可能会造成额外的挑战：

（1）无人驾驶航空器只在一个国家（A国）的领空内运行,而它是由位于任何其他国家（B国）的遥控站远程操控；

（2）无人驾驶航空器或遥控站分别从公海上空的平台进行操作；

（3）无人驾驶航空器和遥控站都是在除无人驾驶航空器系统运营人所在国以外的其他国家的领土内运行。[342]

当无人驾驶航空器进行长时间的国际空中航行时,可能会存在另一种情形。[343]在此情形下,可能需要多个分布式遥控站；根据运营人的基础设施或通信覆盖需要,这些遥控站可能位于不同机场或机场外的其他位置,甚至位于不同国家。如若遥控站位于不同国家,则会出现新的挑战。例如,无论遥控站和驾驶无人驾驶航空器飞行的遥控驾驶员位于何处,对他们的管理和监督都是运营人及其监管机构的一个重要问题。然而,当需要采取行动时,管辖权和执行权的法律冲突将是需要处理和解决的新议题。[344]

从法律层面看,这些情况对无人驾驶航空器系统运营人的责任以及无人驾驶航空器运营所在国有所影响。笔者认为,目前的国际监管框架尚未解决这些情况,国际民航组织及其成员方有必要对此立即予以关注。

为解决上述问题,《芝加哥公约》的标准和建议措施,特别是附件1《人员驾照的颁发》和附件6《航空器的运行》,应纳入允许合格的无人驾驶航

---

[341] 航空作业是指,使用航空器进行专业服务的航空器运行活动,如农业、建筑、摄影、测量、观察与巡逻、搜寻与救援、空中广告等。参见《芝加哥公约》附件6《航空器的运行》第Ⅰ部分"国际商业航空运输——飞机",第10版,蒙特利尔：国际民航组织,2016年7月,第1-1页。

[342] 国际民航组织,Doc 10019 AN/507,《遥控驾驶航空器系统（RPAS）手册》,蒙特利尔：国际民航组织,2015年,第2-3页。

[343] Cargo Drones. IATA. Accessed 3 May 2020. http：//www.iata.org/whatwedo/cargo/Pages/cargo-drones.aspx.

[344] 国际民航组织,《遥控驾驶航空器系统（RPAS）国际仪表飞行运行概念》,访问时间：2020年4月19日,https：//www.icao.int/safety/UA/Documents/RPAS% 20CONOPS。

空器遥控驾驶员在不危及安全与安保的情况下，同时操纵参与国际空中航行的多架无人驾驶航空器的规定。例如，运营人和无人驾驶航空器遥控驾驶员不仅应具备安全有序地管理和执行飞行的能力，还应具备在一个或多个无人驾驶航空器同时发生紧急情况时充分应对的能力。《芝加哥公约》的附件也应针对上述情况制定有关无人驾驶航空器许可、认证以及事故调查程序的规定。[345]

考虑到无人驾驶航空器系统技术的指数级进步速度，以及为满足安全标准和安全法规之进程的持续推进，笔者估计无人驾驶航空器系统在未来几年很可能会将国际航空运输作为一项常规业务。这类业务将涵盖国际商业航班、通用航空作用、空中作业以及货物和邮件商业航空运输，并最终拓展至客运领域。尽管如此，从经济角度来看，尚不清楚航空运输公司从有人驾驶航空器转向无人驾驶航空器的成本收益有多大，[346]因为对于无人驾驶航空器而言，遥控驾驶员仍然是飞行的关键。此外，在客运领域，因客舱机组成员的工作是为保障旅客的安全，故其仍将继续发挥不可或缺的作用。然而，对于从事农业、建筑、摄影、测量、观察、搜寻与救援、空中广告等航空工作的无人驾驶航空器而言，情况可能并非如此。

同样，从事货物和邮件商业航空运输的无人驾驶航空器可能比货运有人驾驶航空器更便宜、更高效，因为其整体运营所需的机组人员会更少。[347]相应地，遥控驾驶员可以同时处理多个在空中运输货物的无人驾驶航空器。例如，在长途飞行中，除飞行任务周期结束后进行常规轮换外，无人驾驶航空无须配备额外的机组人员。[348]

因无人驾驶航空器不需要维生系统，故其比有人驾驶航空器更便宜。如

---

[345] 参见《芝加哥公约》第 37 条。

[346] B. F. Havel and J. Q. Mulligan. 'Unmanned Aircraft Systems: A Challenge to Global Regulators', 65（1）*DePaul Law Review* 117（2015）.

[347] *The Platform for Unmanned Cargo Aircraft (PUCA)*. Platform Unmanned Cargo Aircraft. Accessed 7 August 2020. https://www.platformuca.org/.

[348] 参见国际民航组织 Doc 10019 AN/507 号文件《遥控驾驶航空器系统（RPAS）手册》（第 1 版，2015 年 4 月）中"飞行执勤期＊＊"的定义。该手册规定，飞行执勤期是指，从要求远程机组成员报到值勤（包括一次航班或一系列航班）开始，到远程机组成员值班结束时为止的一段时间。[与得到国际民航组织正式认可的定义不同的术语，该手册中用两个星号（＊＊）标注。]

货运无人驾驶航空器可以选择相对较低的巡航速度，从而在燃料和能源消耗方面更加高效。[349]由于不存在机组飞行时间限制和机组人员返回作业基地的必要性，无人驾驶航空器也能够提高工作效率。考虑到机组人员工资占运营成本的比例相对较高，无人驾驶航空器系统也比小型有人驾驶航空器更有优势。航空器所需的机组人员越少，对其运营成本的影响就越小。无人驾驶航空器系统拥有在全球开拓新市场的潜力，比如在因需求不经济或地理障碍限制地面基础设施效率而形成的无高质量航空运输服务地区。[350]

航空业也在研发技术解决方案，以便通过远程数据链路来控制无人驾驶航空器。这些技术进步主要体现在具备可靠的发现与避让功能、指挥与控制链路，以及推动减少网络安全威胁。随着航空业的推动以及各国和国际民航组织继续长期致力于制定无人驾驶航空器空中航行规则，我们将很快基于指挥与控制链路以及发现与避让的反馈及经验获得可靠数据。同时，运营人和无人驾驶航空器制造商等行业利益相关者将根据运营需求，在确保安全和安保的同时，为构建标准和建议措施作出贡献。[351]

频谱的管理也需要注意，因为在国际电信联盟（ITU）的监督下，它是一种稀缺的自然资源。在2015年世界无线电通信大会上，国际电信联盟成员方同意通过第155号决议（WRC-15），该决议有助于利用卫星服务频谱为无线电信号内通信提供指挥与控制链路。尽管如此，该决议的某些方面将依赖于国际民航组织标准和建议措施的新发展。[352]

国际民航组织在网上公布了《遥控驾驶航空器系统（RPAS）国际仪表飞行运行概念》，其中描述了无人驾驶航空器系统正在融入的运行环境，从而确保各方对挑战形成共识。2016年9月27日至10月7日举行的国际民航

---

[349] The Platform for Unmanned Cargo Aircraft (PUCA). Platform Unmanned Cargo Aircraft. Accessed 7 August 2018. https://www.platformuca.org/.

[350] Ibid.

[351] 国际民航组织,《遥控驾驶航空器系统（RPAS）国际仪表飞行规则运行概念》, 访问时间：2019年2月9日, https://www.icao.int/safety/ua/documents/rpas%20conops.pdf.

[352] 2018年10月9日至19日第13次空中航行会议，蒙特利尔，秘书处提交的《关于遥控驾驶航空器系统（RPAS）的报告》, 访问时间：2018年12月1日, https://www.icao.int/Meetings/anconf13/Documents/WP/wp_006_en.pdf。

组织第 39 届大会敦促国际民航组织制定支持遥控驾驶航空器系统安全运行的规定，包括开展宣传和教育活动，并促进各国间就无人驾驶航空器监管进行信息交流。[353]

4.3.3 结束语

总之，无人驾驶航空器只有满足《芝加哥公约》及其附件有关国际空中航行的规定，才能够从事国际航空运输。无人驾驶航空器不仅需要所有飞越国的特别授权，还需要适格的运营人和适航证。无人驾驶航空器系统必须能够遵守标准和建议措施所规定的通信和导航要求，遥控驾驶员应持有相应的执照。与有人驾驶航空器一样，无人驾驶航空器在飞行前必须制定飞行计划。[354]

正如上节所述，还有必要采用新的标准和建议措施，以解决无人驾驶航空器系统可能面临的不同情况。例如，无人驾驶航空器不能与有人驾驶航空器在非隔离空域一起安全飞行，或在面临危险情况（如恶劣天气条件，或者涉及领空其他使用者或障碍物的潜在事故或事件）时采取应急措施。

4.4 《芝加哥公约》下的无人驾驶航空器国际航空运输管理制度

4.4.1 本节之目的

后续各节的分析将侧重于不定期航班、定期航班和国内载运模式下无人驾驶航空器所从事的国际航空运输。因《芝加哥公约》第 8 条特别规定了"无人驾驶航空器"的运行，故本节还将探讨特别法优先这一法律原则如何适用于第 8 条，以及该条与第 5 条、第 6 条和第 7 条的关系。

同样需要关注的是，货物和邮件运输代表了无人驾驶航空器即将从事的国际航空运输业务，其原因在于新技术的发展、机组人员成本和燃料成本的降低，以及飞行时间表的灵活性。故而，无人驾驶航空器从事国际航班飞行时，应特别遵守《芝加哥公约》第 5~8 条规定。

---

[353] 国际民航组织，Doc 10071，《第 39 届大会——技术委员会报告》（Assembly 39th Session—Technical Commission Report），A39 - TE。

[354] 《芝加哥公约》附件 2《空中规则》，第 10 版，蒙特利尔：国际民航组织，2005 年，第 3 - 2 页。

4.4.2 《芝加哥公约》下的国际航空运输原则

1944年芝加哥会议在讨论自由交换航权问题时,美国的利益与英国及其他国家的利益发生了冲突。[355]其结果是,《芝加哥公约》未能纳入有关商业航空运输的法律制度,它既未针对国际航空运输制定规则,也未就国际航班运营制定规则。因此,各国以该公约第6条为基础,通过双边和多边谈判,以协定的形式交换了航权(详见下文第4.5.4节)。

科林·塞恩(Colin Thaine)曾用一个简单的假设来描述规范国际航空运输的法律制度:"除非得到许可,否则所有商业性国际航空运输服务都被禁止。"[356]

国际航空运输法律制度遵循以下原则:

(1)各国对其领土(包括领水)上方的领空拥有主权和管辖权;

(2)每个国家对于任何航空器能否进入其主权范围内的领空享有完全的主权;

(3)公海及地球表面其他不受任何国家管辖之区域的上空,各国航空器均可自由飞越。[357]

《芝加哥公约》第5条规定了不定期航班的通行权,但须受航空器飞越国认为适当的规章、条件或限制的约束。[358]

第6条禁止定期国际航班飞越一国领土,但经该国特别许可并根据此种授权的条件进行飞行的除外。

第7条允许外国航空器在同一国家领土内的各点之间进行航空运输,前提是该国允许此类飞行。

第8条规定得更加明确,"无人驾驶航空器"未经特别许可,不得飞越一国领土。

---

[355] M. Milde. *International Air Law and ICAO* (The Hague: Eleven International Publishing, 2016), 105.

[356] B. F. Havel. *Beyond Open Skies: A New Regime for International Aviation* (Austin: Wolters Kluwer, 2009), 9.

[357] O. J. Lissitzyn. *The Diplomacy of Air Transport*. Foreign Affairs. 11 October 2011. Accessed 3 August 2020. https://www.foreignaffairs.com/articles/global-commons/1940-10-01/diplomacy-air-transport.

[358] 参见《芝加哥公约》第5条。

《芝加哥公约》中的这些条款涉及航空器的国际运行,但它们适用于无人驾驶航空器系统时,可能存在冲突,并引发两类法律挑战:其一,适用相互冲突的规则会降低法律的确定性;其二,它们会使法律主体彼此处于不平等的地位。[359]因此,分析前述条款不应按照条款顺序先后进行,而应依据特别法优先原则首先分析第8条,因为该条是《芝加哥公约》第5条、第6条和第7条所规定的不定期航班、定期航班和国内载运权的例外情况。

4.4.3 无人驾驶航空器运行中的特别法优先原则

4.4.3.1 《芝加哥公约》第8条是否构成特别法

特别法优先原则是否适用于《芝加哥公约》第8条?有没有办法确定第8条是一般规则还是特别规则?特别法优先原则在国际法中有着悠久的传统。[360]荷兰法学家雨果·格劳秀斯(Hugo Grotius)曾指出:

> 在这种情况下(即文件条款出现冲突时),应当遵守何种规则?在效力同等的协议之间……应优先考虑最为具体、最切合争议事项的条款,因为特别规则通常比一般规则更具效力。[361]

格劳秀斯通过这一陈述强调,特别规则比一般规则更切中要害,并且因为特别规则能更好地考虑特定情况,故而其能比一般规则更有效地调整特定情况。

然而,特别法优先原则面临的挑战是,一般规则与特别规则之间的区别相对模糊。一方面,每一项一般规则都具有特殊性,因为它处理的是特定问题。[362]例如,笔者认为,《芝加哥公约》第5~8条均就缔约方领土上空的飞

---

[359] 由马尔蒂·科斯肯涅米(M. Koskenniemi)主持的国际法碎片化研究小组,《国际法碎片化的报告》,访问时间:2020年2月28日,http://legal.un.org/ilc/sessions/55/pdfs/fragmentation_outline.pdf。

[360] "事实上,该原则是一项被所有法律体系都承认的一般法律原则,并在起草《常设国际法院规约》第38条时被明确援引。因此,如果特别法包含适用于其内容的争议解决条款,则特别法中的争议解决条款优先于一般法中的任何争议解决条款。"参见国际海洋法法庭(ITLOS),"南方蓝鳍金枪鱼案"(1999年8月27日),第123段。

[361] H. Thieme. *Hugo Grotius: De Jure BelliAc Pacis Libri Tres* (Göttingen: Vandenhoeck, 1953), XXIX.

[362] 由马尔蒂·科斯肯涅米主持的国际法碎片化研究小组,《国际法碎片化的报告》,访问时间:2020年2月28日,http://legal.un.org/ilc/sessions/55/pdfs/fragmentation_outline.pdf。

行作出规定。这些条款本身也是特别规则,即:

◆ 第5条专门规定了不定期航班的相关条件;

◆ 第6条也具有特殊性,因为它规定的是从事定期航班的航空器;

◆ 第7条明确了各国在何种情况下可以允许外国航空器在其领土内进行国内载运;

◆ 第8条规定了允许"无人驾驶航空器"在外国领空运行的相关实质内容。

另一方面,特别规则同时也是一般规则,因为规则的特性之一就是普遍适用于某一类别。每条规则都可以用以下格式表示:对于特定对象x,适用义务y或权利y。[363]例如,《芝加哥公约》第5条适用于"所有航空器",航空器即为x,y为"如果不从事定期国际航班,则无须事先获得许可"。[364]对于第6条,x是"不得运营定期国际航班",而y是"除非获得特别许可"。[365]对于第7条,x是"其他缔约国的航空器在其领土内载运乘客、邮件和货物……",y是"缔约各国有权拒绝准许"。[366]最后,对于第8条,x是"任何无人驾驶而能飞行的航空器",y是"未经特别授权不得飞行"。[367]即使适用特别规则的情形非常有限,但要成为一项规则,就必须得到"普遍"适用。由此可见,第5~8条虽然都是关于航空器进入外国领空的规定,但与此同时,它们各自也适用于特定的情形。

我们该如何解决上述法律困境呢?普遍性和特殊性是相对的,一项规则本身无所谓一般或特别,而是相对于其他规则而言的。[368]按照这种思路,在不考虑具体适用情形的前提下,任何规则都不能被抽象地确定为一般规则或特别规则。

---

[363] 由马尔蒂·科斯肯涅米主持的国际法碎片化研究小组,《国际法碎片化的报告》,访问时间:2020年2月28日,http://legal.un.org/ilc/sessions/55/pdfs/fragmentation_outline.pdf。

[364] 参见《芝加哥公约》第5条。

[365] 参见《芝加哥公约》第6条。

[366] 参见《芝加哥公约》第7条。

[367] 参见《芝加哥公约》第8条。

[368] 由马尔蒂·科斯肯涅米主持的国际法碎片化研究小组,《国际法碎片化的报告》,访问时间:2020年2月28日,http://legal.un.org/ilc/sessions/55/pdfs/fragmentation_outline.pdf。

因此，一项规则在某些方面可能作为一般法适用。例如，第5~8条作为一般规则，规范缔约方领土上空的飞行，但在其他方面，它们又可分别作为特别规则，即分别适用于不定期航班、定期航班、国内载运和无人驾驶航空器。换言之，一项规则就其调整的主题事项或行为主体数量而言，可能是一般规则，也可能是特别规则。例如，根据国际法，可以通过协定在特定情况或特定缔约方之间限制使用某一规则。

"印度领土通行权案"就是这种情况。[369] 在确定印度和英国/葡萄牙已接受相关惯例并确立了有限过境通行权之后，国际法院得出结论认为，无须就此事调查一般法律原则或习惯国际法的内容，因"这种特殊惯例必须优先于任何一般规则"。[370]

另一个例子说明了特别法何时会构成一般法的例外，比如战争法。至少在没有相反证据的情况下，战争法必须被视为针对同一主题之和平时期规则的特别法，从而凌驾于这些规则之上。[371] 还有一个关于特别法的例子是国家在紧急情况下限制人权的规则。在"威胁使用或使用核武器的合法性案"中，情况略有不同，国际法院讨论了《公民权利和政治权利国际公约》第4条与适用于武装冲突的法律之间的关系。该公约第4条规定了人不被任意剥夺生命的权利。法院指出，这项权利也适用于敌对行动。法院阐明，"然而，判断什么是任意剥夺生命，取决于应适用的特别法——适用于武装冲突的旨在规范敌对行为的法律"。[372]

笔者认为，鉴于"特别授权"或"特别许可"这类表述同时出现在第5~8条，且第8条规定了仅专门适用于"无人驾驶航空器"的特别制度，所以特别法优先原则应适用于第8条与第5条、第6条、第7条的关系。以下论据支持这一观点：

---

[369] 另参"北海大陆架案"，ICJ Reports 1969, 42, paragraph 72. 在"北海大陆架案"中，国际法院确认，"众所周知，在实践中，（一般）国际法规则可以通过协议在特定情况下或在特定当事方之间被减损"。在本案中，法院指出，"毫无疑问，缔约双方可以在特别协定中确定这类海洋法的某些具体发展，并声明在其双边关系中，这些规则应作为特别法具有约束力"。

[370] "印度领土通行权案"，ICJ Reports 1960, 44.

[371] C. W. Jenks. 'The Conflict of Law-Making Treaties', XXX BYIL 446 (1953).

[372] "威胁使用或使用核武器的合法性案"，ICJ Reports 1996, 13-14（mimeo），paragraph 25.

(1) 虽然第 8 条与第 5 条、第 6 条和第 7 条一样，规定了航空器进入其他国家领空的条件，但与其他条款相比，第 8 条专门针对"无人驾驶航空器"。换言之，第 8 条不适用于有人驾驶航空器，而适用于那些远程遥控或完全无需飞行员干预的航空器。[373]

(2) 第 5 条、第 6 条和第 7 条没有明确提及无人驾驶航空器，由此，这些条款适用于所有从事国际航空运输的航空器，而不论其为有人驾驶或无人驾驶，所以相对于第 8 条而言，这些条款具有一般规则的性质。[374]笔者认为，将第 5 条、第 6 条和第 7 条视为第 8 条的特别规则是不切实际的，因为这三条规定并非仅涉及无人驾驶航空器。这意味着有人驾驶航空器或无人驾驶航空器都可以从事不定期航班、定期航班或国内载运。然而，由于第 8 条的特别法性质，无人驾驶航空器始终需要特别授权才能飞越他国领空或在他国降落。

(3) 笔者绝不认为第 5 条、第 6 条和第 7 条不适用于无人驾驶航空器的运行。前述条款规定的不定期航班、定期航班和国内载运权是关于国际航空运输经济层面的规定，而第 8 条并未涉及这些方面。故而，应将第 5 条、第 6 条和第 7 条作为特别法，对第 8 条未涉及的方面予以规范。换言之，第 5 条、第 6 条和第 7 条也分别适用于无人驾驶航空器从事不定期航班、定期航班和国内载运。正如第 8 条所要求的那样，无人驾驶航空器应事先获得技术性质的特别许可，[375]并在任何时候对其他航空器保持适当考虑。从另一个角度来看，无论无人驾驶航空器从事何种商业运营，包括不定期航班、定期航班或国内载运，第 8 条都应适用。

(4) 最后，正如国际民航组织 2016 年 8 月 29 日的调查所证明的那样，各国的做法是将无人驾驶航空器视为第 8 条调整的航空器，因此，无论无人驾驶航空器从事何种商业运营，都必须获得特别授权。

1944 年 11 月 1 日至 12 月 7 日召开的芝加哥会议并未专门记录针对第 8

---

[373] 参见《芝加哥公约》第 8 条。
[374] 参见《芝加哥公约》第 5 条、第 6 条和第 7 条。
[375] 参见《芝加哥公约》附件 2《空中规则》，第 10 版，蒙特利尔：国际民航组织，2005 年，附录 5；国际民航组织，Doc 10019 AN/507，《遥控驾驶航空器系统（RPAS）手册》，蒙特利尔：国际民航组织，2015 年，附录 A–1。

条的辩论，从而为确定第 8 条构成特别规则提供附加证据。如第 2 章所述，与会的印度代表建议引入关于"无人驾驶航空器"的条款，即 1919 年《巴黎公约》第 15 条（经《1929 年议定书》修正）。[376]

4.4.3.2 结束语

根据上文的分析，如果无人驾驶航空器根据《芝加哥公约》第 5 条在他国领土过境或为非商业性降停，即使符合 5 条规定的豁免情形，也始终需要根据第 8 条获得事先许可。同样，如果无人驾驶航空器从事定期国际航班飞行以外的活动，则其不仅应遵守上机或下机所在国的规章、条件或限制，还应根据第 8 条的要求获得事先许可。

类似地，对于定期航班，因为第 6 条和第 8 条均有要求，所以无人驾驶航空器系统的运营人需要获得事先许可。

无人驾驶航空器系统在国内载运下的运营应适用同样的标准，即其需要根据第 7 条以及作为特别法的第 8 条获得事先许可。

上述观点还表明，如果航空承运人或国家等法律主体援引某些权利，比如进入外国领空的权利，则外国的主管机构将决定这些主体是否拥有所援引的权利。根据《芝加哥公约》第 1 条，所有国家对其领空拥有主权，且根据第 8 条，无人驾驶航空器始终需要特别授权。例如，如果无人驾驶航空器系统的运营人主张根据第 5 条享有在另一国上下乘客、货物或邮件的特权，那么该国可以自行决定是否根据《芝加哥公约》第 8 条授予该无人驾驶航空器此类许可。

笔者认为，即使我们将第 8 条和特别法优先原则排除在外，基于主权原则，《芝加哥公约》也始终要求航空器（无论是有人驾驶还是无人驾驶）在国际运营中必须获得事前许可。

第 5 条规定了这一要求的例外情况，但"不需要事先获准"这一表述对应的是以外交途径授予的正式许可。这一例外并不意味着航空器可以不受任何规定约束而完全自由地飞行，因为航空器必须始终遵守《芝加哥公约》的其他条款。例如，飞行必须有一个获批的飞行计划，确定允许跨越

---

[376] 参见本书第 2.1.2 节。

国界,并且飞越国可以根据《芝加哥公约》第 16 条要求航空器降落并接受海关检查或搜查。[377] 同样,根据第 5 条,运营无人驾驶航空器包机航班不需要通过外交渠道获得正式的事先许可,但该条款赋予的特权受授予国国内法的限制。

以下各小节具体分析了第 5 条、第 6 条和第 7 条如何适用于无人驾驶航空器的运营。

4.4.4 不定期航班

《芝加哥公约》第 5 条针对不定期航班的运营规定如下:

> 第 5 条 不定期飞行的权利
>
> 缔约各国同意其他缔约国的一切不从事定期国际航班飞行的航空器,在遵守本公约规定的条件下,不需要事先获准,有权飞入或飞经其领土而不降停,或作非商业性降停,但飞经国有权令其降落。为了飞行安全,当航空器所欲飞经的地区不得进入或缺乏适当航行设施时,缔约各国保留令其遵循规定航路或获得特准后方许飞行的权利。
>
> 此项航空器如为取酬或出租而载运乘客、货物、邮件但非从事定期国际航班飞行,在遵守第 7 条规定的情况下,亦有上下乘客、货物或邮件的特权,但上下的地点所在国家有权规定其认为需要的规章、条件或限制。

尽管《芝加哥公约》对**不定期航班**和**定期航班**进行了区分,但并未对二者作出定义。国际民航组织为理解《芝加哥公约》第 5 条提供了补充性指导材料,从而为该条如何适用于无人驾驶航空器的运营提供指引。此外,该条中的一些术语需要予以进一步阐释,以便进行全面分析。在此过程中,必须注意第 5 条第 1 款中下列用语的重要性,即:

(1) 缔约各方的一切航空器;
(2) 不从事定期国际航班飞行的航空器;

---

[377] M. Milde. *International Air Law and ICAO* (The Hague: Eleven International Publishing, 2012), 108.

(3）非商业性。

首先，第 5 条第 1 款要求缔约各方应给予其他缔约方航空器一切从事国际不定期航班过境和非商业性降停的权利，而无须事先获得许可。[378]因此，根据第 5 条第 1 款，无人驾驶航空器亦有权从事以下三种类型的国际飞行：

（1）不经停地进入和飞越一国领土；

（2）非商业性地进入和飞越一国领土并经停；

（3）非商业性地进入一国领土并最终在该领土内降停。

"缔约各方的一切航空器"这一表述是指，除第 3 条第 2 款规定之用途以外的所有航空器。第 3 条第 2 款指向国家航空器，不属于《芝加哥公约》的调整范围。因此，以不定期航班形式从事国际飞行的无人驾驶航空器必须遵守第 5 条规定的条件，并享有和履行其中规定的所有权利和义务。

第 5 条的第二个要素提到"不从事定期国际航班飞行的航空器"。《芝加哥公约》没有规定不定期国际航班和定期国际航班的概念，前述概念是由国际民航组织理事会的一份报告规定的。[379]但需要指出的是，在该报告中，理事会同样没有界定不定期航班。相反，为了指导各国解释和适用《芝加哥公约》第 5 条和第 6 条，国际民航组织理事会规定了"定期国际航班"这一术语的概念。该报告还包括适用定期国际航班之概念的说明和针对第 5 条所赋予之权利的分析。根据国际民航组织理事会的观点，定期国际航班是一系列同时具备以下特征的航班：

（1）飞越一国以上领空；

（2）航空器以取酬为目的载运乘客、邮件或货物，且每次航班均向公众

---

[378] 国际民航组织，Doc 9626，《国际航空运输管理手册》（Manual on the Regulation of International Air Transport），蒙特利尔：国际民航组织，2016 年。

[379] 参见国际民航组织，Doc 7278 – C/841，《定期国际航班的定义》（Definition of a Scheduled International Air Service，1952 年 5 月 10 日发布），摘自《国际民航组织理事会向成员方提交的关于〈定期国际航班的定义〉以及〈芝加哥公约〉第 5 条所赋予权利的分析报告》（Report by the Council to Contracting States on the Definition of a Scheduled International Air Service and the Analysis of the Rights Conferred by Article 5 of the Convention，1952 年 3 月 28 日通过）；国际民航组织，Doc 9587，《国际航空运输经济管理的政策与指导材料》，第 3 版，蒙特利尔：国际民航组织，2008 年。

开放使用；

（3）根据公布的时间表，飞行于相同的两个或多个地点之间，以服务客货运输；

（4）飞行规律且频繁，构成一个可识别的系统性序列。

在国际民航组织理事会的界定方法中，前述描述涉及的所有要素应同时满足。因此，不定期航班是指不能同时满足前述要素的航班。据此推理，无人驾驶航空器不定期航班是指，为取酬或出租而载运乘客、货物或邮件，但并非从事定期国际航班飞行。

第三个要素是"非商业性"这一表述。根据《芝加哥公约》第96条（d）项，"非商业性降停"是指基于任何目的而不在于上下乘客、货物或邮件的降停。[380]非商业性降停的情况可能涉及技术降停，即从事货物运输的无人驾驶航空器为加油、进行预料之外的必要维护或应对紧急情况而降停。

第5条第2款规定，不定期航班还应当：

> 有上下乘客、货物或邮件的特权，但上下的地点所在国家有权规定其认为需要的规章、条件或限制。

虽然双边或多边航空运输协定包括有关不定期航班的规定，但各国的普遍做法是根据本国法律批准不定期航班。[381]"规定其认为需要的规章、条件或限制"这一表述意味着可以针对具体个案情况制定多种法律、法规和规章。[382]例如，该条款允许各国根据本国法律，单方面确定允许在其领土内进行不定期运营的条件。[383]这一规定的效果是，各国可以自行决定如何监管不定期国际航班。在不定期国际航班运营的单边框架下，承租人和无人驾驶航空器承

---

[380] 第96条（d）项规定："'非商业性降停'是指任何目的不在于上下乘客、货物或邮件的降停。"

[381] 国际民航组织，机场和空中航行服务经济会议，《机场和空中航行服务经济管理的决定因素》（Determinants of the Economic Regulation of Airports and Air Navigation Services），访问时间：2020年4月8日，https://www.icao.int/Meetings/ceans/Documents/Ceans_Wp_061_en.pdf.

[382] 国际民航组织，Doc 9587，《国际航空运输经济管理的政策与指导材料》，蒙特利尔：国际民航组织，访问时间：2020年8月7日，https://www.icao.int/Meetings/a39/Documents/9587-PROVISIONAL%20VERSION.pdf.

[383] M. Milde. *International Air Law and ICAO* (The Hague: Eleven International Publishing, 2012), 108.

运人都必须遵守始发国和目的地国的监管规则。

传统上，上述规则和条件可能包括但不限于经济方面的要求。例如，如果不定期航班危及定期航班的运营，各国可能会禁止不定期航班的运营。[384]各国主要考虑以下几种不定期航班的可能运营情况，即：

（1）允许在没有定期飞行服务的地点之间进行不定期航班运营，这通常被称为"航线外包机"；

（2）不允许可能损害定期航班的不定期航班运营；

（3）允许进行包括综合旅游包机在内的不定期航班运营，这类包机除航空运输外，还包括酒店和陆地交通等一揽子地面服务，且不会危及定期航班的经济可行性。[385]

相比之下，在自由化的背景下，各国可在航空运输协定中约定，在权利和市场准入方面，同等对待不定期航班与定期航班，且不定期航班无须遵守目的地国的国内规定。此外，被指定的航空承运人可以依据本国或另一方有关包机运输的规则，运营其不定期航班。[386]

笔者认为，第 5 条第 2 款中的"规定其认为需要的规章、条件或限制"这一表述十分宽泛，意味着这些规则可以基于国家利益而采取任何形式，这些利益通常受国际关系的影响并作为国家之间礼让和互惠的基础。但是，这些规则不应剥夺第 5 条规定的不定期航班飞行的自由，使其成为一纸空文。国际民航组织理事会指出，缔约国对不定期商业航空运输的乘客、货物或邮件上下机施加规则、条件和限制的权利并不是无限制的。质言之，行使这项权利的方式不应使这一重要的航空运输方式无法运营或无法有效运营。[387]

此外，制定针对无人驾驶航空器不定期航班的双边和多边协定是必要的，

---

[384] 国际民航组织，Doc 9587，《国际航空运输经济管理的政策与指导材料》，蒙特利尔：国际民航组织，访问时间：2020 年 8 月 7 日，https://www.icao.int/Meetings/a39/Documents/9587-PROVISIONAL%20VERSION.pdf。

[385] 同前注。

[386] 同前注。

[387] 国际民航组织，Doc 9626，《国际航空运输管理手册》，蒙特利尔：国际民航组织，2016 年，访问时间：2020 年 4 月 23 日，http://www.icao.int/Meetings/atconf6/Documents/Doc%209626_en.pdf。

尤其是在无人驾驶航空器或其机组在目的地国运行，但在始发国进行遥控驾驶的情况下。一种更复杂的情况是，执行不定期航班的无人驾驶航空器和远程遥控站都在运营人所在国以外的国家领土内运行。前述情况要求各国不仅要依据《芝加哥公约》第5条缔结协定，而且要遵循第8条以制定法律框架，并颁发允许此类操作的许可证或执照。该主题将在第5章中进一步探讨。

不定期航班将更具适应性，因为其具有更大的灵活性，能够开拓新市场、释放无人驾驶航空器这一革命性技术的潜力，并应对相关挑战。因此，伴随无人驾驶航空器系统的兴起，对于无人驾驶航空器系统货运承运人而言，以不定期航班为基础建立商业上可行的全货运运营将更为便利。

4.4.5 定期航班

根据《芝加哥公约》第6条，无人驾驶航空器在以定期航班形式飞往另一国之前，需要获得特别许可。

> 第6条 定期航班
> 除非经一缔约国特准或其他许可并遵照此项特准或许可的条件，任何定期国际航班不得在该国领土上空飞行或进入该国领土。

根据上述国际民航组织对定期航班的定义，[388]无论是增加或减少条件，都需要进行调整以适用于从事定期航班飞行的无人驾驶航空器。然而，无人驾驶航空器系统的性能将决定其是否能够同时满足定期国际航班所要求的全部特征。即便满足定期航班特征描述中的其他要素，无人驾驶航空器在农业、建筑、摄影、测量、观察和巡逻以及空中广告等各种作业中执行的一系列飞行也不是定期国际航班。

如果从事定期国际航班飞行的无人驾驶航空器系统运营人[389]的所在国既不是《国际航班过境协定》的缔约方，也不是《国际航空运输协定》的缔约方，则必须寻求他国的许可，以便无人驾驶航空器飞经他国领土进行非商业性降停，并利用航权便利无人驾驶航空器服务。各国一般通过不时缔结的航

---

[388] 参见第4.4.4节有关不定期航班的内容。
[389] 参见《芝加哥公约》附件6《航空器的运行》，其中运营人所在国是指："运营人主要业务地点所在的国家，或者如没有这种业务地点时，运营人的永久居住地点所在国。"另见第4.5.4节。

空运输协定授予《芝加哥公约》第 6 条所要求的许可,这些协定受《条约法公约》的约束,无论它们体现在单一文件还是多个相关文件中。这种情况意味着,打算运营飞往外国的定期航班的无人驾驶航空器运营人所在国,必须是与这些国家缔结双边或多边协定的缔约方。

如本书第 3 章第 3.2.3.3 节所述,尽管《芝加哥公约》附件 2《空中规则》附录 4 规定了无人驾驶航空器的一般运行规则以及满足特许的最低要求,但《芝加哥公约》第 8 条规定之特许仅涉及安全相关方面,而不涉及航权。此外,没有证据表明各国已就无人驾驶航空器获取市场准入特权缔结特定条约。

《芝加哥公约》并未提及关于无人驾驶航空器之条约应如何形成,因此评估目前的双边或多边航空运输协定是否适用于无人驾驶航空器系统运营可能更为适当。笔者将在第 4.5 节分析这些方面。

4.4.6 国内载运权

4.4.6.1《芝加哥公约》的规定

尽管"国内载运权"这一术语最早用于海上航行,但在民用航空术语中,它是指在一国境内两个地点之间的空中交通运输。《芝加哥公约》第 7 条允许外国航空器进行国内载运,但前提是航空器运营所在国允许。[390]

第 7 条规定如下:

> 第 7 条 国内载运权
>
> 缔约各国有权拒绝准许其他缔约国的航空器为取酬或出租在其领土内载运乘客、邮件和货物前往其领土内另一地点。缔约各国承允不缔结任何协议在排他的基础上特准任何其他国家的空运企业享有任何此项特权,也不向任何其他国家取得任何此项排他的特权。

第 7 条第 1 句中的"航空器"一词也包括无人驾驶航空器,因为无人驾驶航空器也属于航空器。因此,该条适用于从事或愿意从事国内载运且在外

---

[390] P. Mendes de Leon. *Cabotage in Air Transport Regulation* (Dordrecht: Martinus Nijhoff, 1992), xxi.

国注册的无人驾驶航空器。根据第 7 条第 1 句可知，在 A 国注册的无人驾驶航空器可以在 B 国领土内从事国内载运，除非 B 国拒绝给予许可。[391] 无论无人驾驶航空器从事定期还是不定期飞行业务，只要航空器运营所在国允许，其就应被允许进行国内载运。

此外，该条第 2 句禁止排他性授予以及获得国内载运权。这一规定表明，《芝加哥公约》允许给予国内载运自由，但前提是在任何一种情况下，所有国家都享有相同的特权。在帕布罗·门德斯·德·莱昂教授看来，这种情况意味着第 7 条第 2 句：

> 涉及两个或两个以上缔约国希望缔结一项关于国内载运权的双边或多边协定的情况。第 7 条第 2 句规定了此类协定的条件，但并未说明前述协定不符第 7 条第 2 句要求时的处罚，也未直接赋予任何第三国相关权利或要求（claim）。从这个角度来看，当一个缔约国向另一个缔约国授予国内载运权时，第 7 条第 2 句并没有在多边基础上向《芝加哥公约》的所有其他缔约国授予国内载运权。这种解释通过强调"特准"（specifically）一词得到支持。[392]

4.4.6.2 适用

为遵守《芝加哥公约》序言最后一段的规定，即"使国际航空运输业务得建立在机会均等的基础上，健康地和经济地经营"，各国应加速放宽国内载运的限制。

授予国内载运特权的情况并不常见。最接近无国内载运限制的航空市场是欧盟，在该区域内，27 个欧盟成员方之间及其内部建立了一个联合航空运输市场，这促使各国废除了国内载运权的限制。[393]

国内载运权也出现在加勒比共同体（CARICOM）成员方之间缔结的

---

[391] P. Mendes de Leon. *Cabotage in Air Transport Regulation* (Dordrecht: Martinus Nijhoff, 1992), xxi.

[392] P. Mendes de Leon. *Cabotage in Air Transport Regulation* (Martinus Nijhoff Publishers, Leiden, 1992), p.22.

[393] B. F. Havel and G. Sanchez. *The Principles and Practice of International Aviation Law* (Cambridge: Cambridge University Press, 2014), 52.

《多边航空运输协定》（MASA）中。根据该协定，缔约方没有义务向另一方的承运人授予国内载运权，但也不禁止授予此类权利。[394]

智利是不限制国内载运的另一个例子，因其1979年《商业航空法》废除了国内载运权的法律保留。2012年，智利通过民航委员会发布的一项决议重申了这一开放的单边国内载运权政策，宣布外国公司可以自由进入其国内市场，而无须对智利运营人做出互惠让步。[395]

4.4.6.3 结束语

笔者认为，一个更为灵活的国内载运权授予制度，不仅将释放无人驾驶航空器系统运营的潜力，最重要的是，还将对整个国际民用航空的未来发展作出积极贡献。

4.5 《国际航班过境协定》、《国际航空运输协定》、航空自由以及双边/多边航空运输协定对无人驾驶航空器系统运营的适用性

4.5.1 本节之范围

根据本书前几节的分析，《芝加哥公约》并未规定航空自由。[396]自航空业诞生以来，其已被证明是一项充满活力的活动，这不仅归因于其所带来的技术创新，还得益于其所引发的法律创新。尽管如此，它仍然是一项充满操作限制和矛盾的活动。例如，在航空术语中，通常将航空自由称为"航权"（air traffic rights）。

然而，尽管航权是航空运输链条中的重要组成部分，但各国仅同意在其国家利益和主权基础上交换这种自由。为了进一步发展国际航空运输，航空自由至关重要。

在1944年芝加哥会议上，美国提出航空公司应在国际航空运输方面拥有

---

[394] 加勒比共同体秘书处，《运输政策——加勒比共同体》[Transport Policy—Caribbean Community（CARICOM）]，访问时间：2020年5月9日，https://caricom.org/transport-policy。

[395] 国际民航组织，《智利开放国内载运权》，访问时间：2020年5月9日，https://www.icao.int/Meetings/a39/Documents/WP/wp_440_rev1_en.pdf。

[396] 参见《芝加哥公约》第1条。

无限制经营权，因为依赖商业航空公司满足消费者需求比政府通过法令进行经济管制更为可取。[397]为实现这一想法，美国代表在1944年芝加哥会议上邀请与会各国进行多边谈判以交换航权，并坚持认为应由市场力量确定运力、频次和票价，而不是交由国际监管机构决定。[398]

上述谈判产生了《国际航班过境协定》和《国际航空运输协定》两项条约，分别涉及运营权和航权。后续章节将侧重于分析《国际航班过境协定》、《国际航空运输协定》、航空自由以及双边/多边航空运输协定在无人驾驶航空器系统跨境运营中的适用性。

4.5.2 《国际航班过境协定》

在1944年芝加哥会议上，33个国家签署了《国际航班过境协定》（亦称"两种自由协定"），在本节中简称"本协定"。本协定涉及过境权的多边交换，过境权又称运营权或者前两项航空自由的交换，笔者将在下文中对此作进一步分析。根据《国际航班过境协定》，缔约方可让其商用航空器在定期国际航班中飞越其他缔约方领土而不着陆，或为非商业降停。[399]

第1条规定如下：

第1条第1节

每一缔约国给予其他缔约国以下列关于定期国际航班的空中自由：

（1）不降停而飞越其领土的权利；

（2）非运输业务性降停的权利。

本节所规定的权利不适用于对定期国际航班禁止使用的军用机场。在战争或军事占领地区及战时通往此项地区的补给路线上，此项权利的行使须经军事主管当局的核准。

《国际航班过境协定》的特点如下：

---

[397] 联合国系统行政长官协调理事会，《各机构支出的报告（国际民航组织）》，访问时间：2020年8月4日，https://www.unsystem.org/content/icao。

[398] B. Gidwitz. *The Politics of International Air Transport* (Lexington, Mass.: Lexington Books, 1980), 49–50.

[399] M. Dresner and M. W. Tretheway. 'ICAO and the Economic Regulation of International Air Transport', 17 *Annals of Air and Space Law* 195–216 (1992).

（1）本协定将第一种和第二种航空自由定义为**特权**而非**权利**，因为国家对领空的主权原则具有**普遍适用性**，不仅涉及航空安全相关事项，还涵盖国家的经济利益等其他方面。[400] 因此，其他国家飞越某一国家领空并非固有权利，而是被飞越国授予的特殊特权。

（2）这两种航空自由只适用于从事**定期国际航班**飞行的航空器。[401] 根据《芝加哥公约》第96条，定期国际航班是指航空器为从事乘客、邮件或货物的公共运输而飞越一个以上国家领空的任何定期航班。[402]

（3）这两种航空自由对于国际航班的运营至关重要，因其是定期商业航班国际运营的基本前提。[403]

（4）这两种航空自由不仅是国家政策的工具，还是国家间国际关系的工具。[404]

（5）截至2019年3月，已有133个国家成为《国际航班过境协定》的缔约方，数量相当于国际民航组织成员方的近70%。

《国际航班过境协定》并未排除无人驾驶航空器，因此其规定也应适用于从事国际航班飞行的无人驾驶航空器。

但是，当无人驾驶航空器系统登记国[405] 并非《国际航班过境协定》的缔约方时，该国应为无人驾驶航空器在从事**定期国际航班**飞越外国领土时寻求许可。此类许可可以通过与其他国家签订双边协定的形式获得；如无相关

---

[400] M. Milde. *International Air Law and ICAO* (The Hague: Eleven International Publishing, 2016), 110.

[401] 参见《国际航班过境协定》第1条第1节。

[402] 参见《芝加哥公约》第96条。

[403] M. Milde. *International Air Law and ICAO* (The Hague: Eleven International Publishing, 2016), 110.

[404] 加拿大作为世界上领土面积第二大的国家，同时也是国际航空自由化的积极支持者，曾是《国际航班过境协定》的原始缔约方，但于1986年11月12日宣布退出该协定。其起因是加拿大与英国发生了一起商业纠纷，英国意图限制加拿大航空公司（Air Canada）在希思罗机场的权利和运营空间，并将其业务转移至盖特威克机场，而后者缺乏前往英国以外目的地的便捷航班连接。由于有关国家无法通过直接外交谈判解决纠纷，加拿大选择退出《国际航班过境协定》，该协定将使英国航空公司在飞往波士顿、纽约、芝加哥、旧金山、洛杉矶、安克雷奇等目的地时，失去飞越加拿大广阔领空的特权。因此，英国当局为加拿大航空公司在希思罗机场提供了令人满意的安排，加拿大则继续在双边互惠的基础上向英国及其他国家提供航权。这种情况说明了航空自由如何在国家相互关系中发挥战术性作用。

[405] 参见《芝加哥公约》附件6《航空器的运行》，其中登记国是指"航空器登记注册的国家"。

协定,一国可以基于礼让和互惠原则单独授予许可。[406]

此外,《国际航班过境协定》还规定:

(1) 缔约方可以指定从事国际航班的任何无人驾驶航空器在其领土内飞行的航线以及其可使用的机场。[407]

(2) 若一缔约方指定的航空承运人不能证明其实质所有权和有效控制权(substantial ownership and effective control)掌握在缔约方国民手中,或者航空运输企业未遵守其运营所在国的法律,未履行《国际航班过境协定》规定的义务,则该缔约方可以扣发或撤销其证书。[408]

根据《国际航班过境协定》第1条第4节,缔约各方可以根据实质所有权和有效控制权规则(在航空法领域,又称**国籍规则**),[409]对另一缔约方从事国际航班但未遵守这一规则的航空承运人施加限制。在目前航空业全球化的背景下,可能会出现以下情况:某无人驾驶航空器系统承运人在A国注册成立,但其实质上由B国国民所有和有效管理。目前尚不清楚这种情况是否会促使各国重新思考国籍规则,或对国籍规则采取不同的做法,即指定航空承运人的主要营业地(根据指定国法律合法注册,并应设有住所和有效总部)[410]是否足以满足国籍规则的要求。

---

[406] 在《国际航空运输管理手册》中,国际民航组织提出以下概念:礼让是指一国当局对另一国官方行为给予适当的尊重。礼让意在单方面给予外国航空公司权利或利益,而无须期望该航空公司所属国在类似情况下给予同等待遇。一国基于礼让对外国政府命令其国家航空公司向其官员提供的折扣客货运价给予批准,就是其中一例。相较而言,互惠是指一国在无国际义务的情况下,给予外国实体(如航空承运人)权利或利益,条件是该外国实体的所属国给予其类似实体以同等的待遇。例如,当外国航空公司所属国过去曾批准或承诺批准某国航空公司的不定期航班时,该国可能批准该外国航空公司的不定期航班。

[407] 参见《国际航班过境协定》第1条第3节。

[408] 参见《国际航班过境协定》第1条第4节。

[409] B. F. Havel and G. S. Sanchez. *The Principles and Practice of International Aviation Law* (Cambridge: Cambridge University Press, 2014), 69.

[410] 参见"安第斯共同体"(Comunidad Andina)第582号决定第12条。1969年《卡塔赫纳协定》通过创建"安第斯共同体"(原名安第斯条约组织)开启了安第斯一体化进程。该协定最初由哥伦比亚、玻利维亚、厄瓜多尔、秘鲁和委内瑞拉签署。该协定的目标是加强各国政府之间的团结,通过社会和经济一体化促进成员方的平衡与和谐发展,逐步实现拉美共同市场一体化。该协定还旨在改善本区域的地理位置,从而减少安第斯在国际经济环境中的脆弱性。截至2019年3月,哥伦比亚、秘鲁、玻利维亚和厄瓜多尔成为安第斯国家共同体的正式成员方。阿根廷、巴西、智利、巴拉圭和乌拉圭以联系成员方(associate member)的身份参与其中,而委内瑞拉自2006年起不再是该共同体的成员方。

4.5.3 《国际航空运输协定》

《国际航空运输协定》（亦称"五种自由协定"），包括两种过境权和三种附加自由，也称为**航权**。[411] 该协定在缔约方之间交换五种航空自由，以使根据本协定有资格享受五种自由之承运人受益。该协定以航空器登记国为第三国，界定了第三种至第五种自由。此外，该协定所授予之第五种自由涉及的第三国，必须是缔约方，而不能是非缔约方。[412]

第 1 条规定如下：

第 1 条第 1 节

每一缔约国给予其他缔约国以下述关于定期国际航班的空中自由：

（1）不降停而飞越其领土的权利；

（2）非运输业务性降停的权利；

（3）卸下来自航空器所属国领土的客、货、邮的权利；

（4）装载前往航空器所属国领土的客、货、邮的权利；

（5）装卸前往或来自任何其他缔约国领土客、货、邮的权利。

关于本节第（3）、(4)、(5) 各项所规定的权利，每一缔约国所承允的，仅限于构成来自或前往该航空器所属国本土的合理的直接航线上的直达航班。

本节所规定的权利不适用于对定期国际航班禁止使用的军用机场。在战争或军事占领地区及战时通往此等地区的补给线上，此项权利的行使须经军事主管当局核准。

在将九种航空自由适用于企业运营的无人驾驶航空器之前，需要说明的是，《国际航空运输协定》在处理第三种至第五种自由时，以航空器的国籍国或登记国为判断标准。[413] 尽管如此，大多数航空运输协定在处理航空自由

---

[411] B. F. Havel and G. S. Sanchez. *The Principles and Practice of International Aviation Law* (Cambridge: Cambridge University Press, 2014), 78-79.

[412] B. Cheng. *The Law of International Air Transport* (London: Stevens and Sons, 1984), 303.

[413] 《国际航空运输协定》第 1 条第 1 节（第 2 段）规定："关于本节（3）、(4)、(5) 各项所规定的权利，每一缔约国所承允的，仅限于构成来自或前往该航空器所属国本土的合理的直接航线上的直达航班。"

问题时，都是根据实质所有权和有效控制权规则，以航空公司国籍作为判断标准，很少以指定国航空公司的主要营业地为判断标准。[414]

尽管"五种自由协定"在推动航空自由方面作出了创造性的贡献，但事实证明其意义有限，因为只有 11 个国家批准了协定，即玻利维亚、布隆迪、哥斯达黎加、萨尔瓦多、埃塞俄比亚、希腊、洪都拉斯、利比里亚、荷兰、巴拉圭和土耳其。[415]

《国际航空运输协定》尚未生效，因此其对有人驾驶或无人驾驶的经济、法律或航空政策均无实际意义。鉴于此，本书没有进一步考察该协定及其对无人驾驶航空器国际航空运输的潜在适用性。相反，笔者将重点分析双边航空运输协定，特别是其中关于航权运营的规定（见下一节），以及此类协定（包括航权）如何适用于从事国际商业航班的无人驾驶航空器运营。尽管如此，笔者承认，考虑到无人驾驶航空器系统未来可能的发展情况，《国际航空运输协定》中所载的航权定义可以作为重新定义航空自由的基础，笔者将在本书后续章节中进一步讨论该议题。

4.5.4 与无人驾驶航空器系统运营相关的航空自由

航空自由共有九种，可分为运营权和航权。前两种航空自由是与《国际航班过境协定》规定的技术操作特权有关的运营权。根据这两种自由，航空器可以飞越另一国领土或在另一国领土内进行技术性降停。第三种至第九种航空自由则涉及航班的商业运营或航权。然而，《国际航空运输协定》只规定了第三种至第五种航空自由，而第六种至第九种航空自由则由双边或多边航空运输协定规范。[416]

笔者努力将航空自由适用于无人驾驶航空器的运营，为此提出以下前提：

◆ 笔者选择使用"企业"（undertaking）而非"**航空公司**"（airline）一

---

[414] M. Milde. *International Air Law and ICAO*（The Hague：Eleven International Publishing, 2016），106.

[415] 参见1944年12月7日在芝加哥签署的《国际航空运输协定》，访问时间：2020年8月8日，https://www.icao.int/secretariat/legal/List%20of%20Parties/Transport_EN.pdf。

[416] P. Mendes de Leon. *Introduction to Air Law*. 10th ed.（Alphen aan den Rijn：Wolters Kluwer, 2017），58 – 60.

词，以扩大商业运营的主体范围：不仅航空公司，其他企业也可能希望运营涉及适用航空自由之无人驾驶航空器系统从事的国际航班。

◆ 此类企业必须根据国家法律获得运营无人驾驶航空器系统的许可，特别是许可国的航空法或相关法律规定的条件。

◆ 许可条件涉及安全[417]、责任、保险、监管、注册等许可国规定和要求的其他条件。

◆ 鉴于以"企业"代替"航空公司"一词，笔者选择将企业的主要营业地（亦称**企业注册地**）作为与许可国的联系点，因为这种选择通常适用于企业，并基于国际民航组织出于安全监督原因而规定的主要营业地概念。[418]

为适应无人驾驶航空器系统的运营，航空自由的定义调整如下：

（1）**第一种自由**：无人驾驶航空器不降停地飞越外国领空的权利。[419]例如，经飞越国允许，一架民用无人驾驶航空器可以不降停地飞越另一国领空。

（2）**第二种自由**：无人驾驶航空器在外国领土上作非商业性降停的权利。[420]例如，一国民用无人驾驶航空器可能因技术原因（如加油或维修）在另一个国家降落，且不提供往返该国的商业服务。

（3）**第三种自由**：运营无人驾驶航空器之企业从其主要营业地所在国载运乘客、货物和邮件至另一国的权利。[421]例如，无人驾驶航空器可以从其运营企业注册国载运乘客、货物和邮件至另一缔约方。

（4）**第四种自由**：运营无人驾驶航空器之企业从另一国领土载运乘客、货物和邮件至其主要营业地所在国的权利。[422]例如，无人驾驶航空器可以从另一缔约方载运乘客、货物和邮件至其运营企业注册国。

（5）**第五种自由**：运营无人驾驶航空器之企业从第二国领土的一个地点

---

[417] 参见第5章，为解决国际民航组织的国际安全和安保标准的适用性，这些标准已纳入国家安全管理法规，并辅以国内安全标准。

[418] 参见《芝加哥公约》附件19《安全管理》第1章"运营人所在国"的定义以及《芝加哥公约》第83条分条。

[419] P. Mendes de Leon. *Introduction to Air Law*. 10th ed.（Alphen aan den Rijn: Wolters Kluwer, 2017），61.

[420] *Ibid.*

[421] *Ibid.*

[422] *Ibid.*

运输到第三国领土的一个地点的权利,反之亦然,这是第三种和第四种航空自由的结合。[423]例如,运营定期国际航班的无人驾驶航空器可以在企业注册国以外的两个国家之间运输,只要该航班在企业注册国始发或将其作为终点。

(6) **第六种自由**:运营无人驾驶航空器之企业通过其注册国,从第二国领土的一个地点运输到第三国领土的一个地点的权利。[424]例如,无人驾驶航空器可以通过其运营企业的注册国在另外两个国家之间进行运输。第六种自由也是上述企业注册国所保障的第三种和第四种航空自由的结合。

(7) **第七种自由**:运营无人驾驶航空器之企业从第二国领土的一个地点运输到第三国领土的一个地点的权利,反之亦然,且该运输不需要与第三种和第四种航空自由相联系。[425]例如,在其企业注册国以外运营的无人驾驶航空器,可以在另一国降停,并载运来自第三国的乘客、货物和邮件。货运承运人广泛使用此种航空自由,因为其提供了在全球范围内运输货物所需的灵活性,并使航空货运商业模式更具吸引力。[426]

(8) **第八种自由**:运营无人驾驶航空器之企业在外国领土内的两个地点之间开展运输业务的权利,且该运输与第四种航空自由相联系。[427]例如,无人驾驶航空器可以凭借始发自其企业注册国的航班在一外国境内的两点之间进行载运。该权利也被称为连续的**国内载运权**(consecutive cabotage)。

(9) **第九种自由**:运营无人驾驶航空器之企业在外国领土内的两个地点之间开展运输业务的权利,且该运输不与第三种或第四种航空自由相联系。[428]例如,无人驾驶航空器可以在一外国境内的两点之间进行载运。这种自由也被称为独立的**国内载运权**(standalone cabotage)。

笔者预测,在未来,运营无人驾驶航空器的企业可能将其主要营业地设

---

[423] P. Mendes de Leon. *Introduction to Air Law*. 10th ed. (Alphen aan den Rijn: Wolters Kluwer, 2017), 61.

[424] *Ibid*.

[425] *Ibid*., 62.

[426] *The Impact of International Air Service Liberalisation on Chile*. Agenda for Freedom. IATA. July 2009. Accessed 9 August 2020. https://www.iata.org/publications/economics/reports/chile-report.pdf.

[427] P. Mendes de Leon. *Introduction to Air Law*. 10th ed. (Alphen aan den Rijn: Wolters Kluwer, 2017), 62.

[428] *Ibid*.

在一个国家，但基于业务或商业原因，可能将控制无人驾驶航空器的遥控站集中设于另一个国家。例如，联邦快递（FedEx）等企业的主要营业地可能设于 A 国以方便商业经营，而其无人驾驶航空器的操作中心设于 B 国，无人驾驶航空器则在 C 国和 D 国之间从事运输货物的不定期航班。或者无人驾驶航空器可以从位于 A 国的操作中心飞往 C 国运输乘客和邮件，而企业的主要营业地设于 B 国。还可能存在更多种的替代方案。

在这些未来场景下，操纵无人驾驶航空器的遥控站的位置是适用或重新定义新的航空自由时必须考虑的要素，因为航班可以从一国出发但在另一国运行。在进入该阶段之前，首先有必要解决无人驾驶航空器空中航行的安全问题，这将有助于其融入国际民用航空，第 5 章将进一步讨论这些问题。

最后，运营无人驾驶航空器系统的企业在适用航空自由时，还面临一个特殊问题。鉴于无人驾驶之特性，无人驾驶航空器并不具有法律意义上的飞行自由，故而尽管无人驾驶航空器可以从事定期或不定期航班，但根据《芝加哥公约》第 8 条，运营无人驾驶航空器系统的企业必须获得飞越国的特别许可。[429]

4.5.5 双边/多边航空运输协定

4.5.5.1 国际航空运输协定的建立

航空自由仍然是发展定期国际航班的一个重要方面。《国际航空运输协定》虽然未能获得更多国家的批准，但这并不妨碍航权的适用。如今，各国已将航空自由纳入双边/多边航空运输协定。[430] 这种情况使各国具有足够的灵活性，可以根据本国的经济利益和外交政策等优先事项，在个案基础上自主决定其在航权交换方面的开放程度。

根据《芝加哥公约》第 6 条，无人驾驶航空器在从事国际航班飞行前必须获得特别许可。[431] 传统上，如上所述，各国通过双边/多边航空运输协定

---

[429] 参见本书第 4.4.3.2 节。

[430] 如《国际航空运输自由化多边协定》（Multilateral Agreement on the Liberalization of International Air Transportation，MALIAT），也被称为科纳（Kona）《开放天空协定》，于 2000 年由亚太经济合作组织（APEC）的五个志同道合的成员缔结，包括文莱、智利、新西兰、新加坡和美国。该协定于次年生效，随后秘鲁（于 2005 年退出）、萨摩亚、汤加、库克群岛和蒙古加入该协定。

[431] 参见《芝加哥公约》第 6 条。

授予这些特许,并且根据《芝加哥公约》第83条,这些航空运输协定必须在国际民航组织理事会进行登记。[432]

航空运输协定是主权国家之间缔结的国际贸易协定,受《条约法公约》的约束。[433]缔约方通过此种协定为在其领土内外提供商业航班的航空公司制定规则。[434]关于航空运输的安排,也可以采取谅解备忘录(MOU)的形式,尽管这看起来可能不太正式,但直到航空运输协定完成国内批准程序为止,谅解备忘录作为一种临时的航权交换手段会更加方便。其他关于航空运输的安排,可以采用的形式包括行政协议(executive agreements)、公约、议定书、外交照会交换(exchanges of diplomatic notes)以及特别许可。[435]

航空运输协定仍然是开展定期国际航班的主要手段。[436]国际民航组织已经登记了数以千计的航空运输协定,包括修正案和谅解备忘录。[437]这些协定及修正案大多载有以下内容:对指定航空公司的国籍要求;过境和航权;运力的自由确定;单一、双重或多重指定的航线限制(可能有或无);运价制度。[438]

典型的航空运输协定包括序言、条款、签字、附件、附录和修正案。鉴于航空也是各国外交政策的工具,礼让和互惠原则亦可能构成航空运输协定签署国之间航空关系的基础。

---

[432] 参见《芝加哥公约》第83条。

[433] 参见《条约法公约》第2条。

[434] 参见《航空运输协定范本》,访问时间:2020年8月14日,https://www.icao.int/Meetings/AMC/MA/ICAN2009/templateairservicesagreements.pdf。

[435] 参见《条约法公约》第11条。

[436] Overview of Regulatory and Industry Developments in International Air Transport. September 2016. Accessed 13 August 2020. https://www.icao.int/Meetings/a39/Documents/Overview of Regulatory _ and _ Industry _ Developments in International.

[437] 国际民航组织的《世界航空运输协定》(World Air Services Agreements,WASA)在线数据库持续更新,截至2016年,该数据库收录了来自197个国家、多边组织及历史实体的2743项协定和安排,以及1000多项修订文件。在这些协定中,184项为完全自由化协定,383项为"过渡性"协定,另有2176项属于传统协定。

[438] Overview of Regulatory and Industry Developments in International Air Transport. September 2016. Accessed 13 August 2020. https://www.icao.int/Meetings/a39/Documents/Overview of Regulatory _ and _ Industry _ Developments in International.

4.5.5.2 《航空运输协定范本》

国际民航组织制定了供各国选择使用的《航空运输协定范本》。《航空运输协定范本》的文本来源于各国航空运输协定对相关措辞的实践和运用。

笔者认为，分析《航空运输协定范本》，有助于确定各国采用的航空运输协定是否适用于无人驾驶航空器系统的运营。因为《航空运输协定范本》和航空运输协定在模式和结构上具有相似性，如下所述。

序言阐述了协定的目的，并揭示了各方所遵循的目标。它为协定的解释和适用提供了背景和指导。

定义条款明确了协定中使用的术语，以便于各方清晰理解和应用。"国际航空运输"的典型定义并未将无人驾驶航空器排除在外，因为其本身属于航空器的一种。然而，笔者认为，出于法律确定性的考虑，将"遥控驾驶航空器"和"遥控驾驶航空器系统"这两个术语纳入定义条款更加适宜，因为它们是民用航空的新兴参与者，并且随着当前技术的发展，遥控驾驶航空器作为无人驾驶航空器的一个子类别，将很快能够从事定期国际航班。

授权条款规定了缔约各方授予彼此的航权和非业务性权利。一般而言，协定的附表或附件会补充规定该条款，并纳入各方商定的航线、权利和任何适用条件。[439]尽管前两种航空自由已纳入《国际航班过境协定》，但授权条款经常仍将这两种航空自由包括在内，因为有些国家未加入或已退出该协定。此外，授权条款通常根据航线表交换其他航权。航空运输协定还会单独或组合引入"全货航班"（all-cargo services）的表述，这一表述是可选的，因为其意味着指定航空公司可以经营全货航班。然而，全货航班也可能成为缔约各方需要单独处理和谈判的内容。[440]

在典型的授权条款中，其用语并不妨碍无人驾驶航空器在国际航空运输中的使用，因为无论操纵无人驾驶航空器的遥控站位于何处，无人驾驶航空器总会在其运营企业的注册国、企业所有者和控制者的国籍国或企业主要营

---

[439] 国际民航组织，Doc 9587,《国际航空运输经济管理的政策与指导材料》，蒙特利尔：国际民航组织，2008 年。

[440] 参见《航空运输协定范本》，访问时间：2020 年 8 月 20 日，https://www.icao.int/Meetings/AMC/MA/ICAN2009/templateairservicesagreements.pdf。

业地所在国以外的国家飞越、停靠，以及载运乘客、货物和邮件。因此，授权条款也可以适用于无人驾驶航空器系统。[441]

指定和授权条款涉及缔约各方基于权利交换同意，指定同一承运人、分别指定两家承运人或多家在指定国注册成立的企业以进行国际航空运输。该条款还规定了撤销指定或暂停指定企业经营许可的情形。[442]

大多数航空运输协定仍采用传统的"实质所有权和有效控制"标准，其中授权方是判断企业是否符合所有权和控制标准的唯一裁决者。然而，在无人驾驶航空器系统国际运营的情况下，可能会改为以主要营业地为国籍要求的判断标准。例如，在加拿大/美国的案例中，假设加拿大无人机运输公司通过中国企业亿航跨境合并或收购股权来实现所有权转移，美国则可以根据航空运输协定的国籍条款，减少或暂停加拿大无人机运输公司的市场准入特权，除非相关航空运输协定选择以指定企业的主要营业地（注册地）为国籍要求的判断标准。[443]如果亿航的新持股比例仅为25%，则不会产生特殊问题；但如果持股比例高于50%，那么亿航将实质拥有加拿大无人机运输公司。大多数航空运输协定并未对"**实质所有权**"和"**有效控制**"的含义作出澄清或解释。

关于航空公司的传统国籍要求，布莱恩·哈维尔（Brian Havel）教授认为，"有效控制"概念的理解非常模糊。例如：

> 尽管航空公司享有25%的表决权股本本身可能并不构成"实质所有权"，但如果25%是单一最大股本份额，而剩余的75%稀释分散于大量股东，则25%的所有者仍可能行使有效控制权。国籍规则的两个关键组成部分的不准确性，使各国在适用或（在越来越多的情况下）不适用该规则时具有广泛的自由度。[444]

---

[441] 参见《航空运输协定范本》，访问时间：2020年8月20日，https://www.icao.int/Meetings/AMC/MA/ICAN2009/templateairservicesagreements.pdf。

[442] 同前注。

[443] 加拿大无人机运输公司是一家位于加拿大安大略省多伦多的先锋技术公司，专注于在加拿大地区设计、开发和使用商业上可行的无人机交付系统。亿航智能于2014年在中国广州成立，是一家智能飞行器技术与服务公司。

[444] B. F. Havel and G. S. Sanchez. *The Principles and Practice of International Aviation Law*（New York：Cambridge University Press，2014），126.

各国在国内立法或实践中对"**有效控制**"的构成要件持不同意见。[445]例如，在个别情况下，授权方放弃了要求符合"实质所有权和有效控制"标准的权利，[446]因为这些国家对外国投资没有限制，即外国国民可以拥有当地航空公司高达100%的股份。[447]

为了克服国籍规则在全球化经济中可能具有的限制性以及其在适用于民航业时存在的不一致性，国际民航组织制定的《航空运输协定范本》建议采用**主要营业地**的标准，因为这将使一个国家能够指定其认为合格的航空公司，包括那些国有资本占大多数的航空公司，以行使和享有航空运输协定规定的市场准入权利。它还支持缔约方通过许可履行其对指定企业的监管控制义务，许可可能包括经济要素与技术要素（如安全和安保）。[448]这也是笔者采用主要营业地标准作为许可国与无人驾驶航空器系统运营企业之间法律联系的原因之一（见第4.5.4节）。

指定和授权条款至关重要，因为它确保在国际航空运输中运营无人驾驶航空器的企业不仅遵守以主要营业地为判断标准的国籍条款，还遵守无人驾驶飞行特有的安全和安保方面的规定。然而，如第4.5.4节所述，未来运营无人驾驶航空器的企业可能在A国设有主要营业地，但通过遥控站操纵无人驾驶航空器机队的主要运营地可能位于B国。在此情况下，B国将成为无人驾驶航空器国际航空运输流程的一部分，这就提出了额外的法律挑战。例如，对无人驾驶航空器系统的管辖权以及该系统与安全和安保有关的事宜。

法律适用条款存在于大多数航空运输协定中，并复述了《芝加哥公约》第11条有关空中规章的实质内容。根据该条规定，各国不仅承诺使用国际民航组织有关简化手续的标准和建议措施，还强调遵守其他缔约方关于航空器运营和航行，以及乘客、机组、货物和邮件的入境、过境和离境

---

[445] 国际民航组织，Doc 9587，《国际航空运输经济管理的政策与指导材料》，蒙特利尔：国际民航组织，2008年。
[446] 同前注。
[447] 例如，厄瓜多尔的外国投资政策允许100%的外国投资。厄瓜多尔的大多数航空运输协定并未采用国籍条款。
[448] 《航空运输协定范本》，访问时间：2020年8月14日，https://www.icao.int/Meetings/AMC/MA/ICAN2009/templateairservicesagreements.pdf。

的法律规定。它还涉及遵守其他缔约方关于海关、移民、货币、卫生和检疫的法律和规章。[449]该主题将在第5章中进一步解释。

无人驾驶航空器完全符合这一规定,因为与从事国际航空运输的任何其他航空器一样,它必须遵守目的地国有关海关、移民、货币、卫生和检疫的规则。[450]

几乎每个航空运输协定中都有**证书承认条款**,它承载了《芝加哥公约》第32条第2款关于人员执照和第33条关于承认证书和执照的实质内容。根据证书承认条款的规定,缔约各方对另一缔约方颁发的适航证、合格证书及执照相互承认。缔约各方可保留拒绝承认由另一缔约方发给本国国民的任何证书或执照的权利。[451]这个议题也将在第5章中讨论。

尽管《芝加哥公约》第33条可能适用于无人驾驶航空器的适航证(第5章中也会对此讨论),但国际民航组织认为,遥控驾驶员的执照不受本条的约束,因为第32条专门适用于在机上履行职责的驾驶员,而不包括遥控驾驶员。[452]得出这一结论的原因是,遥控站所在国应颁发遥控驾驶员执照,因为这将有助于执照颁发机构对遥控驾驶员进行监管。[453]例如,无人驾驶航空器可以在由位于C国的遥控站操纵的情况下,从A国飞往B国。在这种情况下,遥控驾驶员执照颁发国的许可将是必要的,这不仅应在无人驾驶航空器运营国得到承认,而且应得到无人驾驶航空器系统注册国的认可。航空运输协定的缔约方可能需要重新考虑证书承认条款,以便承认位于第三国的遥控驾驶员的执照。

《航空运输协定范本》提出了一项解决安全问题的规定,以确保在另一方领土内运行的航空器遵守国际民航组织的标准和建议措施(见第5章)。该条款全面规定了航空器的运行,包括航空设施,如空中交通管制、机场和

---

[449] 《航空运输协定范本》,访问时间:2020年8月18日,https://www.icao.int/Meetings/AMC/MA/ICAN2009/templateairservicesagreements.pdf。

[450] 国际民航组织,Doc 9587,《国际航空运输经济管理的政策与指导材料》,蒙特利尔:国际民航组织,2008年。

[451] 参见《芝加哥公约》第32条、第33条。

[452] 国际民航组织,Doc 10019 AN/507,《遥控驾驶航空器系统(RPAS)手册》,蒙特利尔:国际民航组织,2015年,第1—7页。

[453] 同前注。

助航设施、航空器及其机组人员。尽管如此，未来航空运输协定的缔约方可以考虑引入其认为必要的额外或更具限制性的规则，以评估无人驾驶航空器系统运行的安全性。无人驾驶航空器必须在不影响有人驾驶航空器安全的情况下从事国际航空运输活动。如果无法实现这一点，无人驾驶航空器可以在特定空域中或特定条件下运行，即隔离空域或远离人口密集区域。[454]

国际民航组织的安保条款纳入了有关非法干扰的国际文书（这些文书可能是缔约方签署的）中规定的义务，以及《芝加哥公约》附件17关于航空安保的内容。在航空运输协定通过后，对标准和建议措施的任何修改也将适用于缔约各方。该条款还强调合作以防止非法劫持或其他类似行为，要求在出现非法行为或威胁时采取特别安保措施。该条款并不限制缔约各方扩大或限制条款适用范围的自由。[455]例如，为确保遥控站在航空器飞行期间免受非法干扰，有必要保证遥控站的物理安全。[456]如果遥控站在第三国运行，这种情况可能需要第三国的参与。同样，为确保无人驾驶航空器免受非法干扰，保障其在地面上的物理安全也是必要的。[457]包括指挥与控制链路以及其他技术程序在内的安保措施，对于保护指挥与控制链路免受非法或无意的干扰可能十分关键。因此，对于参与国际航空运输的无人驾驶航空器而言，安全性至关重要，其不仅需要具备与有人驾驶航空器相当的安全设备，还要具备针对无人驾航空器特性的特别安全设备。

《航空运输协定范本》中的**公平竞争条款**，吸纳了国际民航组织多年来制定的许多政策指引，这也遵循了《芝加哥公约》第44条（f）项的精神，即每个缔约方都有"经营国际空运企业的公平的机会"。[458]然而，自由化的

---

[454] 参见《航空运输协定范本》第8条对安全的规定，访问时间：2020年8月14日，https://www.icao.int/Meetings/AMC/MA/ICAN2009/templateairservicesagreements.pdf。

[455] 《航空运输协定范本》，访问时间：2020年8月14日，https://www.icao.int/Meetings/AMC/MA/ICAN2009/templateairservicesagreements.pdf。

[456] 国际民航组织，Doc 10019 AN/507，《遥控驾驶航空器系统（RPAS）手册》，蒙特利尔：国际民航组织，2015年，第9–13页。

[457] 同前注。

[458] Overview of Regulatory and Industry Development in International Air Transport. ICAO Secretariat. September 2016. https://www.icao.int/Meetings/a39/Documents/Overview_of_Regulatory_and_Industry_Developments_in_International.

航空运输协定已经用"公平和平等的机会……竞争（compete）"这一表述替代了"公平和平等的机会……运营（operate）"的传统表述。在国际民航组织登记的航空运输协定中，888个协定包含有关传统**运营**的竞争条款，而244个协定认为航空承运人有权在提供航空服务方面享有公平和平等的**竞争**机会，225个协定含有关于不公平竞争的补充条款。[459]

无人驾驶航空器将在未来的国际航空运输中与有人驾驶航空器竞争，而且无人驾驶航空器系统的运营成本可能会比有人驾驶航空器更低。根据公平竞争条款，各指定运营企业应享有公平的机会，在航空运输协定规定的航线上进行竞争，无论其运营的航空器类型如何。航空运输协定的缔约方应考虑到，公平竞争是国际航空服务运营的一项重要基本原则，而不论有人驾驶还是无人驾驶。[460]国际民航组织应开拓诸如交流论坛等渠道，以加强成员方之间就无人驾驶航空器在国际航空运输领域公平竞争问题的合作、对话和信息交流，从而推动形成更具兼容性的监管方案。最终在明确公平竞争规则的基础上，由市场力量决定有人驾驶航空器或无人驾驶航空器的主导地位。[461]

国际民航组织在20世纪80年代初制定了运力预先确定的示范条款。[462]在传统的运力预先确定机制下，各指定航空公司可根据双方事先商定的各航线总运力预先分配方案提供运力。政府间相互协议（mutual government agreement）确保缔约一方可以要求缔约双方指定的航空公司在所有航线上提供同等运力，并且双方政府应就任何变更达成一致。另一种模式是，每个指定的航空公司可以根据协议确定的标准自行确定运力，并由缔约各方根据情

---

[459] *Overview of Regulatory and Industry Development in International Air Transport.* ICAO Secretariat. September 2016. https://www.icao.int/Meetings/a39/Documents/Overview of Regulatory_and_Industry_Developments_in_International.

[460] 《航空运输协定范本》，访问时间：2020年8月14日，https://www.icao.int/Meetings/AMC/MA/ICAN2009/templateairservicesagreements.pdf。

[461] *Overview of Regulatory and Industry Development in International Air Transport.* ICAO Secretariat. September 2016. https://www.icao.int/Meetings/a39/Documents/Overview of Regulatory_and_Industry_Developments_in_International.

[462] 《航空运输协定范本》，访问时间：2020年8月14日，https://www.icao.int/Meetings/AMC/MA/ICAN2009/templateairservicesagreements.pdf。

况依据竞争法加以事后审查（ex post facto review）。[463]

目前，开放天空（Open Skies）协议规定，缔约各方应取消其对运力的直接控制，但仍保留航空运输协定规定的针对运力的非歧视性和多边控制能力。[464]根据这种自由确定方法，包括掠夺性定价在内的所有形式的歧视或不公平竞争做法，都有可能成为缔约方之间进行协商和采取补救措施的原因。[465]无人驾驶航空器系统可能受制于前述三种类型的示范条款。然而，能否以预先确定、过渡或完全自由化的方式，就无人驾驶航空器运营航线的运力达成一致意见，将取决于相关各方的贸易和经济利益。[466]

传统航空运输协定还包括**机型变更条款**，即指定航空公司在运营协议航班时，由运力不同的航空器分别执飞航线的不同航段。机型变更受制于多个条件，包括航班时刻协调、航空器大小、客流量和运力限制等。无人驾驶航空器可以从这一规定中受益，因为无人驾驶航空器可能具有不同的尺寸和型号，并且如果出于经济利益，航空承运人可以在部分航段改用其他航空器。[467]

价格监管是最敏感的方面之一，大多数情况下需要获得双重批准，即协议双方的同意。[468]其他备选方案可能是由始发国确定定价。

除了**硬性权利**（如航权），传统航空运输协定还包括**软性权利**。软性权利允许航空公司在合作伙伴国家设立办事处、雇用自己的员工、售票、提供独立的地勤工作机会、使用计算机预订系统以及参与机场航班时刻分配。[469]运营无人驾驶航空器系统的企业将根据实际经济条件决定其如何以及

---

[463] 国际民航组织，Doc 9587，《国际航空运输经济管理的政策与指导材料》，蒙特利尔：国际民航组织，2008 年。

[464] 《航空运输协定范本》，访问时间：2020 年 8 月 14 日，https://www.icao.int/Meetings/AMC/MA/ICAN2009/templateairservicesagreements.pdf。

[465] 国际民航组织，Doc 9587，《国际航空运输经济管理的政策与指导材料》，蒙特利尔：国际民航组织，2008 年。

[466] 《航空运输协定范本》，访问时间：2020 年 8 月 14 日，https://www.icao.int/Meetings/AMC/MA/ICAN2009/templateairservicesagreements.pdf。

[467] 同前注。

[468] M. Milde. International Air Law and ICAO (The Hague: Eleven International Publishing, 2016), 120.

[469] 《航空运输协定范本》，访问时间：2020 年 8 月 14 日，https://www.icao.int/Meetings/AMC/MA/ICAN2009/templateairservicesagreements.pdf。

在多大程度上适用这些规定。

其他典型条款可能涉及税收、机场和空中航行设施的收费、争端的解决、协议的生效与终止、确定正式语言以及签署的日期和地点。航空运输协定的大部分实质内容涉及政府的经济政策问题。[470]

4.5.5.3 结束语

本节探讨了航空运输协定及传统航空运输协定范本的条款在无人驾驶航空器国际运营中的潜在适用性。如前所述，与有人驾驶商业航空类似，航空运输协定可作为促进无人驾驶航空器国际运营的适当法律工具。分析表明，《航空运输协定范本》的大部分条款可适用于无人驾驶航空器运营，但需对其部分内容进行修改，以应对无人驾驶航空器运营的特殊性。此类修改旨在保留协定的核心原则，同时适应无人驾驶航空器系统运行的具体条件。

此外，本书强调，航空业是一个动态发展的领域，未来可能会出现尚未被识别的无人驾驶航空器系统运营之场景。尽管如此，多年来为应对有人驾驶航空器国际航空运输挑战而逐步完善的经济监管框架，为未来制定无人驾驶航空器国际运营的经济监管规则提供了重要参考。这表明，现有有人驾驶航空器的国际监管框架为无人驾驶航空器国际运营的规则制定奠定了基础。

总而言之，本节强调了现有航空运输协定在无人驾驶航空器运营领域的适用性，同时指出需根据该领域的快速发展进行持续调整，并承认未来可能出现尚未预见的发展情况。

4.6 本章小结

《芝加哥公约》为航空器的国际运营规定了两个法律制度，这些法律制度也适用于无人驾驶航空器系统在外国领空的飞行活动，具体包括：

（1）国际空中航行；

（2）国际航空运输。

---

[470] M. Milde. *International Air Law and ICAO*（The Hague: Eleven International Publishing, 2016），120-121.

国际空中航行由《芝加哥公约》规范，而国际航空运输由《芝加哥公约》《国际航班过境协定》以及航空运输协定共同规范。这些法律制度并非相互排斥，而是相辅相成的。

《芝加哥公约》第 8 条适用于无人驾驶航空器的运行。因此，根据国际民航组织的定义，任何无人驾驶而能飞行的航空器都被视为无人驾驶航空器。这一定义涵盖了广泛的航空器类型，并进一步细分为不同的子类别，例如目前属于国际民航组织重点监管范围的遥控驾驶航空器系统。

特别法优先原则涉及法律的功能，它是指法律确定某项权利或义务仅适用于特定的法律事项或有限的法律主体。由于《芝加哥公约》第 8 条相对于第 5 条、第 6 条和第 7 条属于特别法，无人驾驶航空器类别下的任何航空器，不管其从事何种国际航空运输业务（包括不定期航班、定期航班或国内载运），均应事先获得授权。

此外，无人驾驶航空器不得危及民用航空器的安全，必须在遵守特定空域的性能和设备要求的同时，按照许可条件运行。[471]

《国际航班过境协定》和《航空运输协定范本》中的法律内容均未排除其对从事国际航空运输的无人驾驶航空器运营的适用性。然而，鉴于国际民航组织关于无人驾驶航空器国际空中航行的标准和建议措施尚未完善，为适应无人驾驶航空器从事国际航空运输的特殊性，《航空运输协定范本》的某些规定可能需要进行调整或纳入新的规定，以涵盖前文所述的无人驾驶航空器系统可能涉及的情况。

虽然《芝加哥公约》旨在成为各国合作的工具，并以有序和安全的方式发展国际民用航空，[472]但这一切只有在各国同意在其领空进行国际航空运输的前提下才有可能实现，因为此类许可是各国基于其国家利益作出的主权决定。[473]

矛盾的是，那些不鼓励国际航空运输的国家将自身孤立于世界之外，并

---

[471] 参见《芝加哥公约》第 8 条。
[472] 参见《芝加哥公约》序言。
[473] 参见《芝加哥公约》第 1 条。

放弃了民用航空带来的诸多益处。因此，这些国家需进入一个良性循环，即通过许可外国航空器从事国际航空运输服务以发展本国民用航空体系。

最后，因为有人驾驶航空器和无人驾驶航空器共享相同的空域和航线，所以它们也面临相同的风险。下一章将探讨无人驾驶航空器国际空中航行的安全问题。

第 5 章 无人驾驶航空器系统
国际运行的安全性

5.1 本章要点

从事故率的角度来看,尽管航空是最安全的交通方式,但航空运输仍然存在风险。[474] 由于飞行固有之风险,"安全"是航空运输业的主要关切,吸引了大多数国家、航空业界和国际民航组织的关注。无人驾驶航空器系统与有人驾驶航空器一样都面临风险,但由于其特性,会存在特殊的安全问题,需要各国、国际民航组织和运营人共同采取行动。

在本章中,笔者探讨了《芝加哥公约》及其附件如何适用于无人驾驶航空器国际运行的安全相关方面。具体而言,笔者研究了多项议题,例如空中规则、事故调查、无人驾驶航空器上携带的文件、适航证书、人员执照以及证书和执照的认可。此外,本章还讨论了安全与安保管理、涉及无人驾驶航空器系统的事件以及无人驾驶航空器在执行飞行计划时可能面临的潜在安全和操作挑战,包括机场的使用以及不同遥控站之间的交接。

5.2《芝加哥公约》及其附件对无人驾驶航空器系统国际运行的适用性

5.2.1《芝加哥公约》框架下有关无人驾驶航空器系统运行的安全规则

无人驾驶航空器面临与有人驾驶航空器相同的风险,为了在融入现有民

---

[474] 事故率(以每1亿乘客/公里乘客死亡人数计算)在2000年约为0.025,而在2006年降至0.02。相关数据引自国际民航组织2002年4月9日发布的新闻稿(PIO 5/02)《事故调查与预防(AIG)专业会议报告(1999年)》[Report of Accident Investigation and Prevention (AIG) Divisional Meeting (1999)],第 ii-4 页,以及《国际民航组织理事会年度报告(2006年)》[Annual Report of the Council (2006), Doc 9876],第27页。

用航空系统的同时从事国际空中航行,无人驾驶航空器不能对人员、财产或其他民用航空器造成威胁或风险。为了实现这一目标,专门为无人驾驶航空器制定国际安全法规至关重要。

在1944年芝加哥会议上,与会各国一致同意,为实现国际空中航行的安全,必须最大限度地协调各国的不同做法。[475] 为此,各国设立了具有准立法权的国际民航组织,负责管制国际民用航空业并制定和通过航行安全标准,这些标准应由缔约各方纳入其国内法律体系。[476] 毋庸质疑,国际民航组织的主要目标是"确保全球国际民用航空的安全",[477] 这为无人驾驶航空器系统国际安全规则的制定奠定了基础,也对推动其国际运行起着至关重要的作用。

《芝加哥公约》中"安全"一词共提及15次,这说明安全议题几乎贯穿于航空的各个方面。然而,什么是安全?为何它如此重要?

国际民航组织将安全定义为:

> 将与航空器运行相关或直接支持航空器运行的航空活动的相关风险减少并控制在一个可接受水平的状态。[478]

笔者认为,航空安全不仅对国际民航组织至关重要,而且对各国、航空业、航空用户乃至整个社会也很重要。其原因在于,航空运输作为一项有风险的活动,保护生命是参与该过程的所有主体的自然义务。

黄解放博士认为,对航空安全的威胁即是对生命的威胁。因此,保护航空安全就是保护生命权。航空安全所涉及的权利和义务的重要性,即安全监督的责任、禁止对飞行中的民用航空器使用武器的义务,以及防止和惩罚危及民用航空安全的劫持或其他蓄意破坏行为的义务,已成为所有国家的关切,并逐渐演变为"对整个国际社会"的义务〔又称对世义务(obligations erga

---

[475] 《芝加哥会议记录》,访问时间:2020年1月6日,https://www.icao.int/ChicagoConference/Pages/proceed.aspx。

[476] 同前注。

[477] 国际民航组织第32届大会通过的暂定版第A32-11号决议:《国际民航组织普遍安全监督审计计划的订立》(Establishment of an ICAO Universal Safety Oversight Audit Program),访问时间:2020年1月6日,https://www.icao.int/Meetings/AMC/MA/Assembly%2032nd%20Session/resolutions.pdf。

[478] 关于"安全"的定义,参见《芝加哥公约》附件19《安全管理》,蒙特利尔:国际民航组织,2013年,第1-2页。

omnes）]。[479] 国际法院在审理"巴塞罗那电车、电灯和电力公司案"时，在附带意见中明确提及对世义务，指出：

> 必须区分一个国家对整个国际社会的义务和在外交保护领域对另一个国家所产生的义务。就其性质而言，前者是所有国家的关切。鉴于所涉权利的重要性，所有国家均可被视为对其保护具有法律利益；这些义务是对世义务。
>
> 例如，在当代国际法中，这种义务源于对侵略行为和种族灭绝行为的禁止，也源于有关基本人权的原则和规则，包括保护自然人免受奴役和种族歧视。这些保护义务中，一部分已纳入一般国际法体系……其他义务则由具有普遍或准普遍性质的国际文书赋予。[480]

黄解放博士还指出，对世义务的特点之一是普遍性和非互惠性，因为对世义务是一个国家对整个国际社会的义务，涉及所有国家的关切。这些义务对应的权利或纳入一般国际法体系，或由具有普遍或准普遍性质的国际文书赋予。[481]

在"巴塞罗那电车、电灯和电力公司案"中，国际法院提及"对整个国际社会的义务"以及"所有国家的关切"，反映出体现所有国家共同利益的基本制度。[482] 在此背景下，对世义务并不意味着权利和义务的互换，而是对规范共同利益之规则体系本身的遵守。[483] "共同利益"与"个人利益"的区别使一个共同体与其组成部分区分开来。鉴于此，对世义务是"非双边的"，或者具体而言，是"非互惠的"，因为所有国家在遵守这类义务方面具有共同的法律利益。[484]

---

[479] J. Huang. *General Conclusions*. In *Aviation Safety and ICAO* （Alphen aan den Rijn：Kluwer Law International），200 – 241.

[480] "巴塞罗那电车、电灯和电力公司案"（比利时诉西班牙），Judgment，1970 ICJ Reports 3 – 32.

[481] J. Huang. *General Conclusions*. In *Aviation Safety and ICAO* （Alphen aan den Rijn：Kluwer Law International，2009），165.

[482] C. Tomuschat. *Obligations Arising for States Without or Against Their Will*. In *Collected Courses of the Hague Academy of International Law* (1993)，241.

[483] R. Provost. 'Reciprocity in Human Rights and Humanitarian Law'. 65 (1) *British Yearbook of International Law* 383 – 386 (1994).

[484] C. Annacker. 'The Legal Regime of Erga Omnes Obligations under International Law'. 46 (2) *Austrian J. Publ. Int. Law* 46 (1994). 该文作者认为："对世义务的显著特征在于其非双边结构。"

缔约方根据《芝加哥公约》所承担的义务是否具有完全普遍性和非互惠性？在《芝加哥公约》通过时，双边或互惠的运作模式占主导地位，对世义务的概念尚未形成。[485]然而，缔约方承诺履行安全义务，并非为了交换权利和义务，而是为了遵守调整共同利益的规范体系。《芝加哥公约》的序言规定，各国已"议定了若干原则和办法，使国际民用航空得按照安全和有秩序的方式发展"。[486]因此，序言表明了一种对世义务，体现了目前193个缔约方的共同利益——安全。

国家对安全之共同利益的另一个说明，体现在《芝加哥公约》第8条第2句。该句规定：

> 缔约各国承允对此项无人驾驶的航空器在向民用航空器开放的地区内的飞行加以管制，以免危及民用航空器。[487]

第8条体现了所有缔约方的对世义务，即确保无人驾驶航空器得到管制，以免危及民用航空器。为安全起见，该句没有预留互惠的空间。质言之，避免无人驾驶航空器对民用航空器造成危险的适当注意义务，无一例外地适用于《芝加哥公约》的所有缔约方。

《芝加哥公约》附件中规定的标准和建议措施，旨在保护国际民用航空界的共同利益，并强化针对民用航空安全的全球规范体系。缔约方应遵守前述标准和建议措施，而无须考虑其他国家如何执行。在此背景下，《芝加哥公约》的193个缔约方并非追求其国家或个体利益，而是拥有一个共同的普遍利益——实现安全——这也是《芝加哥公约》存在的根本目的之一。[488]

违反对世义务关涉缔约各方的共同利益。[489]对世义务的本质，要求这些

---

[485] J. Huang. General Conclusions. In Aviation Safety and ICAO（Alphen aan den Rijn：Kluwer Law International, 2009），166.

[486] 参见《芝加哥公约》序言。

[487] 参见《芝加哥公约》第8条。

[488] J. Huang. General Conclusions. In Aviation Safetyand ICAO（Alphen aan den Rijn：Kluwer Law International, 2009），166.

[489] Erika. Invoking Obligations Erga Omnes in the Twenty-First Century：Progressive Developments Since Barcelona Traction. SSRN, 11 July 2015. https://papers.ssrn.com/sol3/papers.cfm?abstract_id=2629560.

义务是所有国家的关切。[490]因此,作为某一共同体(如国际民航组织)的成员,所有国家都有正当理由对其保护提出要求。鉴于此,如果国际民航组织的成员方可以要求其他成员履行某项义务,就可以认为这是一项具有对世义务性质的规则。

因此,对世义务并不妨碍除受害国以外的其他国家对违背对世义务的行为作出反应。[491]对世义务赋予非受害国对违背这些义务的国家采取反制措施的权利。[492]在民用航空领域,我们可以找到一些针对违反对世义务采取反制措施的事件作为例证。第一个例子是1978年发布的针对劫持航空器的《波恩宣言》(Bonn Declaration)。在该宣言中,参加经济峰会〔七国集团(G7)〕的国家元首承诺对任何藏匿劫机者的国家采取联合行动:

关于劫机的声明

1978年7月17日,德国波恩

国家元首和政府首脑对恐怖主义和劫持人质行为表示关切,并声明其政府将加强联合努力以打击国际恐怖主义。为此目的,如果某国拒绝引渡或起诉劫机者和/或不归还被劫持航空器,国家元首和政府首脑共同决定,其政府应立即采取行动,停止所有飞往该国的航班。与此同时,作出本声明的政府将采取行动,停止来自该国或由该国航空公司运营的所有入境航班,并敦促其他政府加入这一承诺。[493]

基于此宣言,当阿富汗在1981年为劫持巴基斯坦航空器的劫机者提供庇护时,这七个国家暂停了所有往返阿富汗的航班,并呼吁所有关心航空安全的国家采取行动,迫使阿富汗履行其根据《海牙公约》所承担的义务。[494]七

---

[490] J. Huang. *General Conclusions*. In *Aviation Safety and ICAO* (Alphen aan den Rijn: Kluwer Law International, 2009), 169.

[491] B. Simma. *From Bilateralism to Community Interest in International Law* (Oxford University Press, 1994: IV), 298.

[492] J. A. Frowein. *Reaction by Not Directly Affected States to Breaches of Public International Law*. In *Collected Courses of the Hague Academy of International Law* (1994), 417–420.

[493] *1978 Bonn Summit Statementon Air-Hijacking*. G7 Information Centre. Accessed 20 May 2020. http://www.g8.utoronto.ca/summit/1978bonn/hijacking.html.

[494] 《海牙公约》,1970年12月16日于海牙签署。

国集团认为,不对劫机者惩罚"违反了保证国际航空运输安全的义务"。[495]七国集团采取之行动隐含地承认,各国负有一项对世义务,即不得为劫机者提供庇护。这表明当一个国家违反对世义务时,非受害国可以对违反义务的国家采取反制措施。

第二个例子是1983年9月1日苏联击落大韩航空007航班事件。尽管苏联的行为并未直接违反对世义务,但一些国家还是采取反制措施,不允许苏联民用航空器在其领土上着陆。[496]国际民航组织理事会还于1984年3月6日通过一项决议,指出苏联使用武装力量的行为是"对国际民用航空安全的严重威胁",且"不符合有关国际行为和尊重基本人权的规则"。[497]这也证明,禁止对飞行中的民用航空器使用武器是一项对世义务。违反这一义务将使任何国家有权采取反制措施,无论其是否受到直接损害。

非受害国的干预支持了这样一种论点,即谴责庇护劫机者并禁止对飞行中的民用航空器使用武器是一项具有对世义务性质的规则,尽管这一论点仍存在争议。[498]

《芝加哥公约》也为制定安全规则确立了法律框架,只要无人驾驶航空器作为民用航空器运行,这些规则就应适用于无人驾驶航空器。《芝加哥公约》这一民航**大宪章**有三个促进安全的关键条款,这些条款要求缔约各方尽可能使其规章制度保持一致,以便最大限度地实现针对国际空中航行之规章、标准、程序和组织的一致性,这三个条款分别是:

(1) 第12条"空中规则"规定:

……缔约各国承允使这方面的本国规章,在最大可能范围内,与根据本公约随时制定的规章相一致。

---

[495] J. A. Frowein. *Reaction by Not Directly Affected States to Breaches of Public International Law*. In *Collected Courses of the Hague Academy of International Law*(1994), 418.

[496] J. Huang. *General Conclusions*. In *Aviation Safety and ICAO*(Alphen aan den Rijn: Kluwer Law International, 2009), 170.

[497] 国际民航组织, Doc 9416 C/1077,《国际民航组织理事会特别届会(1983年)会议记录》, 第59页。

[498] J. Huang. *General Conclusions*. In *Aviation Safety and ICAO*(Alphen aan den Rijn: Kluwer Law International, 2009), 170.

(2) 第 37 条"国际标准及程序的采用"要求：

> 缔约各国承允在关于航空器、人员、航路及各种辅助服务的规章、标准、程序及工作组织方面进行合作，凡采用统一办法而能便利、改进空中航行的事项，尽力求得可行的最高程度的一致。为此，国际民用航空组织应根据需要就以下项目随时制定并修改国际标准及建议措施和程序……

据此，《芝加哥公约》的 193 个缔约方承诺使该国法律、法规及条例与国际民航组织通过的标准和建议措施保持一致。

(3) 根据《芝加哥公约》第 44 条（a）项，国际民航组织最重要的宗旨和目的之一是"确保全世界国际民用航空安全地和有秩序地发展"。[499]此外，第 44 条（h）项规定国际民航组织的另一宗旨和目的是"促进国际航行的飞行安全"。[500]国际民航组织可以通过多种机制实现前述目的，包括：

◆ 制定标准和建议措施、空中航行服务程序以及指导材料。

◆ 国际民航组织的普遍安全监督审计计划（USOAP）。该计划用于评估各成员方是否有效且一致地实施了安全监督体系的关键要素，这些要素使各成员方能够确保执行国际民航组织与安全有关的标准和建议措施，以及相关程序和指导材料。[501]

◆ 国际民航组织的普遍安全审计计划持续监测方法（USAP-CMA）。通过持续审计和监督各成员方的航空安全表现，促进全球航空安全，增强各成员方航空安全合规和监督能力。[502]

◆ 赋予各国安全监督责任。这一责任越来越多地由区域组织（如欧盟航空安全局）实施。

---

[499] 参见《芝加哥公约》第 44 条（a）项。
[500] 参见《芝加哥公约》第 44 条（h）项。
[501] *Welcome to the USOAP Continuous Monitoring Approach（CMA）Website*. Accessed 9 May 2019. https://www.icao.int/safety/cmaforum/Pages/default.aspx.
[502] 国际民航组织：《普遍安全审计计划持续监测方法（USAP-CMA）及其目标》（The Universal Security Audit Program Continuous Monitoring Approach（USAP-CMA）and Its Objective），访问时间：2019 年 5 月 9 日，https://www.icao.int/security/usap/pages/default.aspx。

◆ 安全与安保管理方案。该方案旨在实现民用航空安全绩效的可接受水平，并防止非法干预。这些内容将在本章第5.3.2节中进一步分析。

在下一节中，笔者将讨论标准和建议措施在无人驾驶航空器系统运行中的适用性和法律效力。

5.2.2 《芝加哥公约》附件对无人驾驶航空器系统运行的适用性

《芝加哥公约》附件为全球航空安全（包括飞行安全和地面安全）提供了统一的基本框架，故其对国际民航组织及其成员方的发展至关重要。[503]国际民航组织理事会根据《芝加哥公约》第37条、第54条和第90条的规定，制定标准和建议措施，同时为方便起见，将其称为附件。[504]如果一个国家认为其不能遵守国际标准，该国必须立即通知国际民航组织理事会。[505]

然而，什么是标准和建议措施？它对国际民航组织成员方的法律价值是什么？为了对缔约方根据《芝加哥公约》在国际标准和最佳实践方面的义务形成共识以促进其通过，1947年5月6日至5月27日在蒙特利尔举行的国际民航组织第一届大会通过了第A1-31号决议。该决议界定了"标准"和"建议措施"的概念：[506]

> **标准**是指，凡有关物理特征、结构、材料、性能、人员或程序的规格，其统一应用被认为对国际航行的安全或正常是必需的，各缔约国将按照公约予以遵守；如不可能遵照执行时，按照公约第38条，必须通知理事会。
>
> **建议措施**是指，凡有关物理特征、结构、材料、性能、人员或程序的规格，其统一应用被认为对国际航行的安全、正常或效率是有利的，

---

[503] 参见《芝加哥公约》第37条。

[504] 参见《芝加哥公约》第37条、第54条和第90条。

[505] 参见《芝加哥公约》第38条。

[506] 大会第A1-31号决议《国际标准和建议措施的定义》（Definition of International Standards and Recommended Practices），摘自《国际民航组织第一届至第九届大会决议与建议（1947—1955年）》，Doc 7670，蒙特利尔：国际民航组织；该决议现被整合在第A36-13号决议《国际民航组织关于空中航行的专项政策声明及配套实践汇编》（Consolidated Statement of ICAO Policies and Associated Practices Related Specifically to Air Navigation），摘自《大会有效决议》，Doc 9902，蒙特利尔：国际民航组织。

各缔约国将力求按照公约予以遵守。

根据《芝加哥公约》第54条（i）项和（m）项以及第90条，国际民航组织理事会有权不时通过或修改关于国际航行安全和效率等事项的标准和建议措施。尽管统一标准是规范国际民航组织准立法程序的基本原则之一，但各国采纳和遵守标准和建议措施的意愿才是确保国际航空航行安全的根本。

根据《芝加哥公约》第37条，缔约方有义务进行合作，以实现规章、标准和程序的统一，[507]但根据第38条，各国如果不能遵守标准和建议措施，可提出异议，并应立即将其本国措施和国际标准所规定的措施之间的差别通知国际民航组织。[508]国际民航组织理事会应立即将国际标准和该国措施间在一项或几项上存在的差别通知所有其他各国。

对于《芝加哥公约》附件中的标准和建议措施之法律地位，有两种解释路径。[509]第一种解释路径是，除某些例外情况外，成员方没有法律义务执行或遵守附件或附件的修正案，除非成员方认为它们切实可行。[510]第二种解释路径是，成员方原则上有义务遵守，除非它们认为这样做不切实际。在这种解释路径下，根据国际公约通过的国际规章可被视为国际协定，而国家背离此种规章将构成对该协定的保留。[511]

黄解放博士准确地指出，尽管存在上述观点的差异，但国际标准的法律重要性是无可争议的，因为它们是《芝加哥公约》的组成部分，应置于该公约的上下文及目的中理解和应用。[512]确保最高程度的一致性，[513]以便国际民用航空能按照安全和有秩序的方式发展，[514]应是理解《芝加哥公约》附件法律效力的最合理方式，而非片面强调缔约方提出异议的行动自由。除《芝加

---

[507] 参见《芝加哥公约》第37条。
[508] 参见《芝加哥公约》第38条。
[509] J. Huang. *Aviation Safety and ICAO* (Alphen aan den Rijn: Kluwer Law International, 2009), 58.
[510] T. Buergenthal. *Law-Making in the International Civil Aviation Organization* (NewYork: Syracuse University Press, 1969), 76.
[511] J. Huang. *Aviation Safety and ICAO* (Alphen aan den Rijn: KluwerLawInternational, 2009), 59.
[512] *Ibid.*, 60.
[513] 参见《芝加哥公约》第37条。
[514] 参见《芝加哥公约》序言。

哥公约》第 89 条所提到的战争或国家紧急情况外，缔约方拒绝遵守国际标准的唯一合法方式是根据第 38 条提出异议。[515]

《芝加哥公约》及其官方文件并未规定，如果缔约方未对标准和建议措施提出异议，则其一旦生效，将对缔约方不具有约束力。相反，第 90 条中使用的"生效"一词表明，《芝加哥公约》起草者的意图是使标准和建议措施对那些未提出异议的缔约方具有约束力。[516] 因此，关于附件没有强制力的观点，仅限于针对缔约方根据第 38 条提出异议的情况。

《芝加哥公约》并未规定未通知而背离标准和建议措施的处罚措施。然而，如果一国不遵守标准和建议措施，可能会招致潜在的隐含制裁。例如，根据《芝加哥公约》第 33 条，如果一国不遵守标准和建议措施，该国可能会发现其签发的适航证、合格证书及执照（无论是有人驾驶航空器还是无人驾驶航空器），均不被另一国承认有效。[517] 这一情况可能会终止其在国际空域内的运营，使得有人驾驶航空器或无人驾驶航空器均不能执行国际飞行。

此外，航空运输协定通常规定，如果缔约方发现另一缔约方在航空设施、机组人员及航空器其他相关方面没有遵守《芝加哥公约》规定的安全标准，应立即通知另一缔约方此种差异以及遵守国际民航组织制定之标准所必须采取的措施。在此情况下，为确保航空承运人运营安全而需立即采取行动时，航空运输协定的缔约各方可以保留立即暂停或变更另一缔约方航空承运人运营许可的权利。[518]

此外，对航空安全的威胁即是对生命的威胁。[519] 令人难以想象的是，一个国家会就安保问题向《芝加哥公约》附件 17《安保》提出异议，因为附件 17 第 4.1 节要求缔约各方防止在从事国际航行的航空器上载运或携带未经准许进行载运或携带的武器或爆炸物。在这方面，黄解放博士指出，某

---

[515] J. Huang. *Aviation Safety and ICAO* （Alphen aan den Rijn: Kluwer Law International，2009），60.

[516] *Ibid*.

[517] 参见《芝加哥公约》第 33 条。

[518] 参见国际民航组织，《航空运输协定范本》，访问时间：2018 年 12 月 14 日，https://www.icao.int/Meetings/AMC/MA/ICAN2009/templateairservicesagreements.pdf。

[519] J. Huang. *General Conclusions*. In *Aviation Safetyand ICAO* （Alphen aan den Rijn: Kluwer Law International，2009），241.

些标准（如附件 17 中的标准）或已构成习惯国际法，或已成为体现航空界重大利益的基本规范。这些标准已经成为具有约束力的规则，成员方不能提出异议。[520]

《芝加哥公约》的缔约方一直允许无人驾驶航空器从事国际航行，而不论其是否有能力遵守保障自身安全运营的标准和建议措施。[521]不遵守标准和建议措施以及缺乏针对无人驾驶航空器的具体标准和建议措施并未阻止各国授权其运营。

在此情况下，这就引发了这样一个问题：既然各国根据《芝加哥公约》第 8 条享有最终决定权以接受或拒绝无人驾驶航空器在该国空域内运行，那么标准和建议措施对无人驾驶航空器运行的法律价值何在？

答案是，无人驾驶航空器始终且目前仍在隔离空域中运行。在非隔离空域，对无人驾驶航空器进行常态化运营，需要有统一的专门针对无人驾驶航空器的标准和建议措施。这些标准和建议措施不仅要支持所需技术和认证方法的发展，[522]还要符合缔约各方承担的义务，即确保此类无人驾驶航空器在民用航空开放地区飞行时受到管制，以免危及民用航空器。[523]

为了使无人驾航空器安全地参与常规国际航空运输活动，其必须满足《芝加哥公约》规定的要求。[524]有关国家应给予无人驾驶航空器特别授权，[525]并通过运营人证书和适航证书证明其资质。[526]无人驾驶航空器系统应符合通信、导航和监视的要求。[527]遥控驾驶员应持有执照，[528]并应按照附件 2 《空

---

[520] J. Huang. *Aviation Safety and ICAO*（Alphen aan den Rijn: Kluwer Law International，2009），61.
[521] 2018 年 10 月 9 日至 19 日第 13 次空中航行会议，蒙特利尔，秘书处提交的《关于遥控驾驶航空器系统（RPAS）的报告》，访问时间：2018 年 12 月 1 日，https://www.icao.int/Meetings/anconf13/Documents/WP/wp_006_en.pdf。
[522] 同前注。
[523] 参见《芝加哥公约》第 8 条。
[524] 2018 年 10 月 9 日至 19 日第 13 次空中航行会议，蒙特利尔，秘书处提交的《关于遥控驾驶航空器系统（RPAS）的报告》，访问时间：2018 年 12 月 1 日，https://www.icao.int/Meetings/anconf13/Documents/WP/wp_006_en.pdf。
[525] 参见《芝加哥公约》第 8 条。
[526] 参见《芝加哥公约》第 31 条。
[527] 参见《芝加哥公约》第 30 条。
[528] 参见《芝加哥公约》第 32 条。

中规则》提交飞行计划。[529]

为了解决《芝加哥公约》第33条规定的遥控驾驶执照和证书应获得自动认可的问题,以及满足第29条规定的证书、执照和航行记录簿须随机携带的要求,确保规则的一致性是必要的。缔约方可以通过采取相应的标准和建议措施来应对前述挑战。

鉴于《芝加哥公约》的附件涉及民用航空的技术规定,故其关涉无人驾驶航空器的国际运行。这些内容在本章第5.2.3.2节中进行了总结。

《芝加哥公约》的19个附件都将需要修订,纳入新的标准和建议措施,以便促成无人驾驶航空器的国际运行。[530]国际民航组织理事会已通过修订附件2《空中规则》、附件7《航空器国籍和登记标志》和附件13《航空器事故和事故征候调查》,纳入了针对无人驾驶航空器的一些特殊标准和建议措施。

2018年3月7日,国际民航组织理事会在其第213届会议第五次会议上通过了针对《芝加哥公约》附件1《人员执照的颁发》的第175号修正案。[531]该修正案涉及引入遥控驾驶员执照颁发的监管架构,并为支持国际仪表飞行规则(IFR)下的国际飞行,提供遥控驾驶航空器系统执照监管的全球框架。该修正案于2022年11月生效。[532]国际民航组织还优先修订了附件6《航空器的运行》、附件8《航空器适航性》以及附件10《航空电信》中有关无人驾驶航空器的标准和建议措施。[533]

《芝加哥公约》现有的19个附件并未穷尽所有与航空安全有关的事项。该公约第37条赋予国际民航组织广泛的自由裁量权,以便随时通过有关空中

---

[529] 参见《芝加哥公约》附件2《空中规则》附录4。

[530] 参见本书第1章。无人驾驶航空器可从事常规国际运行,并能够在全球范围内安全地载运乘客、货物和邮件。

[531] Remote Pilot Licence Implementation Advisory Group(RPLI-AG). Accessed 18 October 2020. https://www.icao.int/safety/UA/Pages/Remote-Pilot-Licence-Implementation-Advisory-Group-(RPLI-AG).aspx.

[532] 第55届亚太地区民航局长会议,访问时间:2020年10月18日,http://www.dgca55.com.fj/wp-content/uploads/2018/10/DP1-2-ICAO-REPORT-OF-THE-MONTREAL-GROUP-OFASIA-PACIFIC-REPRESENTATIVE....pdf.

[533] 2018年10月9日至19日第13次空中航行会议,蒙特利尔,秘书处提交的《关于遥控驾驶航空器系统(RPAS)的报告》,访问时间:2020年8月1日,https://www.icao.int/Meetings/anconf13/Documents/WP/wp_006_en.pdf.

航行安全、正常性和效率问题的程序与标准和建议措施。因此，为确保无人驾驶航空器国际运行之安全，国际民航组织理事会有必要在采用新的或修订现行的标准和建议措施时不受限制。为推动无人驾驶航空器的国际运行并促进无人驾驶航空业的发展，确保最高程度的一致性是根本的。

最后，我们应基于《芝加哥公约》的背景、目的和宗旨来全面理解标准和建议措施的法律价值。因为统一有关无人驾驶航空器的规则，不仅将推动无人驾驶航空器融入民用航空系统，还将确保国际民用航空能够安全且有秩序地发展。以下部分将进一步阐述这一理解。

5.2.3 《芝加哥公约》及其安全规则对无人驾驶航空器系统运行的适用性

5.2.3.1 《芝加哥公约》的主要规定

因航空安全涉及所有国家的关切，是一项对世义务，故而《芝加哥公约》的条款强调并明确要求缔约各方应履行安全职责。本部分考察了《芝加哥公约》中与无人驾驶航空器系统运行最相关的安全方面的规定。

笔者依次研究了以下议题：
- 空中规则（第5.2.3.2节）；
- 事故和事故征候调查（第5.2.3.3节）；
- 航空器应备文件（第5.2.3.4节）；
- 适航证书（第5.2.3.5节）；
- 飞行员执照及其国际认可（第5.2.3.6节）。

上述章节将以第5.2.4节中的结论性意见作为总结。

5.2.3.2 空中规则

《芝加哥公约》第12条专门规定了空中规则，该条规定：

第12条 空中规则

缔约各国承允采取措施以保证在其领土上空飞行或在其领土内运转的每一航空器及每一具有其国籍标志的航空器，不论在何地，应遵守当地关于航空器飞行和运转的现行规则和规章。缔约各国承允使这方面的本国规章，在最大可能范围内，与根据本公约随时制定的规章相一致。在公海上空，有效的规则应为根据本公约制定的规则。缔约各国承允对违反适用规章的一切人员起诉。

空中规则适用于所有航空器，包括有人驾驶航空器和无人驾驶航空器。缔约方承担与登记国相同的责任，以确保在其领土上空飞行或在其领土内运转的每一架航空器都遵守现行的空中规则。该条款还确立了国际协调和互操作性的基础，这对有人驾驶航空器和无人驾驶航空器的安全运行至关重要。此类国内法规应在最大限度上与标准和建议措施保持一致。根据公约第12条，出于航空安全考虑所要求的国际统一性，可优先于主权国家在其领土内任意制定航行规章的绝对自由权。

随着无人驾驶航空器市场的不断发展，在公海上空飞行的无人驾驶航空器的数量可能会出现大幅增长。在民用领域，经常可以看到无人驾驶航空器在公海上空执行任务，如渔业观察、大气研究和石油平台检查等。如第2章第2.2.6节所述，无人驾驶航空器还可作为国家航空器执行任务，如渔业监管、巡逻、搜救和安全行动等。[534]

在公海上空适用的空中规则是根据《芝加哥公约》制定的，该规则还须符合国际民航组织发布的安全和航行标准。也就是说，只要无人驾驶航空器遵守《芝加哥公约》第12条以及根据该公约制定的空中规则，无人驾驶航空器就可以在公海上空飞行。无人驾驶航空器登记国应始终监督无人驾驶航空器的运行，确保其不仅符合国内法规，还遵守国际民用航空规定。因此，根据空中规则制定的标准和建议措施约束所有飞越公海的航空器（无论是有人驾驶航空器还是无人驾驶航空器）。各国还承允对违反适用规章的一切人员起诉。

2012年3月7日，国际民航组织理事会通过了《芝加哥公约》附件2《空中规则》的第43号修正案。附件2规定，遥控驾驶航空器的操作方式应

---

[534] 国际民航组织法律委员会，《关于遥控驾驶航空器系统法律问题的研究（由美国提交）》[Study of the Legal Issues Relating to Remotely Piloted Aircraft (Presented by the United States)]，LC/37-WP/2-8，2018年7月24日，访问时间：2018年7月24日，https://www.icao.int/Meetings/LC37/Documents/LC37-WP2-8-RPAS.pdf。

尽量减少对人员、财产或其他航空器的危害。为此,附件 2 的附录 4 按以下类别对遥控驾驶航空器系统的具体运行作出规定:[535]

(1)一般运行规则;

(2)许可证和颁照;

(3)申请许可。

《芝加哥公约》和《联合国海洋法公约》都并未定义"国家领空"和"国际空域"这两个术语。然而,《芝加哥公约》第 2 条规定,一国的领土由陆地和领水构成,故其领土之上的空气空间可被视为国家领空。因此,为在本书中澄清与无人驾驶航空器系统国际运行法律问题相关的要素,笔者建议为国际空域作如下定义:

国际空域是指,《芝加哥公约》第 2 条未规定的陆地和水域上方的空气空间。

由于一国领空之外的空气空间属于国际空域或公海上空,无人驾驶航空器在从事国际航空运输活动时,应遵守《芝加哥公约》附件 2 中规定的空中规则。该义务源于该公约第 12 条的规定:

在公海上空,有效的规则应为根据本公约制定的规则……[536]

换言之,**国际空域**是《芝加哥公约》第 12 条中所述的空域。

此外,无人驾驶航空器还应符合认证要求,包括在无人驾驶航空器上携带适航证书。然而,国际民航组织理事会尚未就无人驾驶航空器系统专门制定所有必要的认证和执照标准。因此,在无人驾驶航空器相关标准和建议措施完全制定之前,任何认证和执照都不应被自动视为需要符合相关附件(包括附件 1《人员执照的颁发》、附件 6《航空器的运行》和附件 8《航空器适航性》)中的标准和建议措施。[537]

---

[535] 《芝加哥公约》附件 2《空中规则》,第 10 版(2005 年 7 月),2012 年第 43 次修正,第 XII 页。

[536] 参见《芝加哥公约》第 12 条。

[537] 参见《芝加哥公约》附件 2《空中规则》附录 4 第 2 节关于许可证和颁照的规定,附录第 4 - 1 页。

现行规范公海上空航空器运行的监管框架，并未赋予提供空中交通服务的国家批准未经认证的无人驾驶航空器进入此类空域的权力。因而，该框架无法应对公海上空未来可能存在的无人驾驶航空器飞行活动。此种不足急需国际民航组织和各国采取行动：既要促进无人驾驶航空器系统安全融入空域的持续进展，又要保障无人驾驶航空器在公海上空扩展运行的同时，确保同一空域内其他航空器运行的安全。[538]

同样地，有必要根据《芝加哥公约》及其附件中与国际航行有关的现行规定，对经认证和未经认证的无人驾驶航空器进行规范，从而使各国能够允许无人驾驶航空器在国际空域运行，并推动这一成员纳入全球航空安全框架。此外，各国应针对经认证和未经认证的无人驾驶航空器在公海上空的运行，制定并实施授权程序，前提是该程序须符合《芝加哥公约》附件19《安全管理》第3章"国家的安全管理职责"所规定的安全管理原则及区域性运行程序，并考虑到无人驾驶航空器的性能和运行风险评估。[539]

国际民航组织计划对《芝加哥公约》附件2《空中规则》进行修正，目的是对公海上空符合预定条件且风险较低的无人驾驶航空器运行给予全面批准。此种运行还需获得运营人所在国和航空器登记国的批准并符合其要求。国际民航组织希望这种全面批准既能高效、合法且安全地将无人驾驶航空器系统运行纳入《芝加哥公约》框架，又能在继续推进无人驾驶航空器系统融入国际民航法律体系的同时，监督各国国内无人驾驶航空器法规的全球协调统一。[540]

一旦国际民航组织理事会在各附件中发布有关无人驾驶航空器运行所需的标准和建议措施并为成员方所采纳，无人驾驶航空业将得以充分发展，届

---

[538] 国际民航组织法律委员会，《关于遥控驾驶航空器系统法律问题的研究（由美国提交）》，LC/37-WP/2-8，2018年7月24日，访问时间：2020年8月7日，https://www.icao.int/Meetings/LC37/Documents/LC37-WP2-8-RPAS.pdf。

[539] 参见《芝加哥公约》附件19《安全管理》第3章第1节。

[540] 国际民航组织法律委员会第37届会议，《关于遥控驾驶航空器系统的法律调查》，国际民航组织秘书处，2018年7月27日，访问时间：2020年8月7日，http://www.icao.int/Meetings/LC37/Documents/LC37%20WP%202-1%20EN%20Remotely%20Piloted%20Aircraft.pdf。

时无人驾驶航空器系统的常规国际运行也将成为现实。

5.2.3.3 无人驾驶航空器系统事故调查

《芝加哥公约》第 26 条规范航空器事故调查，包括针对民用无人驾驶航空器的事故调查：

> 第 26 条 事故调查
>
> 一缔约国的航空器如在另一缔约国的领土内发生事故，致有死亡或严重伤害或表明航空器或航行设施有重大技术缺陷时，事故所在地国家应在该国法律许可的范围内，依照国际民用航空器组织建议的程序，着手调查事故情形。航空器登记国应有机会指派观察员在调查时到场，而主持调查的国家，应将关于此事的报告及调查结果，通知航空器登记国。

为了确定事故或事故征候的原因，无人驾驶航空器系统应携带记载指挥、轨迹和系统的记录装置。[541]

涉及国际航行的无人驾驶航空器事故调查，可能需要多个国家参与，[542] 包括：

◆ 事故所在地国，即事故或事故征候发生的国家，[543] 或残骸所在国；

◆ 航空器登记国，即无人驾驶航空器登记所在国；[544]

◆ 航空器制造国，即对负责无人驾驶航空器、发动机或螺旋桨最后组装的组织具有管辖权的国家；[545]

◆ 运营人所在国，即运营人主要业务地点所在国，若无此类地点，则为

---

[541] 国际民航组织，Doc 10019 AN/507，《遥控驾驶航空器系统（RPAS）手册》，蒙特利尔：国际民航组织，2015 年，第 9－12 页。

[542] 国际民航组织，《遥控驾驶航空器系统（RPAS）国际仪表飞行规则运行概念》，访问时间：2020 年 4 月 9 日，https://www.icao.int/safety/UA/Documents/RPAS% 20CONOPS。

[543] 关于事故所在地国的定义，参见《芝加哥公约》附件 13《航空事故和事故征候调查》，蒙特利尔：国际民航组织，2016 年，第 1－3 页。

[544] 关于航空器登记国的定义，参见《芝加哥公约》附件 13《航空事故和事故征候调查》，蒙特利尔：国际民航组织，2016 年，第 1－3 页。

[545] 关于航空器制造国的定义，参见《芝加哥公约》附件 13《航空事故和事故征候调查》，蒙特利尔：国际民航组织，2016 年，第 1－3 页。

运营人永久地址所在国;[546]

◆ 遥控站所在国。[547]

不管是由事故所在地国调查,还是由该国把其调查工作委托给另一国家或区域组织,负责调查的国家或组织都必须能够获取与事故或事故征候有关的全部数据,包括《芝加哥公约》附件13《航空器事故和事故征候调查》中所规定的数据,以及来自遥控站的数据。[548]

任何为现场调查提供操作基地、参与搜救或残骸回收行动,或作为运营人代号共享或联盟伙伴国参与的国家,均可通过任命授权代表参与调查。此外,对事故或事故征候的调查可能要求获得其他国家根据附件13所提供的数据。[549]

如果无人驾驶航空器系统发生事故或事故征候,无人驾驶航空器系统运营人应采取措施以保全所有相关的数据。这些数据应包括相关的飞行记录仪的记录,并对其安全保管,直至附件13规定的事故或事故征候调查完成。[550]

对于在难以进行搜救的区域(如水域)飞行的无人驾驶航空器,安装固定紧急定位发射器(ELT)[551]将是确保最优且快速定位的关键因素。[552]

5.2.3.4 机上携带的文件资料

《芝加哥公约》第5章规定了航空器应具备的条件,该章首条(第29条)规定如下:

---

[546] 关于运营人所在国的定义,参见《芝加哥公约》附件13《航空事故和事故征候调查》,蒙特利尔:国际民航组织,2016年,第1-3页。

[547] 《芝加哥公约》附件13《航空事故和事故征候调查》中没有定义该类别。但根据附件13第5.23条,任何国家如应请求向进行调查的国家提供资料、便利或专家,应有权指派一名授权代表参加调查。

[548] 关于着手和进行调查的责任,参见《芝加哥公约》附件13《航空事故和事故征候调查》,蒙特利尔:国际民航组织,2016年,第5-1页。

[549] 关于其他国家的参加,参见《芝加哥公约》附件13《航空事故和事故征候调查》,蒙特利尔:国际民航组织,2016年,第5-8页。

[550] 关于登记国和经营人所在国的责任,参见《芝加哥公约》附件13《航空事故和事故征候调查》,蒙特利尔:国际民航组织,2016年,第5-6页。

[551] 关于应急定位发射器,参见《芝加哥公约》附件6《航空器的运行》第Ⅰ部分"国际商业航空运输——飞机"第6.17.1条,蒙特利尔:国际民航组织,2016年,第6-17页。

[552] 国际民航组织,Doc 10019 AN/507,《遥控驾驶航空器系统(RPAS)手册》,蒙特利尔:国际民航组织,2015年,第9-13页。

第 29 条　航空器应备文件

缔约国的每一航空器在从事国际航行时，应按照本公约规定的条件携带下列文件：(a) 航空器登记证；(b) 航空器适航证；(c) 每一机组成员的适当的执照；(d) 航空器航行记录簿；(e) 航空器无线电台许可证，如该航空器装有无线电设备；(f) 列有乘客姓名及其登机地与目的地的清单，如该航空器载有乘客；(g) 货物舱单及详细的申报单，如该航空器载有货物。

根据该条款可知，缔约方每一架从事国际航行的航空器均应在机上按规携带文件。这些文件应在飞行期间可供机组人员查阅，并在航空器处于地面时可供检查员查阅。[553]然而，这一规定该如何适用于无人驾驶航空器系统呢？

无人驾驶航空器的尺寸和配置可能使得在机上放置纸质文件不切实际。为了满足第 29 条的要求，有必要采取新的方法，例如提供可供遥控驾驶员、检查员和维护人员访问的电子版本文件，无论是在无人驾驶航空器上还是在遥控站内。国际民航组织已建议使用电子文件，但这必须得到运营人所在国和参与运营的所有其他国家的同意。[554]不过，成员方尚未就完成前述同意的特定程序达成一致意见。

根据《芝加哥公约》第 29 条，国际民航组织指出，无人驾驶航空器应携带以下四类文件：[555]

（1）无人驾驶航空器运营人持有的文件；

（2）遥控站掌握的文件；

（3）无人驾驶航空器上携带的文件；

（4）无人驾驶航空器地面运营区域或其附近区域的文件。

以上四类文件的具体内容列于本章附录 1。

如今，我们获取的大部分信息都是数字的或电子的，例如机票、数据和银行账户等。笔者认为，从实际出发，应当推广使用第 29 条所列文件的电子

---

[553]　国际民航组织，Doc 10019 AN/507，《遥控驾驶航空器系统（RPAS）手册》，蒙特利尔：国际民航组织，2015 年，第 6 – 7 页。

[554]　同前注，第 1 – 6 页。

[555]　同前注，第 6 – 7 页。

版本，毕竟这并不会降低无人驾驶航空器系统的安全运行水平，也不存在任何阻碍因素。此外，使用电子文件可以确保记录的准确性，减少手动输入和错误，并提高文件的可搜索性和可追溯性。

5.2.3.5 适航证书

根据《芝加哥公约》第31条，所有航空器都应具备适航证书：

> 第31条 适航证
>
> 凡从事国际航行的每一航空器，应备有该航空器登记国发给或核准的适航证。

该条款以"每一航空器"开头，这无疑暗示，它同样适用于从事国际航行的有人驾驶航空器和无人驾驶航空器。然而，目前尚不清楚如何对包括遥控站在内的无人驾驶航空器系统进行认证。国际民航组织既没有提供针对类型设计和适航认证的具体指导，也没有制定相关程序。其中，主要原因是缺乏足够的无人驾驶航空器系统运行服务历史和认证经验。[556]

随着无人驾驶航空业的成熟，预计各国将制定相关程序，这些程序可供国际民航组织使用并被采纳为标准和建议措施。然而，需要指出的是，国际民航组织认为，可以将现行有人驾驶航空器的型号设计批准、生产批准、持续适航以及航空产品改装的相关流程与程序作为基准，尽可能地适用于无人驾驶航空器系统。[557]

为了判断无人驾驶航空器是否适合国际空中航行，其应该通过适航认证程序，该程序应涵盖其安全运行所需的所有要素。这些要素包括无人驾驶航空器自身、遥控站及指挥与控制链路。认证过程还将考虑系统配置、用途、操作环境、硬件和软件的设计特征、生产过程、互操作性、可靠性和维护程序，以充分降低安全风险。因此，有必要制定并认证无人驾驶航空器系统的特定部件的技术标准。[558]

---

[556] 国际民航组织，Doc 10019 AN/507，《遥控驾驶航空器系统（RPAS）手册》，蒙特利尔：国际民航组织，2015年，第4-1页。

[557] 同前注。

[558] 国际民航组织，《遥控驾驶航空器系统（RPAS）国际仪表飞行规则运行概念》，访问时间：2020年2月9日，https://www.icao.int/safety/ua/documents/rpas%20conops.pdf。

无人驾驶航空器技术的迅速发展，将对其适航认证和监管提出挑战。为便于认证和监管，各国及其民航局应会同无人驾驶航空器系统制造商商定统一的技术标准、安全指标和测试方法。此外，还需要为认证机构或其指定代表提供关于无人驾驶航空器系统设计、制造以及硬件和软件开发中使用的最新技术和方法的指导材料和专业培训。[559]

鉴于无人驾驶航空器系统的分布式特性，其在适航认证过程中也应考虑对其部件适用不同的认证程序。例如，无人驾驶航空器的全面适航保证是必要的，但对于该系统的其他部件，可能采用其他认证程序更为适当。这种情况可能需要制定或修订与无人驾驶航空器潜在安全风险相适应的标准和建议措施。[560]

最后，根据《芝加哥公约》第 31 条，无人驾驶航空器在从事国际航行时应持有适航证书。在收到充足的证据表明遥控站、无人驾驶航空器及其部件符合型号设计标准且处于安全运行状态后，航空器登记国将向该无人驾驶航空器颁发适航证书。[561]不过，适航证书通常存放在有人驾驶航空器的驾驶舱内，且遥控站类似于有人驾驶航空器的驾驶舱，故而在遥控站备有无人驾驶航空器的电子适航证书是合适的，该证书将提供信息以证明该无人驾驶航空器适合安全飞行。

5.2.3.6 人员执照

无人驾驶航空器的安全运行要求遥控驾驶员经过培训、有经验并具备相应的资格。无人驾驶航空器登记国颁发执照的当局应当确保遥控驾驶员的资质要求与有人驾驶航空器驾驶员的资质要求一致。

此外，根据《芝加哥公约》附件 2《空中规则》，遥控驾驶员与有人驾驶航空器驾驶员承担相同的责任。[562]因此，必须仔细评估能力，以确保其知

---

[559] 国际民航组织，《遥控驾驶航空器系统（RPAS）国际仪表飞行规则运行概念》，访问时间：2020 年 2 月 9 日，https://www.icao.int/safety/ua/documents/rpas%20conops.pdf。

[560] 同前注。

[561] 国际民航组织，Doc 10019 AN/507，《遥控驾驶航空器系统（RPAS）手册》，蒙特利尔：国际民航组织，2015 年，第 4-8 页。

[562] 参见《芝加哥公约》附件 2《空中规则》，第 10 版，蒙特利尔：国际民航组织，2005 年，附录第 4-1 页。

识、技能和态度适合无人驾驶航空器系统的操作。

《芝加哥公约》第 32 条规定如下:

第 32 条 人员执照

1. 从事国际航行的每一航空器驾驶员及飞行组其他成员,应备有该航空器登记国发给或核准的合格证书和执照。

2. 就在本国领土上空飞行而言,缔约各国对其任何国民持有的由另一缔约国发给的合格证书和执照,保留拒绝承认的权利。

附件 2《空中规则》的附录 4 要求,遥控驾驶员必须按照附件 1 所规定的方式取得执照。[563]2022 年 11 月,附件 1 的修正案生效,旨在解决遥控驾驶员执照的相关问题。[564]

无人驾驶航空可以采用飞机、飞艇、自由气球、滑翔机、直升机和动力航空器等构型。无人驾驶航空器系统的等级评定还必须考虑遥控站及其与无人驾驶航空器的相互作用。[565]发证机关在发证过程中应考虑这些因素。[566]

遥控驾驶员在获得飞行执照前,需要获得医疗许可,接受必要的培训,以证明其能力。这一认证过程因无人驾驶航空器的性质和飞行目的的不同而略有差异。例如,对于在公海上空进行鱼群探测等私人飞行的小型、复杂度低的无人驾驶航空器,其要求应比在密集空域进行远程飞行的大型、复杂度高的无人驾驶航空器(如从事载运货物、乘客和邮件的国际航空运输活动的无人驾驶航空器)的遥控驾驶员的要求更为宽松。[567]

最后,遥控驾驶员应具备遵守空中规则和程序的能力,其执照必须根

---

[563] 参见《芝加哥公约》附件 2《空中规则》,第 10 版,蒙特利尔:国际民航组织,2005 年,附录第 4-1 页。

[564] 2018 年 10 月 9 日至 19 日第 13 次空中航行会议,蒙特利尔,秘书处提交的《关于遥控航空器系统(RPAS)的报告》,访问时间:2018 年 12 月 1 日,https://www.icao.int/Meetings/anconf13/Documents/WP/wp_006_en.pdf。

[565] 国际民航组织,Doc 10019 AN/507,《遥控驾驶航空器系统(RPAS)手册》,蒙特利尔:国际民航组织,2015 年,第 7-1 页。

[566] 参见本书第 1 章第 1.1 节。

[567] 国际民航组织,《遥控驾驶航空器系统(RPAS)国际仪表飞行规则运行概念》,访问时间:2018 年 4 月 19 日,https://www.icao.int/safety/UA/Documents/RPAS%20CONOPS。

据其所从事的作业类型颁发,且发证当局的授权不得超出执照中规定的授权范围。[568]

5.2.3.7 证书及执照的承认

《芝加哥公约》第33条是证书及执照承认的法律基础。

> 第33条 承认证书及执照
>
> 登记航空器的缔约国发给或核准的适航证和合格证书及执照,其他缔约国应承认其有效。但发给或核准此项证书或执照的要求,须等于或高于根据本公约随时制定的最低标准。

第33条对无人驾驶航空器系统的适用性与第31条、第32条一致,这两条分别涉及适航证书和人员执照。但需要指出的是,针对无人驾驶航空器系统及其机组人员的认证及执照发放规则,无法完全符合现行标准和建议措施,所以在专门针对无人驾驶航空器系统的标准和建议措施出台之前,不应完全照搬附件1、附件6和附件8的规定。

然而,尽管有大会第A38-12号决议,《芝加哥公约》第8条仍确认缔约各方对其领土内无人驾驶航空器进行授权拥有绝对主权。[569]正如第4章第4.4.3.1节所述,就进入外国领空而言,相对于《芝加哥公约》的其他规定(如第5条、第6条和第7条),第8条具有特别法地位,这意味着即使无人驾驶航空器满足了国际民航组织关于适航性和执照的最低标准和建议措施,一国仍可拒绝给予该无人驾驶航空器特许。

5.2.4 结束语

根据无人驾驶航空器系统技术的最新发展,载运乘客、货物和邮件的无人驾驶航空器进行常规国际民事运行,可能很快成为现实。然而,为使国际民事运行得以实现,《芝加哥公约》制定了诸多安全规则,这些规则也应作必要

---

[568] 国际民航组织,《遥控驾驶航空器系统(RPAS)国际仪表飞行规则运行概念》,访问时间:2018年4月19日,https://www.icao.int/safety/UA/Documents/RPAS%20CONOPS。

[569] 大会第A38-12号决议《国际民航组织关于空中航行的持续政策及相关做法的综合声明》附件C《适航证、合格证书和飞行机组执照》第2条规定:"在关于特定类别的航空器或机组人员的标准生效之前,缔约国应承认航空器登记国根据该国规章颁发或使其有效的证书和执照的效力。"

修正（mutatis mutandis），以适用于从事国际航行的无人驾驶航空器。

国际民航组织理事会通过的标准和建议措施并未完全涵盖《芝加哥公约》的所有要求，最为重要的是，这些标准和建议措施尚未解决与无人驾驶航空器安全运行相关的所有方面。要实现这一目标，仍有很长的路要走，而这只能通过国际民航组织成员方和无人驾驶行业利益相关者的合作才能实现。

在上述关于无人驾驶航空器安全运行的讨论之后，笔者指出了一些安全方面的挑战，这些挑战如果得到克服，将有利于无人驾驶航空器与有人驾驶航空器在同一空域内的整合和运行。

5.3 需要制定规则以确保无人驾驶航空器系统在民用航空领域安全运行

5.3.1 将无人驾驶航空器系统整合至非隔离空域

如果没有基本的法规，把无人驾驶航空器系统整合至现有空中航行系统，将会影响其他空域用户的安全和运行效能。例如，国际民航组织的《全球航空安全计划（2017—2019年）》［Global Aviation Safety Plan（2017—2019）］明确指出，以遥控驾驶航空器为代表的无人驾驶航空器系统是该组织的四大新兴优先事项之一。[570]国际民航组织的目标是，通过修订或采用新的标准和建议措施、空中航行服务程序以及指导材料来构建基本的监管框架，从而推动无人驾驶航空器在全球范围内以与有人驾驶航空器相媲美的安全、协调和无缝的方式进行常规国际航行。[571]

目前，大多数民用无人驾驶航空器在国内和国际隔离空域飞行，以避免对其他航空器造成危险。无人驾驶航空器还不能与其他空域用户进行常规整合，因其尚不能完全遵循《空中规则》，并且缺乏必要的标准和建议措施来解决无人驾驶航空器系统运行中与安全相关的基本问题。[572]国际民航组织在

---

[570] 另外三个优先事项是飞行轨迹追踪、太空运输和冲突地区航空运输面对的风险。参见国际民航组织，Doc 100004，《全球航空安全计划（2017—2019年）》，第3.2.1段。

[571] 国际民航组织，第328号通告，《无人驾驶航空器系统》，访问时间：2020年4月19日，https://skybrary.aero/bookshelf/content/bookDetails.php? bookId = 3202。

[572] 同前注。

解决无人驾驶航空器系统安全运行问题上的目标是，实施支持性的标准和建议措施、空中航行服务程序以及指导材料，以使无人驾驶航空器系统能够在非隔离空域进行安全的常规运行。[573]

"隔离空域"和"非隔离空域"这两个术语在国际民航组织中都没有正式定义。国际民航组织在 2011 年第 328 号通告《无人驾驶航空器系统》和 2015 年《遥控驾驶航空器系统（RPAS）手册》中使用了这些术语，但这些文件对《芝加哥公约》的缔约方没有约束力。使用这些术语的目的在于，指导与无人驾驶航空器系统整合至非隔离空域及机场运行相关的技术和操作事宜。[574]

非隔离空域运行是指无人驾驶航空器系统在隔离空域之外运行，而隔离空域是指分配给特定用户专用的特定空域。[575]

国际民航组织预测，到 2030 年，许多无人驾驶航空器将与有人驾驶航空器共享国内和国际空域。[576]一些无人驾驶航空器将按照仪表飞行规则飞行，而另一些无人驾驶航空器将在管制或非管制空域中按照目视飞行规则[577]飞行。[578]为此，所有无人驾驶航空器应遵循国家规定的程序和空域要求，包括紧急程序和应急程序。其他无人驾驶航空器将仅在有人驾驶航空活动很少的低空运行，例如边境保护、环境检测、灭火和公用设施检查等。这些行动意味着无人驾驶航空器可能会进入国际空域。[579]

---

[573] 国际民航组织，Doc 10019 AN/507，《遥控驾驶航空器系统（RPAS）手册》，蒙特利尔：国际民航组织，2015 年，第 V 页。

[574] 国际民航组织，第 328 号通告，《无人驾驶航空器系统》；国际民航组织，Doc 10019 AN/507，《遥控驾驶航空器系统（RPAS）手册》，蒙特利尔：国际民航组织，2015 年。

[575] 关于隔离空域的定义，参见国际民航组织，Doc 10019 AN/507，《遥控驾驶航空器系统（RPAS）手册》，蒙特利尔：国际民航组织，2015 年，第 XIX 页。

[576] 国际民航组织，《遥控驾驶航空器系统（RPAS）国际仪表飞行规则运行概念》，访问时间：2018 年 4 月 19 日，https://www.icao.int/safety/UA/Documents/RPAS% 20CONOPS。

[577] 根据《芝加哥公约》附件 2《空中规则》，IFR 指代仪表飞行规则，VFR 指代目视飞行规则。

[578] 根据《芝加哥公约》附件 11《空中交通服务》，管制空域是指一个划定范围的空域，在此空域内可按照空域的分类，提供空中交通管制服务。管制空域是一个通称，包括 A、B、C、D 和 E 类的空中交通服务空域。

[579] 国际民航组织，《遥控驾驶航空器系统（RPAS）国际仪表飞行规则运行概念》，访问时间：2018 年 4 月 19 日，https://www.icao.int/safety/UA/Documents/RPAS% 20CONOPS。

无人驾驶航空器应遵守现有的空域要求,包括但不限于通信、导航、空中交通管理程序、流量管制以及与云层的距离。[580]针对这些问题,有必要修订、修正和改进现有的标准和建议措施以及空中航行服务程序,以明确无人驾驶航空器系统应如何遵守这些要求。

5.3.2 无人驾驶航空器系统运行中的安全和安保管理

5.3.2.1 保障航空安全和安保

飞行是一项充满危险的高速运动,有时在危险的环境中进行,易受各种威胁。鉴于此,航空安全和安保管理必不可少。根据《芝加哥公约》附件19《安全管理》,缔约各方应制定安全管理方案,以实现民用航空安全绩效的可接受水平。[581]

根据《芝加哥公约》附件17《安保》,各国应"制定和实施顾及到飞行的安全、正常和效率的规章、措施和程序,以保护民用航空免遭非法干扰行为"。[582]

无人驾驶航空器系统的安全和安保问题在某些方面与有人驾驶航空器是一致的。例如,遥控站在用途和设计上类似于有人驾驶航空器的驾驶舱。无人驾驶航空器必须能够应对与劫机或非法干扰相关的威胁。此外,由于遥控站不可移动且可以识别,有必要更多地考虑遥控站的潜在脆弱性以及指挥与控制链路可能受到的干扰,该链路连接遥控站和无人驾驶航空器以操纵飞行。[583]同样地,无人驾驶航空器应在停泊期间为飞行做好准备,以便能够快速预防和检测所有威胁,同时确保整个系统的完整性。

---

[580] 国际民航组织,Doc 10019 AN/507,《遥控驾驶航空器系统(RPAS)手册》,蒙特利尔:国际民航组织,2015年,第14-1页。

[581] 参见《芝加哥公约》附件19《安全管理》第3章"国家的安全管理职责",蒙特利尔:国际民航组织,2013年,第3-1页。

[582] 参见《芝加哥公约》附件17《安保》第2章总则,蒙特利尔:国际民航组织,2017年,第2-1页。

[583] 指挥与控制链路是一种数据链接,该链接被用于遥控驾驶航空器和遥控站之间的飞行管理。参见国际民航组织,Doc 10019 AN/507,《遥控驾驶航空器系统(RPAS)手册》,蒙特利尔:国际民航组织,2015年。

安全和安保是同一个问题的两个方面,均旨在避免人身伤害、财产损失以及丧失生命。但是,它们之间也存在以下差异:[584]

安全是指,将与航空器运行相关或直接支持航空器运行的航空活动的相关风险减少并控制在一个可接受水平的状态。[585]

安保是指,保护民用航空免遭非法干扰行为。这一目标由各项措施、人力和物力资源的总和加以实现。[586]

根据上述定义,这两个概念的区别可能是,安全强调防止由内部因素(与航空器相关的因素)造成的伤害,而安保则致力于防止来自外部的故意伤害。

笔者认为,与无人驾驶航空器系统运行相关的风险,使安全和安保管理变得不可或缺。各国和无人驾驶航空器系统运营人实施安全和安保管理方案,将有助于提升评估能力,从而避免和减少与无人驾驶航空器国际运行相关的风险,以及其对其他服务提供者和用户的潜在影响,如空中交通管理、无人驾驶航空器交通管理(UTM)、有人驾驶航空器和机场。此外,对安全和安保管理方案的适当监督,将有助于各国在无人驾驶航空器系统运行中实现更高水平的航空安全和安保。

5.3.2.2 加强安全管理的建议

《芝加哥公约》附件19《安全管理》及其相关指导材料,旨在指导参与航空活动的国家和组织如何实施安全管理。[587]附件19规定的标准和建议措施适用于与航空器安全运行相关或支持其安全运行的安全管理职能,[588]但并未

---

[584] 国际民航组织理事会,C-WP/11799,《航空安保行动计划》(Aviation Security Plan of Action),2004年4月17日。另见国际民航组织,Doc 9809-C/1142 C-Min.166/1-14,《理事会第166届会议纪要与主体索引》(Council—166th Session, Summary Minutes with Subject Index),第182页;Kotaite. *Aviation Safety and Security—Two Sides of the Same Coin. Keynote Address to the Aviation Study Group at Linacre College*, Oxford University, 27 June 2003, 2-3.

[585] 关于安全的定义,参见《芝加哥公约》附件19《安全管理》,蒙特利尔:国际民航组织,2013年,第1-2页。

[586] 关于安保的定义,参见《芝加哥公约》附件17《安保》,第10版,蒙特利尔:国际民航组织,2017年,第1-2页。

[587] 参见本章附录2对附件19的说明。

[588] 参见本章附录2。

具体涉及无人驾驶航空器系统的运行。根据附件19，缔约各方应实施国家安全方案（SSP），而运营人应实施安全管理体系（SMS），以便识别航空器运行中发现的系统性安全缺陷并解决安全隐患。[589]

遗憾的是，正如航空业过去所证明的那样，在盖特威克、伦敦希思罗、纽瓦克和迪拜机场发生的涉及无人驾驶航空器系统的事件，[590]未来可能还会发生。国际民航组织认为，关于安全数据的收集、分析和交换的规定必须确保自愿性安全报告制度是非惩罚性的，并为信息来源提供保护。各国应建立强制性和自愿性安全报告制度，并在其认为必要时，通过修改法律、法规和政策来推动这些报告制度的实施。无人驾驶航空器系统的运营人、遥控驾驶员和其他利益相关者可以通过前述制度报告安全缺陷。Doc 9859 号文件《安全管理体系手册》第4章附录2和附录3为一国建立强制性报告程序以及自愿性和保密性报告制度提供了指导。[591]

无论无人驾驶航空器系统从事何种飞行活动，运营人都应获得航空器登记国的认证，[592]并根据附件19的要求实施安全管理体系。运营人的安全管理体系应考虑内部和外部航空利益相关者互动所产生的潜在影响，同时评估无人驾驶航空器系统的安全绩效。无人驾驶航空器系统运行中应特别纳入附件19附录2中的安全管理体系框架要素，并与服务提供者的规模及其航空产品和服务的复杂性相称。[593]因此，无人驾驶航空器运营人的安全管理体系应体现所有相关高级管理人员的安全责任、职责和权限。技术人员在建立和实施安全管理体系中执行的关键安全职能，须与其现有工作内容、流程和程序保持一致。[594]

---

[589]《芝加哥公约》附件19《安全管理》，蒙特利尔：国际民航组织，2013年，第2-1页。

[590] 参见本章第5.4节。

[591] 国际民航组织，Doc 10019 AN/507，《遥控驾驶航空器系统（RPAS）手册》，蒙特利尔：国际民航组织，2015年，第7-1页。

[592] 根据《遥控驾驶航空器系统（RPAS）手册》，运营人必须持有《芝加哥公约》附件2和附件4所规定的遥控驾驶航空器系统运营人证书。在颁发此类证书时，管理机构需要审查运营人是否有能力履行规定的职责。

[593]《芝加哥公约》附件19《安全管理》，蒙特利尔：国际民航组织，2013年，第4-1页。

[594] 国际民航组织，Doc 10019 AN/507，《遥控驾驶航空器系统（RPAS）手册》，蒙特利尔：国际民航组织，2015年，第7-1页。

服务提供者的规模、结构和复杂性可能会有所不同，但其安全职能应保持不变。无人驾驶航空器系统的运营人应确保以下两种主体提供之产品或服务的安全绩效：其一，不需要单独安全认证或批准的承包商所提供的产品或服务；其二，服务提供商通过独立分销合作伙伴的全球网络和位于不同地点的第三方，如国际海事卫星组织（Inmarsat）、国际航空电讯集团（SITA）和航空无线电通讯公司（ARINC）[595]等直接提供的产品或服务。[596]

鉴于此，无人驾驶航空器系统的运营人应能够确保其安全管理体系所包含之服务或产品的安全性能。[597]换言之，无人驾驶航空器系统运营人应制定应急预案，并与相关组织建立协调配合机制。[598]因此，附件19应制定新的标准和建议措施，要求各国和服务提供商采用专门适用于无人驾驶航空器系统的国家安全方案和安全管理体系。

5.3.2.3 安保管理

《芝加哥公约》附件17要求：

> 每一缔约国必须制定措施，防止以任何方式在从事民用航空的航空器上载运或携带未经准许进行载运或携带的武器、炸药或其他任何可能用于实施非法干扰行为的危险装置、物品或物质。[599]

然而，附件17并未针对无人驾驶航空器系统运行期间免遭非法干扰行为，制定具体的标准和建议措施。

经授权人员（如机组人员或维护人员）进入遥控站的标准，应等同于这些人员进入有人驾驶航空器驾驶舱的标准。在这方面，国际民航组织已

---

[595] 国际海事卫星组织是成立于1978年的国际组织，在世界范围内为航运业、航空业和近海工业提供电信服务以及遇险和安全通信服务。国际航空电讯集团是一家跨国信息技术公司，为航空运输业提供信息技术和电信服务。据称，该公司为全球约400名会员和2800名客户提供服务，这些用户占全球航空业用户的90%左右。航空无线电通讯公司成立于1929年，是一家为航空、机场、国防、政府、医疗保健、网络、安全和运输等八个行业提供运输通信和系统工程解决方案的主要供应商。

[596] 国际民航组织，Doc 10019 AN/507，《遥控驾驶航空器系统（RPAS）手册》，蒙特利尔：国际民航组织，2015年，第7-1、7-2页。

[597] 同前注，第7-3页。

[598] 同前注。

[599] 参见《芝加哥公约》附件17《安保》，第10版，蒙特利尔：国际民航组织，2017年，第4-1页。

经制定了确保驾驶舱安全的程序和系统,这些程序和系统可以在制定针对具有同样复杂环境之遥控站的相关规范时作为参考。《芝加哥公约》附件6《航空器的运行》第13.2.3条为确保驾驶舱的安全,规定了如下标准和建议措施:

> 根据13.2.2条装有驾驶舱舱门的所有飞机:
>
> a) 除非必要时允许授权人员进出外,自登机后外面所有的门关闭开始直至这些门为下机打开,此门必须关闭并上锁;
>
> b) 必须提供从任何一飞行员座位对整个驾驶舱门外侧区域进行监视的手段,以核实请求进入的人员身份并察觉可疑行为或潜在威胁。

因无人驾驶航空器的遥控站位于地面,受到非法干扰的可能性更大,故遥控站不仅应遵守此规则,而且进入遥控站时应受到更多的限制。有人驾驶航空器的驾驶舱则基于其本身特性,较少受到重型武器的非法干扰。

国际民航组织发布的Doc 8973号文件《航空安保手册》就如何保护航空器免受非法干扰提供了更进一步的细节性指导,这些内容可作为无人驾驶航空器系统运行安保管理的参考。[600] 例如,作为防止非法干扰的一项措施,无人驾驶航空器系统运营人应能够在保管和准备飞行时,阻止所有可能危及无人驾驶航空器系统部件完整性的入侵行为。[601]

Doc 9985号文件《空中交通管理安保手册》也可为遥控站的安保管理提供指导。在这方面,通过生物信息识别系统认证被允许进入的不同准入级别的人员,可以提高遥控站准入安保的水平。[602]

《芝加哥公约》附件17《安保》第4.2.4条规定,遥控驾驶员同获准无陪同进入机场受限安全区域的人员一样,也应接受检查标准:

---

[600] 国际民航组织,Doc 10019 AN/507,《遥控驾驶航空器系统(RPAS)手册》,蒙特利尔:国际民航组织,2015年,第9-11页。

[601] 国际民航组织,Doc 8973,《航空安保手册》,蒙特利尔:国际民航组织,1987年,第5-1页。

[602] 国际民航组织,Doc 9985 AN/492,《空中交通管理安保手册》(非公开),访问时间:2019年2月13日,http://www.aviationchief.com/uploads/9/2/0/9/92098238/icao_doc_9985_-_atm_security_manual_-_restricted_and_unedited_-_not_published_1.pdf。

第4.2.4条 每一缔约国必须确保在获准无陪同进入机场安保限制区之前,对有关人员(不包括旅客)进行背景调查。[603]

最后但同样重要的是,对无人驾驶航空器系统运行至关重要的指挥与控制链路若使用由第三方管理的硬件和软件,也必须能够免受黑客攻击、数据链欺骗或其他形式的干扰。[604]

由于无论航空器类型、情况或位置如何,安保威胁始终存在。故笔者建议,针对无人驾驶航空器系统安保的具体标准和建议措施还应包括但不限于以下方面的规则:

- 乘客及其随身行李;
- 托运行李;
- 货物、邮件及其他物品;
- 特殊类别的乘客;
- 陆侧区域(landside area);
- 网络威胁。

需要说明的是,防止有人驾驶航空器遭受非法干扰的标准和建议措施应当作为起点,但其并不能完全涵盖无人驾驶航空器系统可能受到非法干扰的所有情况。

5.3.2.4 无人驾驶航空器系统的运行特性

无人驾驶航空器的国际空中航行对现有有人驾驶航空器的基础设施提出了挑战,并引发多重问题。例如,飞行员在其整个职业生涯中始终都在为应对紧急情况和不可预见的飞行事件做准备,他们在初始训练和后续培训中不断强化这些能力。然而,无人驾驶航空器的事故率高于传统的有人驾驶航空器。这些事故和事故征候反映了与操纵无人驾驶航空器和人机互动机制相关的独特挑战。[605]

---

[603] 参见《芝加哥公约》附件17《安保》,第10版,蒙特利尔:国际民航组织,2017年,第4-1页。

[604] 国际民航组织,Doc 10019 AN/507,《遥控驾驶航空器系统(RPAS)手册》,蒙特利尔:国际民航组织,2015年,第9-13页。

[605] R. Nullmeyer and G. Montijo. *Training Interventions to Reduce Air Force Predator Mishaps*. CORE Scholar. Accessed 15 February 2020. https://corescholar.libraries.wright.edu/isap_2009/61/.

与有人驾驶航空器不同,遥控驾驶员在缺乏或完全没有感官提示的环境中操作。这些提示包括视觉、听觉、知觉和嗅觉等感官信息,但这些信息的缺失使操纵无人驾驶航空器系统变得更加困难。有人驾驶航空器上的飞行员失误虽然常见,但大多数失误都能由机组人员迅速识别并纠正。而遥控驾驶员远离无人驾驶航空器,自校正变得非常困难。[606] 故此,为解决无人驾驶航空器系统运行中的人为失误,有关技术进步和法规不仅需要着重克服感官提示缺失,而且应确保遥控驾驶员在飞行的所有阶段都具备识别风险的必要手段。

遥控驾驶员应能够在必要的时间和地点与空中交通管制单位及其他空域用户进行通信,以使遥控驾驶员能够看到、避让并远离其他航空器、障碍物和恶劣天气,并避免与其他空域用户的潜在碰撞。[607] 遥控驾驶员无法像有人驾驶航空器的驾驶员那样遵守空中交通管制的目视许可(visual clearance)。在没有窗外视野的情况下,遥控驾驶员必须依赖其他信息来源。无人驾驶航空器系统不能像有人驾驶航空器上的飞行员一样满足"发现与避让"的要求,但其可以依赖发现与避让系统的能力。因此,发现与避让系统、间隔保障技术和规则或其他替代手段对于实现无人驾驶航空器的安全国际空中航行至关重要。[608] 在这种情况下,修订、修正和改进现有的标准和建议措施、空中航行服务程序以及无人驾驶航空器所要遵循的合规方法势在必行。

除遥控无人驾驶航空器之外,遥控驾驶员还必须管理和监控指挥与控制链路。这要求其必须实时掌握链路的当前状态,预测飞行过程中连接质量的潜在变化,并对任何变化进行诊断和响应。指挥与控制链路可能使得遥控站发出指令、无人驾驶航空器响应指令以及驾驶员接收到该响应之间存在显著延迟。当链路通过地球静止卫星进行连接时,此类延迟更为明显。然而,地面无线电通信也可能导致延迟。在链路中断的情况下,无人驾驶

---

[606] *International Civil Aviation Organization (ICAO)*. https://standards.globalspec.com. Accessed 15 February 2020. https://standards.globalspec.com/std/632047/ICAO%209803.

[607] 国际民航组织,《遥控驾驶航空器系统(RPAS)国际仪表飞行规则运行概念》,访问时间:2020年2月9日,https://www.icao.int/safety/ua/documents/rpas%20conops.pdf。

[608] 同前注。A. Hobbs. *Human Factor Guidelines for UAS in the National Airspace System*. science.gov. Accessed 15 February 2020. https://www.science.gov/topicpages/m/multiple+unmanned+systems.html.

航空器必须能够安全地继续飞行，并满足遥控驾驶员和空中交通管制机构的预期。[609]

一个安全的飞行计划需要指挥链，这个指挥链包括遥控驾驶员、运营人的技术人员、民航局和空中导航服务提供商（ANSP）。民航局和空中导航服务提供商提供并监督具备独特程序、航线和交通服务的基础设施，旨在安全高效地管理空中交通。[610]在紧急情况下，遥控驾驶员可以尝试机场外着陆或水上迫降。遥控驾驶员还将负责保护无人驾驶航空器上、地面上和其他航空器上的人员生命和财产安全。[611]此外，无人驾驶航空器维修人员需要掌握与复杂分布式系统互动的技能和知识，该系统包含一般航空维修人员不需要处理的元素。

无人驾驶航空器系统的故障检修和排除也可能发生在飞行过程中。因此，旨在向遥控驾驶员和维修人员提供信息以执行前述操作的规则和技术进步是至关重要的。

无人驾驶航空器系统安全国际航行需要注意的另一个因素是无人驾驶航空器系统交通管理。过去十年间，无人驾驶航空器系统技术的发展以前所未有的速度及其引入的更强能力对有人驾驶航空业产生了冲击。因此，各国及其民航局收到了越来越多的进入低空空域的申请，该空域对有人驾驶航空器的运行存在限制或约束。[612]

航空业的未来发展要求有人驾驶航空器和无人驾驶航空器在同一空域内一起飞行，从而释放无人驾驶航空器系统交通管理和空中交通管理环境的运行潜力。国际民航组织预测，民用无人驾驶航空器系统的运行数量将很快超过有人驾驶航空器的运行数量。空中导航服务提供商预计，此类运行将涵盖

---

[609] 美国国家航空航天局，《遥控驾驶航空器系统胜任能力要素》[Human Performance Considerations for Remotely Piloted Aircraft Systems (RPAS)]，2015年6月9日，访问时间：2020年8月7日，https://ntrs.nasa.gov/archive/nasa/casi.ntrs.nasa.gov/20150011435.pdf.

[610] 参见《芝加哥公约》附件2《空中规则》，第10版，蒙特利尔：国际民航组织，2005年，第3-7页。

[611] 参见《芝加哥公约》附件6《航空器的运行》第Ⅰ部分"国际商业航空运输——飞机"，第10版，蒙特利尔：国际民航组织，2016年，第40-18页。

[612] *UTM Guidance*. Accessed 25 April 2020. https://www.icao.int/safety/UA/Pages/UTM-Guidance.aspx.

受控或非受控空域以及跨越其边界的空域。[613]

国际民航组织对无人驾驶航空器系统交通管理的定义如下：

无人驾驶航空器系统交通管理是空中交通管理的一个具体方面，通过与各方合作提供包括空中和地面设施以及无缝衔接的服务，以便安全、经济和高效地管理无人驾驶航空器系统的运营。[614]

将无人驾驶航空器系统纳入空中交通管理，将影响空中交通管理的基本要素，如空域分类、飞行规则以及自动化。而参与无人驾驶航空器系统交通管理的航空器需要相互间隔，并避免其他危险，如碰撞建筑物和恶劣天气。这种间隔管理将包括指导与职责，并辅以其他工具和程序，以充分应对各种问题。[615]因此，额外的标准、政策、能力或工具对于支持间隔管理至关重要。尽管无人驾驶航空器系统交通管理仍处于发展阶段，但各国就其框架和原则达成普遍共识对于确保全球一致和互操作性至关重要。国际民航组织已着手规范无人驾驶航空器系统交通管理，其目标是将各国的最佳实践整合为全球统一的通用框架，以支持无人驾驶航空器系统融入国家空域。[616]

5.3.2.5 飞行计划

根据《芝加哥公约》附件2《空中规则》第3章的规定或飞越国的其他强制性要求，在无人驾驶航空器从事国际航行之前，飞行计划[617]是必须提交的。[618]因此，遥控驾驶员有责任规划安全飞行，并提前提交飞行计划。无人驾驶航空器应遵守飞行计划和空中交通管制的许可。

飞越国或飞行目的地国可能要求提供与无人驾驶航空器系统预期飞行计

---

[613] *UTM Guidance*. Accessed 25 April 2020. https://www.icao.int/safety/UA/Pages/UTM - Guidance.aspx.

[614] *Ibid*.

[615] *Ibid*.

[616] *ICAO - Drone Enable Conference - 170922 - 23 - Videos*. RPAS Regulations. Accessed 19 February 2020. https://rpasregulations.com/community - info/icao - drone - enable - conference - 170922 - 23 - videos/.

[617] 飞行计划是指，向空中交通服务单位提供的关于航空器一次预定飞行或部分飞行的规定资料。

[618] 参见《芝加哥公约》附件2《空中规则》，第10版，蒙特利尔：国际民航组织，2005年，附录第4-1页。

划有关的更多信息。空中导航服务提供商可基于航线、时间安排以及与无人驾驶航空器、货物或应急程序相关的特殊考虑等因素，认可或更改无人驾驶航空器的飞行计划。空中导航服务提供商还应具备为每次无人驾驶航空器飞行计划提供并批准应急计划的能力，以应对可能发生的不可预见情况。[619]例如，无人驾驶航空器系统指挥与控制链路失灵。应急计划需要考虑发生故障的航段、无人驾驶航空器的特性和性能、对其他空域用户的风险以及对人员和财产的风险。如果计划的飞行时间较短且计划的目的地是低密度机场或着陆场，或者计划的飞行发生在低密度空域，应急计划的可行选择之一是继续执行原飞行计划。[620]

运行于 A 地和 B 地之间（通常往返于机场）是绝大多数有人驾驶航空器的国际运营模式，而无人驾驶航空器系统提供了从 A 地到 A 地运行的潜力。[621]例如，无人驾驶航空器可以通过穿越国际空域前往偏远的作业区域，然后返回起点。这类运行可能发生在由无人驾驶航空器提供的定期和不定期国际航班、野生动物监测、监视或鱼类探测等活动中。因此，为了达到与有人驾驶航空器相同的安全标准，参与国际空中航行的无人驾驶航空器应参照有人驾驶航空器的飞行计划程序，同时考虑无人驾驶飞行的具体特点和风险。[622]

无人驾驶航空器系统的飞行计划应考虑无人驾驶航空器在不同地点紧急着陆的情况，以避免对人员或财产造成威胁。在紧急情况下，遥控驾驶员观察无人驾驶航空器附近地面之实际情况的能力有限。遥控驾驶员必须针对无人驾驶航空器起飞、途中或着陆时发生之紧急情况预先设定计划。

5.3.2.6 无人驾驶航空器系统进入和使用机场

根据《芝加哥公约》第 15 条，缔约方可以国民待遇自由允许民用无人

---

[619] 参见《芝加哥公约》附件 2《空中规则》，第 10 版，蒙特利尔：国际民航组织，2005 年，附录第 3－7 页。

[620] 国际民航组织，Doc 10019 AN/507，《遥控驾驶航空器系统（RPAS）手册》，蒙特利尔：国际民航组织，2015 年，第 11－13 页。

[621] 国际民航组织，《遥控驾驶航空器系统（RPAS）国际仪表飞行规则运行概念》，访问时间：2019 年 2 月 9 日，https://www.icao.int/safety/ua/documents/rpas% 20conops.pdf。

[622] 国际民航组织，Doc 10019 AN/507，《遥控驾驶航空器系统（RPAS）手册》，蒙特利尔：国际民航组织，2015 年，第 9－10 页。

驾驶航空器系统进出指定机场。此类及其他关于国际民用机场准入的条件必须在本国立法中予以确认。

第 15 条　机场费用和类似费用

一缔约国对其本国航空器开放的公用机场,在遵守第 68 条规定的情况下,应按统一条件对所有其他缔约国的航空器开放……

国际民航组织预测,到 2030 年,无人驾驶航空器可能会从低密度或高密度机场起降。为此,遥控驾驶员应能够实时识别机场的物理布局及相关设备、灯光和标志,以确保无论遥控站位于何处,均能安全操纵无人驾驶航空器。[623] 无疑,技术和程序的进步对于实现这一目标至关重要。

《芝加哥公约》附件 14《机场》规定了机场的技术规范,并要求缔约方必须认证用于国际运营的机场。[624] 缔约方的监管框架应包括认证的标准和程序。[625]

无人驾驶航空器如需进行长时间国际空中航行,则可能需要在不同机场甚至不同国家的机场外位置建立多个分布式遥控站。此外,缔约方、机场运营人、无人驾驶航空器系统运营人及制造商还应考虑无人驾驶航空器的特性可能会影响机场运营,具体包括:[626]

◆ 无人驾驶航空器识别机场标识的能力;

◆ 无人驾驶航空器在运行时避免碰撞的能力;

◆ 无人驾驶航空器在空中或运行区域遵循空中交通管制指令的能力;

◆ 仪表进近(instrument approach)最低标准对无人驾驶航空器运行的适用性;

◆ 在机场配备无人驾驶航空器观察员以协助遥控驾驶员满足避撞要求的

---

[623] 国际民航组织,《遥控驾驶航空器系统(RPAS)国际仪表飞行规则运行概念》,访问时间:2019 年 2 月 9 日,https://www.icao.int/safety/ua/documents/rpas% 20conops.pdf。

[624] 《芝加哥公约》附件 14《机场》第 I 卷"机场设计和运行",第 5 版,蒙特利尔:国际民航组织,2009 年。

[625] 同前注。

[626] 国际民航组织,Doc 10019 AN/507,《遥控驾驶航空器系统(RPAS)手册》,蒙特利尔:国际民航组织,2015 年,第 15-1 页。

必要性；

◆ 无人驾驶航空器系统对机场认证要求的影响；

◆ 基础设施，如进近辅助设备、地面处理车辆、着陆辅助设备及发射/回收辅助设备；

◆ 无人驾驶航空器和遥控站的救援和消防要求；

◆ 无人驾驶航空器与有人驾驶航空器在机场活动区及其附近的整合；

◆ 无人驾驶航空器系统专用设备对机场的影响。[627]

缔约方应评估无人驾驶航空器系统能否安全整合而不对安全构成威胁，并确定机场资质是否适合无人驾驶航空器系统的运营。在无人驾驶航空器系统常规运行的初期阶段，可供选择的解决方案是，缔约方可以设立专供无人驾驶航空器系统运营的机场，而非同时供有人驾驶航空器和无人驾驶航空器运营的综合机场。经济因素及缔约方对安全的关注将是决定该方案是否可行的主要因素。

5.3.2.7 遥控站之间的交接

由于无人驾驶航空器系统具有多功能性，驾驶员在飞行中需要进行操纵权交接，这种交接可能发生在同一遥控站的不同驾驶员之间、同一遥控站的不同控制台之间或不同遥控站之间。[628]交接在无人驾驶航空器长时间飞行中可能带来风险，因此有必要制定法规来提高安全性，并降低无人驾驶航空器操纵权交接时的危险等级。

无人驾驶航空器运行可能需要多个遥控站，这些站点可能分布在不同的国家甚至公海。[629]因此，遥控驾驶员应确保将操纵权从一个遥控站安全地移交到另一个遥控站。[630]

遥控站之间的交接有许多原因，例如操作范围、终端区域的精确控制需

---

[627] 国际民航组织，Doc 10019 AN/507，《遥控驾驶航空器系统（RPAS）手册》，蒙特利尔：国际民航组织，2015年，第15-1页。

[628] H. Pringle and N. J. Cooke. *Human Factors of Remotely Operated Vehicle*（Bingley：Emerald Group Publishing Limited，2009），116-119.

[629] 参见本书第4章第4.5.4节。

[630] 国际民航组织，Doc 10019 AN/507，《遥控驾驶航空器系统（RPAS）手册》，蒙特利尔：国际民航组织，2015年，第9-9页。

求或无人驾驶航空器系统的维护。国际民航组织指出，无人驾驶航空器操纵权的交接可能会在以下两种常见场景中发生：[631]

（1）将操纵权移交给并置但未耦合的遥控站（a collocated, but not coupled remote pilot station），例如移交给第二遥控站，或者当第二遥控站出现故障时，移交给备用遥控站；

（2）将操纵权移交给未并置的遥控站。

同一遥控站内驾驶员之间的操纵权交接相当于有人驾驶航空器的飞行员/机组人员交班，这与遥控站之间的操纵权交接不同。驾驶员在双座遥控站内将操纵权移交给另一名驾驶员，其性质等同于有人驾驶航空器内的操纵权交接，这与遥控站之间的操纵权交接也不相同。[632]

无人驾驶航空器运行可能持续数月，并由不同地点（可能位于不同国家）的驾驶员进行遥控。[633]在此种情况下，一个驾驶员无法在整个飞行期间单独履行遥控驾驶航空器的机长职责，故无人驾驶航空器的操纵权交接具有法律意义。如果不允许移交机长职责，遥控驾驶航空器的机长将在部分飞行时间处于失职状态。如果允许移交机长职责，则需要明确遥控站（无论是在同一遥控站，还是在广泛的分布式遥控站之间）的操纵权交接是否与机长职责同时转移。[634]

无人驾驶航空器在飞行中也可能重新配置，例如在遥控站之间交接，或者从地面指挥与控制链路切换到卫星链路。[635]这种情况对保持无人驾驶航空器系统适航证的有效性提出了新的要求，可能需要满足额外的条件，因为遥控驾驶员需要随时与任何无人驾驶航空器进行实时通信。遥控驾驶员还需要与空中交通管制机构或空中导航服务提供商进行实时通信。[636]因此，在遥控

---

[631] 国际民航组织，Doc 10019 AN/507，《遥控驾驶航空器系统（RPAS）手册》，蒙特利尔：国际民航组织，2015年，第9-9页。

[632] 同前注，第9-10页。

[633] 参见本书第4章第4.5.4节。

[634] 国际民航组织，Doc 10019 AN/507，《遥控驾驶航空器系统（RPAS）手册》，蒙特利尔：国际民航组织，2015年，第9-9页。

[635] R. J. Kerczewski et al. *Progress on the Development of the UAS C2 Link and Supporting Spectrum from LOS to BLOS*, *2017 IEEE Aerospace Conference*, 2017. Accessed 13 August 2020. https://doi.org/10.1109/aero.2017.7943926.

[636] *Ibid.*

站内，建立支持交接的可靠语音通信链路是必不可少的。[637]

5.3.3 结束语

上述内容是根据以往民用有人驾驶航空器的经验可预见的情况，并不是针对无人驾驶航空器系统安全和安保之标准和建议措施应涵盖的所有内容。随着技术的快速发展，安全和安保风险也在增加。

笔者认为，在解决无人驾驶航空器系统运行中的安全和安保问题时，我们必须承认，既有已知的、能够带来确定性的因素，又有"已知的未知"风险，即我们在无人驾驶航空领域中已知但尚未掌握的风险。然而，最危险也最难解决的可能是"未知的未知"风险，即我们尚未意识到的风险。

在下一节中，笔者将分析一些涉及小型无人驾驶航空器的事件，这些事件暴露了当前航空安全和安保方面的缺陷，而为了实现无人驾驶航空器系统在国际民用航空领域的充分整合，就必须克服这些缺陷。

5.4 涉及无人驾驶航空器系统的事件

5.4.1 盖特威克、伦敦希思罗、纽瓦克和迪拜事件

当媒体报道飞机事故或事件时，因涉及航空安全，整个社会往往会感到震惊。[638]尽管目前尚未出现涉及无人驾驶航空器系统的严重事故，但这些航空器事件已引起全球公众的关注。

例如，2018年12月20日，位于伦敦的英国第二大机场盖特威克机场因航站楼附近出现多架无人驾驶航空器而关闭跑道并暂停航班。这一事件发生在圣诞节期间，大约760架次航班、11万名乘客受到了影响。[639]

2019年1月8日，在盖特威克机场无人驾驶航空器事件过去仅三周后，英国最繁忙的机场伦敦希思罗机场，由于机场跑道出现一架小型无人驾驶航

---

[637] 国际民航组织，Doc 10019 AN/507，《遥控驾驶航空器系统（RPAS）手册》，蒙特利尔：国际民航组织，2015年，第9－11页。

[638] J. Huang. *Aviation Safety and ICAO* (Alphen aan den Rijn: Kluwer Law International, 2009), 13.

[639] R. de Miguel. *Cancelados Todos Los Vuelos En Gatwick Por La Interferencia 'deliberada' De Varios Drones*. EL PAIS. 21 December 2018. Accessed 8 January 2020. https://elpais.com/internacional/2018/12/20/actualidad/1545274386_639692.html.

空器而被迫推迟起飞一小时。[640]

2019年1月22日，美国联邦航空管理局短暂暂停了新泽西州纽瓦克机场（美国第11大繁忙机场）的航班起降，因此前有人看到两架小型无人驾驶航空器在距离纽瓦克机场约17英里的泰特波罗机场附近3500英尺*以上的空域飞行。该暂停持续了大约90分钟，随后机场迅速恢复运营。[641]

2019年2月15日上午10时13分至10时45分，作为全球国际客运量最高的机场之一，阿联酋迪拜机场因据称发现无人驾驶航空器而短暂中止运营。[642]

小型无人驾驶航空器的使用对商业航空造成了影响，尤其是在上述未经授权飞行而威胁到航空安全的事件发生后，这一问题变得更加突出。根据《芝加哥公约》和其他条约，缔约方是否有义务防止危及乘客和航空器安全与安保的行为？这一问题将在下一小节中探讨。

5.4.2 可能适用于防止这些事件的主要国内法规

前述章节已经分析和讨论了适用于无人驾驶航空器系统安全运营的相关国际规则，因此笔者将在本小节简要阐述国内法规如何适用于上述无人驾驶航空器干扰事件，以及我们可以从中吸取的经验教训。

上述事件发生在《芝加哥公约》缔约方的领空内，因此前述《芝加哥公约》及其附件的规定适用于这些事件。缔约方必须防止无人驾驶航空器被滥用，[643]并应采取必要行动，以减少或消除无人驾驶航空器对民用航空器上人员或机场周边人员生命构成威胁或风险的情况。[644]由于这些事件发

---

[640] *Heathrow Airport Drone Investigated by Police and Military*. BBC News. 9 January 2020. https://www.bbc.com/news/uk-46804425.

＊ 3500英尺约等于1.07千米。

[641] P. McGeehan. *Newark Airport Traffic Is Briefly Halted After Drone Is Spotted*. The New York Times. 22 January 2019. https://www.nytimes.com/2019/01/22/nyregion/drones-newark-airport-ground-stop.html/.

[642] H. Coffey. *Drone Attack Grounds Flights at Dubai Airport*. Independent Digital News and Media. 15 February 2020. https://www.independent.co.uk/travel/news-and-advice/dubai-airport-drones-attack-ground-flightscancelled-delayed-a8780496.html.

[643] 参见《芝加哥公约》第4条。

[644] 参见《芝加哥公约》第8条。

生在主权国家的领空内,各国关于无人驾驶航空器系统运营的国内法规也应适用。

英国、美国和阿联酋发布了旨在规范无人驾驶航空器在其国家空域运营的法规。例如,美国[645]和阿联酋[646]的法规要求所有无人驾驶航空器均应进行注册。英国的情况则有所不同,从2019年11月30日开始,无人驾驶航空器系统运营人开始向英国民航局注册其无人驾驶航空器,并通过在线安全测试。任何未通过测试的运营人可能会面临高达1000英镑*的罚款。[647]

这三个国家还发布了规定,要求小型无人驾驶航空器在飞行时,应始终保持在视线范围内,并遵守指定"禁飞区"的相关规定,其中典型的区域包括机场、监狱、体育场馆、体育赛事场地以及安全敏感的空域限制区。[648]

根据《芝加哥公约》第17条,如果无人驾驶航空器已按照美国或阿联酋的规定在该国注册登记,则这些航空器将拥有美国或阿联酋的国籍。[649]然而,盖特威克机场和伦敦希思罗机场事件中涉及的无人驾驶航空器并未注册,因为在英国注册无人驾驶航空器的义务是在2019年11月30日才产生的。

登记国对注册登记的航空器负有诸多责任。库珀(Cooper)教授认为,"每个国家都应要求拥有其国籍的航空器从事国际良好行为"。[650]正如第5.2.3.1节所述,《芝加哥公约》第12条要求"缔约各国承允采取措施以保

---

[645] *Register Your Drone*. FAA. 1 November 2018. Accessed 13 August 2020. https://www.faa.gov/uas/getting_started/register_drone/.

[646] GCAA. *UAE General Civil Aviation Authority*. Accessed 16 April 2020. https://www.gcaa.gov.ae/en/pages/UASRegistration.aspx.

* 若汇率为1英镑=9.4元人民币,则1000英镑=9400元人民币。

[647] *Updates about Drones*. UK Civil Aviation Authority. Accessed 16 April 2020. https://www.caa.co.uk/Consumers/Unmanned-aircraft/Our-role/Updates-about-drones/.

[648] *See Airspace Restrictions*. FAA Seal. 11 December 2018. Accessed 13 August 2020. https://www.faa.gov/uas/recreational_fliers/where_can_i_fly/airspace_restrictions/. *Airspace Restrictions for Unmanned Aircraft and Drones*. UK Civil Aviation Authority. Accessed 16 April 2020. https://www.caa.co.uk/Consumers/Unmanned-aircraft/Our-role/Airspace-restrictions-for-unmanned-aircraft-anddrones/. GCAA. *Airport Restrictions*. Accessed 16 April 2020. https://www.gcaa.gov.ae/en/Pages/noflyzone.aspx.

[649] 参见《芝加哥公约》第17条。

[650] J. C. Cooper. 'Backgrounds of International Public Air Law', 1 *Yearbook of Air and Space Law* 3, 31 (1967).

证在其领土上空飞行或在其领土内运转的每一航空器及每一具有其国籍标志的航空器，不论在何地，应遵守当地关于航空器飞行和运转的现行规则和规章"。故而，国内航空器更应遵守第 12 条的规定。

无人驾驶航空器的遥控驾驶员必须遵守各国的空中规则，这些规则应与《芝加哥公约》第 12 条及该公约附件 2《空中规则》的规定相一致。具体而言，无人驾驶航空器不得飞越盖特威克机场、伦敦希思罗机场、纽瓦克机场和迪拜机场，以及这些机场的周边区域，因为这些机场是无人驾驶航空器的"禁飞区"。此外，无人驾驶航空器应在登记国、运营人所在国（如有不同）以及在其预计飞行的国家所规定的条件下运行。飞行前，无人驾驶航空器应按照《芝加哥公约》附件 2 第 3 章或预计在其运行的国家的其他规定提交飞行计划。[651] 最重要的是，无人驾驶航空器在对民用航空器开放的区域内飞行时应受到管制，以免危及民用航空器。[652]

根据《芝加哥公约》第 12 条，无人驾驶航空器登记国有权起诉在上述事件中违反本国法律和附件 2 规定的人员。[653]

1988 年《蒙特利尔议定书》第 2 条规定禁止扰乱机场服务。[654] 该议定书还规定缔约方有义务将案件提交有关当局，由其酌情决定是否起诉。

根据上述规定，英国、美国和阿联酋可以对上述事件的责任人处以刑罚。[655] 在这方面，英国启动了调查行动，并对这些事件的责任人实施处罚。[656] 美国联邦航空管理局也展开调查以确定事件责任人。[657] 尽管阿联酋警方进行了高

---

[651] 参见《芝加哥公约》附件 2《空中规则》附录 4 关于遥控驾驶航空器系统运营的一般规则。

[652] 参见《芝加哥公约》第 8 条。

[653] 参见《芝加哥公约》第 12 条。

[654] 参见 1988 年《蒙特利尔议定书》第 2 条。

[655] 参见 1988 年《蒙特利尔议定书》第 3 条。

[656] V. Dodd and M. Weaver. *Heathrow Drone*：*Police Investigating Whether It Is Linked to Gatwick Chaos*. The Guardian (Guardian News and Media). 9 January 2019. Accessed 13 August 2020. https://www.theguardian.com/uknews/2019/jan/09/heathrow – drone – police – investigating – whether – it – is – linked – to – gatwick – chaos.

[657] *FAA Investigating Drone Scare That Grounded Flights at Newark Airport*. CBS New York. 23 January 2019. Accessed 13 August 2020. https://newyork.cbslocal.com/2019/01/23/faa – investigating – newark – airport – drone – scare/.

调调查,但仍未找到肇事者。[658]上述国家还应根据国际法和国内法,尽力采取一切可能的措施,防止1971年《蒙特利尔公约》及1988年《蒙特利尔议定书》所述的罪行。此外,当因违法犯罪行为导致航班延误或中断时,航空器、乘客或机组人员所在的任何国家应在切实可行的情况下,尽快为乘客和机组人员继续旅程提供便利。[659]所有相关国家都采取积极行动,一旦有充分理由认为继续飞行是安全的,就应为乘客和机组人员继续旅程提供便利。

5.4.3 防止类似事件再次发生的经验教训

我们从上述事件中可以吸取哪些经验教训呢?是否需要更多的控制和监管措施?笔者认为,发生在盖特威克、伦敦希思罗、纽瓦克和迪拜机场的无人驾驶航空器入侵事件暴露了机场周边无人驾驶航空器运行在准备、信息和控制方面的不足。或许,这些并非全球范围内仅有的无人驾驶航空器干扰事件。世界各地的许多机场、民航局和各国很可能尚未准备好应对未经授权的无人驾驶航空器的入侵。

笔者认为,无人驾驶航空器的日益普及可能会对空中交通管理基础设施的极限提出挑战,迫使各国修改其现有的监管框架并改进其监管技术。同时,也需要修改已出台的无人驾驶航空器登记法规,允许对无人驾驶航空器系统的运行进行追踪。

美国联邦航空管理局开发了一款应用程序,该程序可以根据无人驾驶航空器系统运营人的位置,告知其航空器是否可以在某一区域飞行。该程序还为新的遥控驾驶员提供信息,并更新有关无人驾驶航空器系统操作之法规的变化。[660]虽然这一应用程序可能对无人驾驶航空器系统运营人有所帮助,但它仍不足以支持机场的安全措施。因此,设计一种能够在低空域中安全

---

[658] J. Porter. *Dubai Airport Forced to Halt Departures Due to Drone Sightings*. The Verge. 15 February 2019. Accessed 13 August 2020. https://www.theverge.com/2019/2/15/18226077/dubai-airport-drone-closure-ground-flights.

[659] 参见1971年《蒙特利尔公约》第10条。

[660] *B4UFLY Mobile App Update*. FAA Seal. 26 February 2020. https://www.faa.gov/uas/recreational_fliers/where_can_i_fly/b4ufly/.

整合和有效分离无人驾驶航空器和其他航空器及物体的空中交通管理系统至关重要。此外，还需要一种能够识别小型无人驾驶航空器是否在限制或禁止区域飞行的技术，以便在其对公共安全构成威胁或风险时采取应对措施。

各国还可以实施地理围栏技术[661]及相关程序，以防止无人驾驶航空器干扰。地理围栏技术有效地创建了基于位置的虚拟屏障，以防止无人驾驶航空器在敏感区域（如机场周边）以及人群聚集的一次性场所（如因节日和体育赛事而聚集的地点）飞行和起降。[662]

尽管防止无人驾驶航空器入侵机场可能是使机场更为安全的第一步，但直接干预可能无法应对保护乘客和工作人员安全所需之挑战。

无人驾驶航空器也是航空器，击落它们将违反《芝加哥公约》第3条分条，该条要求"每一国家必须避免对飞行中的民用航空器使用武器"。[663]然而，无人驾驶航空器系统技术一旦落入不法分子之手，就可能会被武器化，并对安全和安保构成不可控的威胁。然而，事实也表明，无人驾驶航空器系统提供的服务益处远大于其危害。笔者相信，应对无人驾驶航空器干扰的最佳方式是通过监管、培训、技术和执法行动。

5.4.4 结束语

前述分析的事件证实，未来仍需要制定规则，以防止在与有人驾驶航空器互动时发生涉及无人驾驶航空器的事故或事件。虽然难以预测所有可能对航空安全构成威胁的事件，但确保最低标准是必要的，这些标准有助于减少或控制与无人驾驶航空器系统运行相关的所有风险，从而促进其融入国际民用航空体系。

---

[661] 地理围栏技术围绕固定或移动的地理点构造虚拟三维边界，可以在软件中预定义或动态生成，使软件能够在设备接近边界时触发响应。

[662] M. Murison. *5 Technologies Improving Drone Safety*. DRONELIFE. 23 January 2019. Accessed 13 August 2020. https://dronelife.com/2019/01/23/5 – technologies – improving – drone – safety/.

[663] 参见《芝加哥公约》第3条分条。

5.5 本章小结

受限于各国和无人驾驶航空器系统运营人保证安全的能力，无人驾驶航空器在国内和国际空域的常态化运营仍然有限。现行的标准和建议措施并未涵盖确保无人驾驶航空器系统安全运行所需的所有监管方面。然而，毋庸置疑，无人驾驶航空器在从事国际航行时，必须遵循《芝加哥公约》及其附件的规定，这些规定包括但不限于以下内容：

◆ 遥控驾驶员应遵守空中规则，且无人驾驶航空器的飞行计划必须符合附件2《空中规则》的相关规定；

◆ 无人驾驶航空器系统运营人应获得所有相关飞行国家的特许，并且必须对无人驾驶航空器进行管制，以免危及民用航空器；

◆ 无人驾驶航空器系统应具备运营人证书；

◆ 无人驾驶航空器系统应根据型号设计取得适航证；

◆ 无人驾驶航空器系统应遵守飞行空域的通信、导航和监视要求；

◆ 无人驾驶航空器的驾驶员应具备有效执照。

为实现无人驾驶航空器系统在国际空域的常态化安全运行，需要修订《芝加哥公约》的19个附件，纳入新的标准和建议措施，从而使无人驾驶航空器能够在国际空中航行。新的标准和建议措施不仅应旨在促进无人驾驶航空器系统的整合，而且应当确保国际空中航行的持续安全。

尽管国际民航组织与各国及业界通力合作推动无人驾驶航空器系统的整合，力求使无人驾驶航空器达到与有人驾驶航空器同等的安全水平，但仍面临若干亟待解决的挑战，特别是以下方面的规则制定：

◆ 针对无人驾驶航空器系统的安全管理体系规则；

◆ 针对无人驾驶航空器系统的安保管理体系规则；

◆ 关于发现与避让系统以及间隔保障技术的规则，以确保无人驾驶航空器国际空中航行安全；

◆ 关于无人驾驶航空器不同运营模式的无人驾驶航空器系统交通管理规则；

◆ 关于有人驾驶航空器和无人驾驶航空器之间飞行间隔的无人驾驶航空器系统交通管理规则；

◆ 关于无人驾驶航空器系统交通管理和空中交通管理之间无人驾驶航空器空中交通管理的交互规则；

◆ 关于遥控站驾驶舱/舱室准入的规则；

◆ 关于遥控驾驶员和技术人员访问遥控站及相关基础设施位置的规则；

◆ 防止指挥与控制链路被黑客攻击、数据链欺骗或其他形式干扰的规则；

◆ 针对无人驾驶航空器系统运营和性质的人为因素的规则；

◆ 针对无人驾驶航空器系统的飞行计划规则；

◆ 关于无人驾驶航空器系统和有人驾驶航空器共同使用机场的规则；

◆ 关于无人驾驶航空器系统安全交接的程序规则；

◆ 关于无人驾驶航空器同时运行的规则；

◆ 关于无人驾驶航空器在紧急情况下的程序规则。

鉴于此，不仅需要修改现行的标准和建议措施，还需要调整现行航空系统的程序、政策和基础设施，以协助无人驾驶航空器系统在不危及当前航空安全的情况下融入民用航空。

因此，国际民航组织和《芝加哥公约》的缔约方必须继续合作，确保监管措施跟得上无人驾驶航空器系统技术发展的步伐，并支持其安全有效地融入全球航空体系。由于无人驾驶航空器系统技术的不断发展，各国和相关的区域组织必须开展合作，以实现法规、标准和程序的最高程度的统一，从而便利和推动民用无人驾驶航空器的国际空中航行。

在下一章中，笔者总结了本研究的基本要点，包括回顾研究问题，以及研究结果如何全部或部分回应了这些问题，或者是否根本没有给出答案。在此基础上，笔者还将提出旨在促进无人驾驶航空器系统在新时代安全高效运行的建议。

附录 1

无人驾驶航空器运营人应备文件

以下与无人驾驶航空器系统运营人相关的文件、手册和信息应以原件形式存放于无人驾驶航空器系统运营人的操作管理办公室所在地或运营人所在国指定的其他地点:[664]

◆ 无人驾驶航空器系统运营人证书,[665]该证书授权运营人开展指定的无人驾驶航空器系统作业;

◆ 与无人驾驶航空器系统运营人证书相关的无人驾驶航空器系统和遥控站的标准操作规范;

◆ 运营手册,包括无人驾驶航空器系统操作手册和遥控站手册;

◆ 飞行手册;

◆ 维修控制手册(MCM);

◆ 第三方责任保险证书;

◆ 无人驾驶航空器注册证书;

◆ 无人驾驶航空器适航证书;

◆ 无人驾驶航空器系统手册;

◆ 任何附加的针对无人驾驶航空器系统部件的证书(如适用);

◆ 所有无线电台许可证(如适用);

◆ 所有噪声证书(如适用);

◆ 特殊载荷通知(如适用);

◆ 货物舱单(如适用)。

---

[664] 国际民航组织,Doc 10019 AN/507,《遥控驾驶航空器系统(RPAS)手册》,蒙特利尔:国际民航组织,2015 年,第 6—7 页。

[665] 该证书授权运营人开展指定的无人驾驶航空器系统作业。

遥控站应备文件

在飞行期间，遥控站必须备有包括但不限于以下文件、手册和信息：[666]

◆ 操作员手册，包括最低设备清单（MEL）[667]、构型偏差清单（CDL）、无人驾驶航空器系统操作手册和遥控站手册；

◆ 无人驾驶航空器和无人驾驶航空器系统飞行手册；

◆ 与无人驾驶航空器系统运营人证书相关的无人驾驶航空器系统和遥控站的标准操作规范；

◆ 航行日志；

◆ 无人驾驶航空器的维修控制手册、维护日志和技术日志；

◆ 遥控站的维修控制手册、维护日志和技术日志；

◆ 当前已备案的空中交通服务和执行飞行计划的详细信息（如适用）；

◆ 飞行航线的航图以及所有可能改航的航线航图，包括所有相关机场/直升机场的离场、进场和进近图；

◆ 计划飞行区域的搜索和救援服务信息；

◆ 航行通告（NOTAM）和航空信息服务（AIS）简报文件；

◆ 气象信息；

◆ 燃油要求、燃油装载记录；

◆ 货物舱单和危险品信息（如适用）；

◆ 重量与平衡文件；

◆ 任何其他与飞行相关或由相关国家要求的文件。

---

[666] 国际民航组织，Doc 10019 AN/507，《遥控驾驶航空器系统（RPAS）手册》，蒙特利尔：国际民航组织，2015年，第6-8页。

[667] 最低设备清单是指，在特定条件下允许航空器在部分设备不工作状态下继续运行的清单。该清单由运营人根据相应航空器型号的最低设备清单编制，其标准可等同于或严于原机型最低设备清单的要求。

有关无人驾驶航空器系统的技术信息，如航行日志、维护日志、飞行计划变更和燃油状态必须是最新的，所有相关信息都应传达给接班的遥控驾驶员。遥控驾驶员应在航行期间或航段结束后尽快更新日志，上述文件的电子版本必须为运营人所在国和飞行涉及之国家所接受。[668]

无人驾驶航空器上携带的文件

无人驾驶航空器上必须携带以下电子格式的文件，并且这些文件应为运营人所在国和飞行涉及之国家所接受，具体包括：[669]

- ◆ 无人驾驶航空器系统运营人证书；
- ◆ 无人驾驶航空器注册证书；
- ◆ 无人驾驶航空器适航证书；
- ◆ 参与当前飞行的每位遥控驾驶员的执照；
- ◆ 航行日志；
- ◆ 操作规范；
- ◆ 货物清单和危险品信息（如适用）；
- ◆ 噪声证书（如适用）；
- ◆ 航空器无线电台许可证。

无人驾驶航空器地面运营区域或其附近的文件

以下文件、手册和信息应在无人驾驶飞行器地面运营区域或其附近可用，具体包括：[670]

- ◆ 无人驾驶航空器飞行手册或其相关部分；
- ◆ 货物舱单和危险品信息（如适用）。

---

[668] 国际民航组织，Doc 10019 AN/507，《遥控驾驶航空器系统（RPAS）手册》，蒙特利尔：国际民航组织，2015年，第6-8页。

[669] 同前注，第6-9页。

[670] 同前注。

附录 2

《芝加哥公约》的 19 个附件

附件 1《人员执照的颁发》：针对飞行机组人员、空中交通管制员和航空器维修人员的执照颁发。

附件 2《空中规则》：适用于具有缔约方国籍和登记标志的航空器，无论其位于何处，只要不与飞越国颁布的规则相抵触。此外，该附件还细化了《芝加哥公约》第 12 条所述的航空器飞行和操作规则。因此，这些规则毫无例外地适用于公海。

附件 3《国际空中航行气象服务》：旨在促进国际空中航行的安全、正常和效率。该附件向运营人、飞行机组成员、空中交通服务单位、搜寻和援救单位、机场管理部门以及其他与实施和发展国际空中航行有关的部门供应执行其各自职责所必需的气象情报。

附件 4《航图》：要求编制三套图表，以便按照不同的比例尺进行规划和目视导航。

附件 5《空中和地面运行中所使用的计量单位》：规范在国际民用航空空中与地面运行中使用计量单位的标准系统。计量单位的标准系统基于国际单位制（SI）和一些被认为满足国际民用航空特殊要求有必要的非国际制单位。

附件 6《航空器的运行》：通过提供安全运行措施的标准，增进国际航行安全，并通过鼓励各国对于其他国家符合运行标准的从事国际商业航空运输的航空器飞经本国给予便利。附件 6 第 I 部分中包含的标准和建议措施应适用于经批准从事国际商业航空运输的运营人的航空器飞行，而附件 6 第 II 部分中包含的标准和建议措施应适用于航空器的国际通用航空运行。

附件 7《航空器国籍和登记标志》：包含国际民航组织采纳的遵照《芝加哥公约》第 20 条规定的对标明所属国籍和登记标志表示的最低标准。

附件8《航空器适航性》：为缔约方负责适航审定的部门制定了标准和建议措施，确定了各国为其他国家的航空器飞入和飞越其领土之目的承认适航证的最低标准，从而实现对其他航空器、第三方和财产的保护。

附件9《简化手续》：规定了处理海关和移民程序以及随时认为适当的有关空中航行安全、正常和效率的其他事项的标准和建议措施。《芝加哥公约》第22条"简化手续"和第23条"海关和移民程序"要求各国执行前述标准和建议措施。第22条表述了缔约各方所接受的义务，即"通过发布特别规章或其他方法，以便利和加速航空器在缔约各国领土间的航行，特别是在执行关于移民、检疫、海关、放行等法律时，防止对航空器、机组、乘客和货物造成不必要的延误"。[671]第23条申明，"缔约各国承允在其认为可行的情况下，按照依本公约随时制定或建议的措施，制定有关国际航行的海关和移民程序"。[672]

附件10《航空电信》：调整范围包括无线电导航设备、通信程序、通信系统、监视和防撞系统以及航空无线电频谱的利用。

附件11《空中交通服务》：要求建立飞行情报中心和空中交通管制单位，并将世界空域划分为一系列提供空中交通管制的连续飞行情报区。

附件12《搜寻与援救》：适用于在缔约方领土内和公海上的搜寻与援救服务的设置、维护与操作以及国家之间对这种服务的协调。

附件13《航空器事故和事故征候调查》：适用于在任何地方发生事故和事故征候后的各项活动。

附件14《机场》：适用于根据《芝加哥公约》第15条规定开放供公众使用的所有机场。

附件15《航空情报服务》：旨在确保国际空中航行安全、正常和高效所必需的航空情报和数据流通。损坏或错误的航空情报和数据可能会危及航行安全。

---

[671] 参见《芝加哥公约》第22条。

[672] 参见《芝加哥公约》第23条。

附件16《环境保护》：包含定义以及适用于本附件所规定的从事国际空中航行的相关类别航空器噪声合格审定的标准、建议措施和指导材料。

附件17《安保》：通过顾及飞行的安全、正常和效率的各种规章、措施和程序，保护民用航空运行免遭非法干扰行为。

附件18《危险物品的安全航空运输》：旨在规范管理危险物品的国际航空运输。Doc 9284号文件《危险物品安全航空运输技术细则》细化了本附件的概括性规定。

附件19《安全管理》：旨在协助各国管理航空安全风险。鉴于全球航空运输系统日益复杂和为确保航空器安全运行所需的航空活动之间的相互关联性，本附件支持积极策略的不断演变，借以提高安全绩效。这种积极主动的安全策略是基于实施国家安全方案来系统地解决安全风险。

最后，在空中航行服务程序中确定了空中航行的最佳实践。

第6章 结论和建议

6.1 本章要点

本章重点探讨了研究结果如何回应本研究的核心问题，即现行的国际法律框架是否足以确保无人驾驶航空器系统的运行和发展，并保持高水平的安全性？具体而言，本章回答了引论部分提出的以下四个研究问题：

（1）《芝加哥公约》及其附件规定的标准和建议措施能否适用于无人驾驶航空器系统？

（2）与无人驾驶航空器国际运行和国际航空运输有关的法律问题有哪些？

（3）现行的国际航空运输法律体系能否支持无人驾驶航空器系统的国际运行？

（4）《芝加哥公约》及其附件规定的标准和建议措施是否需要更新，以便将无人驾驶航空器系统纳入国际民用航空体系？

最后，笔者将分析这些回答是否有助于航空法的发展和演进，并为未来相关领域的研究提出建议。

6.2 一般结论

无人驾驶航空器系统的兴起正在推动民用航空领域的重大变革。使用无人驾驶航空器载运乘客、货物和邮件的国际航空运输，不再是科幻小说中才有的情节。我们正处于一个历史的关键时刻，技术创新正在人类活动的绝大多数领域引发变革，航空业也概莫能外。正如本书第1章所述，无人驾驶航空器系统有望显著改变民用航空业现状，开辟新的市场，刺激全球经济增长并创造就业机会。无人驾驶航空器系统一旦与国际民用航空完全整合，其运输量预计将呈指数级增长。

在 21 世纪之前，无人驾驶航空器系统主要作为国家航空器使用，运行于民用航空体系以外。然而，这种情况已不复存在。如今，新型无人驾驶航空器系统正涉足众多民用领域，并且还在快速地创新性发展，越来越多的人将他们的想象力转化为新的理念和实践应用。

毋庸置疑，民用航空的进步在很大程度上取决于技术创新的发展，这些技术创新使航空运输更安全、更高效、更经济。因此，为新技术的应用制定法规颇具挑战，因其不仅需要关注技术飞跃，还需要考虑其对社会的影响，并且创新往往比政府机构的反应速度更快。

虽然无人驾驶航空业发展日新月异，呈现出一系列的特质和复杂性，并具有充足的运营机会及巨大的经济潜力，但对于民用航空而言，该产业仍是一个希望与挑战并存的新领域。本书第 1 章提到的行业报告表明，无人驾驶航空器系统的市场价值将从 2016 年的 114.5 亿美元增长到 2025 年的 518.5 亿美元。鉴于该市场的快速发展，预计在未来 10 年内，全球民用航空运营中约有 10% 将由无人驾驶航空器完成。这一显著扩张的实现离不开所有行业相关人员的积极参与，包括软件开发商、零部件供应商以及涉及数据、通信和机载系统的公司。由于统一的规则将有助于规范民用无人驾驶航空器系统的常态化国际运营，在统一的国际监管框架建立之前，我们很难准确预测无人驾驶航空器系统对民用航空的全面经济影响。

无人驾驶航空器系统运营的发展，引发了人们对有人驾驶航空器安全和安保的担忧，这一点在 2018 年至 2019 年英国、美国和阿联酋发生的无人驾驶航空器干扰事件中得到了证实（详见第 5 章分析）。因此，亟须为无人驾驶航空器系统的运营制定全面的监管框架，以促进其安全运行并与有人驾驶航空器有效整合。

无人驾驶航空器系统的应用范围很广，从娱乐飞行到货物运输均有涉及。市场上出售的无人驾驶航空器具有不同特性和功能，但许多（如果不是绝大多数）用户并不知道其如何安全运行。这种情况对有人驾驶航空器构成了潜在威胁，特别是当无人驾驶航空器在机场附近或人口密集地区运行时。

第6章 结论和建议

国际民航组织致力于提升无人驾驶航空器系统国际运行的安全性,并确保其运行不会对民用航空用户和运营人构成危险。一旦制定出针对无人驾驶航空器系统的标准和建议措施,无人驾驶航空器将能够与有人驾驶航空器一并从事国际航空运输,使用相同的空域、程序和空域隔离标准,并像有人驾驶航空器一样,从机场起降,以及与空中交通管制机构和其他驾驶员进行安全无缝的互动。为此,就需要在《芝加哥公约》附件已经采纳的成千上万条标准和建议措施中,加入新的针对无人驾驶航空器系统的标准和建议措施。

针对无人驾驶航空器系统的新标准和建议措施也将为各国赋予新的责任。民航局的许可和认证必不可少。更复杂的无人驾驶航空器系统应具备遵行仪表飞行规则飞行的能力,并持有所有必要的证书和许可证,以便能够像民用有人驾驶航空器一样安全运行。

现行国际民用航空规范体系主要是为促进有人驾驶航空器的国际空中航行而构建的,因此无人驾驶航空器在融入民用航空体系时存在监管空白,阻碍了其安全运行。

本书研究之目的在于探讨当前民用无人驾驶航空器系统国际运行中面临的法律和监管挑战。笔者分析了以下议题:

◆ 空域法律制度;
◆ 航空器的概念;
◆ 与国际航空运输有关的国际空中航行的概念;
◆ 安全管理制度。

研究上述议题都旨在识别和分析其在无人驾驶航空器系统国际运行中的适用性。在此过程中,笔者还运用了《条约法公约》中的条约解释规则,以确保在解释和运用国际航空规则时具有法律一致性和实用性。

在本书撰写过程中,民用无人驾驶航空器的运用在不断扩展。该情况进一步证实了确有必要从航空法的角度来研究无人驾驶航空器的法律影响,同时这也凸显了现行法规在确保其国际运行安全方面的不足。

首先需要强调本书的基本出发点,无人驾驶航空器属于航空器,因其依靠机翼获得升力。[673]此外，国际民航组织指出，所有无人驾驶航空器，不管是遥控驾驶、自动驾驶，还是两者兼而有之，都应由《芝加哥公约》第8条调整。

《芝加哥公约》中确立的以下航空法原则适用于无人驾驶航空器系统的国际运行，具体包括：

◆ 领空主权原则与《芝加哥公约》第8条相结合：缔约方承认每一国家对其领土之上的空气空间具有完全的和排他的主权，[674]任何无人驾驶航空器飞越另一国领土，应事先获得该国特许。[675]

◆ 公海飞越自由：无人驾驶航空器也有在公海上空飞行的自由。

◆ 航空器国籍：无人驾驶航空器具有登记国的国籍，因此登记国有责任确保无人驾驶航空器安全运行。

《芝加哥公约》第3条区分了民用航空器和国家航空器，后者被排除在该公约的调整范围之外。[676]无人驾驶航空器的用途决定了其属于民用航空器还是国家航空器，而与其是否有人驾驶无关。

当无人驾驶航空器执行民用功能时，《芝加哥公约》第1条、第2条、第3条、第3条分条和第4条针对领空和航空器设定的规则适用于无人驾驶航空器系统的国际运行。因此，无人驾驶航空器系统不仅应遵守前述规定，还应遵守《芝加哥公约》其他关于航空器飞越缔约方领土的规定。

根据《芝加哥公约》第8条，缔约方需确保对无人驾驶航空器在向民用航空器开放的地区内的飞行加以管制，以免危及民用航空器。由于无人驾驶航空器具有多种用途，第8条既不限制也不禁止无人驾驶航空器执行民用功能。因为该条款涉及航空器的类型而非用途，仅要求无人驾驶航空器在向民用航空器开放的地区内飞行时，应采取必要措施，防止危及民用航空器。

国际航空运输由不同的管理制度调整，包括但不限于《芝加哥公约》及

---

[673] 航空器是指，可以在大气中从空气的反作用，而不是从空气对地面的反作用获得支撑的任何机器。
[674] 参见《芝加哥公约》第1条。
[675] 参见《芝加哥公约》第8条。
[676] 参见《芝加哥公约》第3条。

其附件等航空公法公约、航空刑法公约以及双边/多边航空运输协定。这些条约和协定之间也在相互影响。因此，当无人驾驶航空器从事国际航空运输活动时，必须遵守这些法律文件中关于空域使用、航空器国籍以及国际空中航行安全的规定。

最后，随着无人驾驶航空器产业的持续壮大，同时运营的无人驾驶航空器数量也将快速增长。这种情况对各国、国际民航组织和空域规划者构成了巨大挑战，需要在无人驾驶航空器系统的空中交通管理、安全和安保方面采取创新办法。

6.3 涉及无人驾驶航空器国际空中航行和国际航空运输的法律问题，以及现行国际航空运输法律体系能否支持无人驾驶航空器系统的国际运行

国际民用航空的监管框架若脱离人类首次成功克服自身重力并使重于空气的机器安全运行的历史背景，将毫无意义。因此，飞行规则的制定首先以提升安全为目的，其次旨在支持由航空器商业化应用及市场互动所产生的经济效益。人类永无止境的好奇心最终催生出无人驾驶航空器系统，而无人驾驶航空器融入民用航空体系的过程，也对当前主要规范有人驾驶航空器运行的监管框架提出了挑战。

航空器国际运行涉及国际空中航行和国际航空运输，但两者有不同的法律内涵。正如本书第3章和第4章所述，无人驾驶航空器系统的国际运行涉及无人驾驶航空器的国际空中航行规则和国际航空运输规则。

笔者分析了《芝加哥公约》适用于无人驾驶航空器系统国际民事运行的主要条款，并按照国际条约解释规则对其进行了解释。此外，笔者还考察了其他仅规范国际航空运输的国际条约，例如《国际航空运输过境协定》《国际航空运输协定》，以及其他双边/多边航空运输协定。关于无人驾驶航空器的国际空中航行和国际航空运输的规则如下：

◆《芝加哥公约》及其附件为无人驾驶航空器的国际空中航行提供了监管框架，而国际航空运输规则也受《芝加哥公约》第2章"在缔约国领土上方飞行"以及国家间双边/多边航空运输协定之约束。

◆ 无人驾驶航空器的国际空中航行涉及飞行的技术和安全方面，应遵循国际民航组织理事会随时通过的标准和建议措施。

◆ 无人驾驶航空器从事国际航空运输活动时，其运营人应遵守《芝加哥公约》第5~8条，以及《国际航空运输协定》和双边/多边航空运输协定中的规定。

◆ 由于涉及飞越外国领空，特许成为《芝加哥公约》第5~8条的共同要素，但该术语在各条款中的表述存在细微差别，导致它们在法律和实践层面的法律意义存在差异。

◆ 第5~7条使用的特许主要涉及航空服务的经济特征，但在第5条中，特许还涉及航空器飞往不可进入或者缺乏适当航行设施之区域的安全问题。而第8条中的特许是技术性的，旨在解决航空器的特性、机载设备、通信、空中交通管制、运行速度、遥控驾驶员的执照和适航证书等问题。《芝加哥公约》附件2《空中规则》附录4第3.1节规定了前述第8条中特许的内容，该特许亦可通过国家之间的协定获得。

◆ 第5条规定了不定期航班的运营权，但该权利受限于飞越国认为需要的国内规章、条件或限制。

◆ 第6条禁止定期国际航班飞越外国领空，除非获得该国特准或其他许可并遵照此项特准或许可的条件。从事定期国际航班的无人驾驶航空器同样需要事先获得特许才能飞往另一个国家，这不仅是《芝加哥公约》第6条的要求，亦是第8条的要求。第6条规定之特许可以通过航空运输协定的形式实现，而第8条特许的获得则需要通过事前提交授权申请表。然而，各国亦可以通过双边/多边航空运输协定或安排，为无人驾驶航空器系统的运行共同商定更为简单的程序。换言之，各国在批准或交换无人驾驶航空器定期国际航班的授权时，不仅应援引第8条，还需通过航空运输协定互换航权。

◆ 同样地，计划在另一国从事国内载运业务的外国无人驾驶航空器，必须同时事先获得第7条和第8条规定的特许。第7条规定的特许涉及国内载运权的经济属性，且授予此类特权时，相关国家不得寻求或同意给予排他性授权。

◆ 由于第8条是特别法，其优于第5~7条。例如，从事不定期航班的无人驾驶航空器有上下乘客、货物或邮件的特权，但上下的地点所在国有权实施其认为需要的规章、条件或限制。因此，各国可单方面监管无人驾驶航空器从事的不定期国际航班，同时无人驾驶航空器还应遵守目的地国的规则。然而，笔者认为，由于第 8 条作为特别法优于第 5 条，无人驾驶航空器将始终需要特许才能在另一国的领土内飞行或降落，但同时应能够类推适用第 5 条中关于不定期航班的其他要素。

◆ 自《芝加哥公约》通过以来，有人驾驶航空器的运行一直要求获得特许，故而无人驾驶航空器系统的国际运行始终需要特许也不足为奇。换言之，第 5~7 条中的特许要求应同样适用于无人驾驶航空器。

国际航空运输的一个重要方面是国家间根据航空运输协定互换航权，这些规定也应类推适用于无人驾驶航空器系统的国际运行。

第 4 章提出了几项针对航空运输协定的修改意见，旨在确保协定契合无人驾驶航空器的特性，并在其国际运行中适用安全和安保规则。除这些修改意见外，笔者认为，目前的航空运输协定对无人驾驶航空器从事国际航空运输具有适用性，但仍需修改某些条款，具体如下所述：

◆ 将"航空公司"替换为"运营无人驾驶航空器之企业"：可以避免只有航空公司才能运营无人驾驶航空器。为此，必须调整航空运输协定中的定义、许可条件和航权。

◆ 定义条款的调整：由于无人驾驶航空器系统是民用航空领域的新型表述，一旦所有标准和建议措施都采用该表述，无人驾驶航空器系统将能够常规从事国际航空运输。

◆ 指定和授权条款：鉴于无人驾驶航空器在从事国际航空运输时会涉及第三国，且该国可能在安全和安保方面对无人驾驶航空器系统具有管辖权，因此该国应被纳入国际航空运输体系。此外，新的航空运输协定应引入《芝加哥公约》第 8 条中所述的技术性特许。

◆ 法律适用条款：遥控站可以分布在不同国家，故而无人驾驶航空器可能受到多重司法管辖。

◆ 证书承认条款：旨在推动第三国承认遥控驾驶员的执照。

◆ 安全和安保条款：需结合无人驾驶航空器系统的特性和风险，并以国际民航组织制定的标准和建议措施为指引。

最后，针对有人驾驶航空器国际航空运输的经济监管框架是未来无人驾驶航空器国际航空运输经济监管规范发展和完善的基准。同时，无人驾驶航空器和有人驾驶航空器都必须在以有人驾驶航空器为主导的市场上竞争，因此有必要对二者的公平竞争进行监管。

6.4 《芝加哥公约》及其附件是否适用于无人驾驶航空器系统

根据《芝加哥公约》，无人驾驶航空器是指任何无人驾驶而能飞行的航空器。从事国际航空运输的无人驾驶航空器应按照仪表飞行规则飞行，并需要持有与有人驾驶航空器相同的证书、执照和设备。由于无人驾驶航空器属于航空器，当其执行民用功能时，应适用《芝加哥公约》。然而，作为一种新型技术，国际民航组织的理事会及其他机构尚未就无人驾驶航空器制定一整套标准和建议措施，以应对相关风险并确保无人驾驶航空器系统安全运行。例如，本书第5章已经说明，最新通过的标准和建议措施并未规范认证、注册、安全和安保管理、适航性、飞行规划、机场使用和遥控站交接等方面。由于目前缺乏完整的标准和建议措施，无人驾驶航空器系统运营人很难在其所在国以外获得从事国际航空运输的特许。

根据《芝加哥公约》第12条，国际民航组织通过关于无人驾驶航空器系统的国际规则时，各国必须使本国相关规定与之保持一致。在整合无人驾驶航空器系统时，不能降低民用航空系统已达到的高水平安全与安保。

无人驾驶航空器系统还必须克服其对有人驾驶航空器、机场和地面人员造成的新型安全及其他风险。国家和国际层面都非常关注无人驾驶航空器的安全和安保问题，例如与有人驾驶航空器发生碰撞、使用未经批准的通信频谱、滥用和非法干扰无人驾驶航空器的潜在风险。

国际民航组织及其成员方还应解决若干关键问题，包括：无人驾驶航空器交通管理与传统空中交通管制的功能互操作性、空域设计及空中规则制定，以及与无人驾驶航空器交通管理相关的运行区域界定和运行类型规范。例如，小型无人驾驶航空器系统在城市或郊区等低空空域进行的一系列新型航空业务，给民用航空带来了新的挑战。对于许多低空飞行的直升机和其他有人驾驶航空器而言，从地面到 1000 英尺 *以上的空域已经是一个关键的运行环境。任何有效的无人驾驶航空器系统交通管理都应考虑上述关键因素，而国际民航组织目前正在规划的无人驾驶航空器系统交通管理试图应对上述挑战。因此，无人驾驶航空器系统交通管理需具备支持高密度航空器运行以及同时管理大量有人驾驶航空器和无人驾驶航空器的能力。随着无人驾驶航空器不断融入国际民用航空体系以及无人驾驶航空器系统交通管理的持续发展，仍将有众多挑战需要识别和应对。

最后，随着无人驾驶航空器系统事件数量的不断增加，其构成的威胁变得更加复杂，有必要采取一系列应对措施，以降低风险并维护公众对无人驾驶航空器系统运行的信任。因此，预防涉及无人驾驶航空器系统事件的新的标准和建议措施以及空中航行服务程序，必须是实用、现实和有效的。安保措施必须以风险评估为基础，并产生具体的结果。

6.5 为将无人驾驶航空器系统纳入国际民用航空体系是否需要更新《芝加哥公约》及其附件规定的标准和建议措施

6.5.1 标准和建议措施的适用性

无人驾驶航空器对现行国际民用航空法律监管体系构成挑战。由于机上无驾驶员（或完全无需驾驶员）的特性，其不仅难以适用《芝加哥公约》及其标准和建议措施中专门为有人驾驶航空器制定的条款，更颠覆了以"发现和避让"技术保障民航安全的基本原则。

除《芝加哥公约》附件2《空中规则》外，无人驾驶航空器系统国际运行还应遵守《芝加哥公约》及其标准和建议措施规定的其他规则和义务，例如最低安全距离、高度或巡航高度，特别是在城市、机场或人员上空飞行时的要求。因为缺乏一整套专门适用于无人驾驶航空器系统的标准和建议措施，这种情况引发了安全问题。

附件2还规定，进行国际空中航行的航空器应遵照目视飞行规则或仪表

---

* 1000 英尺是低空飞行的常见高度单位，约合 0.3 千米。

飞行规则，其中包括间隔标准等具体要求。由于现行标准和建议措施并未针对无人驾驶航空器系统专门规定这些情况，所以无人驾驶航空器系统难以甚至无法遵守尚未存在的规则。一旦无人驾驶航空器系统的技术足够可靠和安全，国际民航组织理事会很有可能通过新的标准和建议措施，以支持无人驾驶航空器在民事领域的应用。

为实现协调全球无人驾驶航空器系统法规的目标，国际民航组织已对《芝加哥公约》的下列附件进行了修订：

◆ 附件1《人员执照的颁发》；
◆ 附件2《空中规则》；
◆ 附件7《航空器国籍和登记标志》；
◆ 附件13《航空器事故和事故征候调查》。

然而，这些已经修订的附件尚不足以解决无人驾驶航空器系统安全运行涉及的所有问题。因此，将无人驾驶航空器系统完全整合至国际民用航空体系，仍需要在现行规范的基础上，制定更为具体的有关无人驾驶航空器系统的标准和建议措施。

此外，无人驾驶航空器系统在公海上空的运行也引发了广泛关注，尤其是在石油平台、渔业资源监测、搜救和监视等活动中。现行标准和建议措施尚未回应一些问题。例如，未经认证的无人驾驶航空器系统如何遵守《芝加哥公约》？是否需要持有并携带适航证书？是否需要主动避让水面或人造建筑？

鉴于无人驾驶航空器系统难以遵照当前的国际民用航空监管体系，如何以最佳方式解决这些问题成为焦点。为了实现无人驾驶航空器系统常规化的国际安全运行，《芝加哥公约》的19个附件都需要进行修订，以纳入新的标准和建议措施。这些新的标准和建议措施不仅应促进无人驾驶航空器系统的整合，还应确保国际空中航行的持续安全。

当前国际民用航空体系的标准和建议措施、程序、政策和基础设施都需要进行调整，以便在不影响国际空中航行安全的情况下，支持无人驾驶航空器系统在国际民用航空体系内实现所有的新功能和新特性。

国际民航组织及其成员方必须继续在遥控驾驶航空器系统小组[677]和无人驾驶航空器系统咨询小组（UASAG）[678]的引领下通力合作，制定一个足够灵活的监管框架，从而跟上无人驾驶航空器系统技术的发展步伐，支持其安全高效地整合至国际民航体系，并关注其在技术、运营或者法律等方面的具体问题。这种方法可以最大限度地提高无人驾驶航空业的社会经济效益，同时解决其运行所涉及的法律、安全和可持续发展问题。此外，由于无人驾驶航空器系统技术正在不断发展，各国和区域航空组织必须持续合作，以实现监管和程序的最高一致性，进而推动和完善无人驾驶航空器系统的国际运行。

6.5.2 运用人工智能管理无人驾驶航空器系统

笔者认为，《芝加哥公约》足以应对目前遥控驾驶航空器系统整合至国际民用航空法律体系时所面临的挑战。因此，国际民航组织应重点关注通过新的标准和建议措施，而不是修改《芝加哥公约》。然而，这并不意味着《芝加哥公约》没有改进的空间。随着无人驾驶航空器系统技术的发展，特别是在自动无人驾驶航空器系统（无驾驶员干预，而只由人工智能控制）发展到足以从事国际民用航空运输时，新的挑战将不断涌现。

人工智能的"入侵"不仅需要航空业的关注，更需要各国的重视。预计到 2050 年，人工智能将出现在几乎所有日常活动中，而自动驾驶航空器很可能会得到充分发展并足以进行常态化运营。故而，人工智能进入航空业不仅引发了法律问题，也提出了伦理问题，这可能需要重新审视《芝加哥公约》以应对其可能带来的挑战。例如，自动驾驶航空器能否按照《芝加哥公约》及其附件规定的规则安全地从事国际空中航行？现行民用航空安全监管体系的基本原则是否适用于自动驾驶航空器的运行，以确保其不会对其他空域用户构成危险？现行法律监管体系如何适用于具备人工智能但完全不具备人工

---

[677] 遥控驾驶航空器系统小组协调和发展针对遥控驾驶航空器系统的国际民航组织标准和建议措施、程序和指导材料，以促进遥控驾驶航空器安全、可靠和高效地进入非隔离空域和机场。

[678] 无人驾驶航空器系统咨询小组成立于 2015 年，旨在协助国际民航组织秘书处制定指导材料，并加速推进各成员方用于监管无人驾驶航空器系统的条款制定工作。该小组通过联合行业合作伙伴、国际组织以及成员方一起为全球航空安全协作提供重要支持。

意识的设备？对这些问题的回答，或许不仅需要法律分析，更需引入伦理层面的考量。

根据国际民航组织的观点，《芝加哥公约》第 8 条调整三种类型的无人驾驶航空器：遥控驾驶航空器、自动驾驶航空器以及二者的结合。自动驾驶航空器不需要驾驶员的干预，但《芝加哥公约》第 1~4 条所述的航空法原则以及第 5~8 条所述的在国际空域飞行的规定，应同样适用于自动驾驶航空器。尽管驾驶员和机组人员或在飞行过程中操纵自动驾驶航空器，或对自动驾驶航空器的运行至关重要，但以下规定可能并不适用于这些人员：

> 第 12 条　空中规则
> ……缔约各国承允对违反适用规章的一切人员起诉。

根据这一规定，一国可以起诉所有违反空中规则的人。然而，人工智能并非人类，而是一套能让人工智能在空中运行并作出决策的算法，如果人工智能违反了空中规则，其无法被起诉。因此，有必要制定一套规则，以应对人工智能控制的自动驾驶航空器违反空中规则时可能产生的后果。

6.5.3 进入外国领空的要求

《芝加哥公约》第 13 条规定了航空器进入外国领空的入境和放行条件，内容如下：

> 第 13 条　入境及放行规章
> 一缔约国关于航空器的乘客、机组或货物进入或离开其领土的法律和规章，如关于入境、放行、移民、护照、海关及检疫的规章，应由此种乘客、机组或货物在进入、离开或在该国领土内时遵照执行或由其代表遵照执行。

自动驾驶航空器没有机组人员，只有一套控制航空器的算法，因此第 13 条不适用于此类无人驾驶航空器。尽管如此，可以通过修订第 13 条来解决自动驾驶航空器进入或离开缔约方领土时的放行问题。《芝加哥公约》第 29 条规定：

第6章 ‖ 结论和建议

第29条　航空器应备文件

缔约国的每一航空器在从事国际航行时，应按照本公约规定的条件携带下列文件：（a）航空器登记证；（b）航空器适航证；（c）每一机组成员的适当的执照；（d）航空器航行记录簿；（e）航空器无线电台许可证，如该航空器装有无线电设备；（f）列有乘客姓名及其登机地与目的地的清单，如该航空器载有乘客；（g）货物舱单及详细的申报单，如该航空器载有货物。

自动驾驶航空器可以携带第29条所列所有文件的电子版本，但其没有机组人员，因此无须携带机组人员的执照。或许可以通过修订该条款，纳入对控制自动驾驶航空器之人工智能系统的认证或许可，进而补充这一义务。

第32条　人员执照

1. 从事国际航行的每一航空器驾驶员及飞行组其他成员，应备有该航空器登记国发给或核准的合格证书和执照。

2. 就在本国领土上空飞行而言，缔约各国对其任何国民持有的由另一缔约国发给的合格证书和执照，保留拒绝承认的权利。

本条款无法适用于自动驾驶航空器，因为在从事国际空中航行时，航空器登记国和飞越国可能都无法为控制无人驾驶航空器的人工智能颁发执照。可行的解决方案是认证人工智能系统的软硬件，以实现人工智能控制无人驾驶航空器的运行。《芝加哥公约》第34条规定：

第34条　航行记录簿

从事国际航行的每一航空器，应保持一份航行记录簿，以根据本公约随时规定的格式，记载航空器、机组及每次航行的详情。

对该条款可以加以修正，明确规定航行记录簿可以是电子形式，以便在从事国际空中航行时记录自动驾驶航空器运行的所有详细信息。

上述分析仅涉及自动驾驶航空器国际运行时所面临的部分挑战。如何确保自动驾驶航空器的安全运行，应该是修订《芝加哥公约》及其附件规则之目的和方向。国际民航组织正在研究这个问题，并将对此类新规则提出建议。

6.5.4 机器人能否驾驶航空器

鉴于驾驶员无论是否在机上都是有意识的人类，其可以遵守《芝加哥公约》附件2《空中规则》，并作出不危及他人人身或财产的决定。然而，对于自动驾驶航空器而言，这一任务更具挑战性。其核心问题在于，非人类实体如何作出确保人类安全的决策，如何保证人工智能不会对人类和财产构成威胁。也许科幻小说作家艾萨克·阿西莫夫（Isaac Asimov）的机器人法则可以为控制自动驾驶航空器的算法提供指导：

（1）机器人不得伤害人类，或因不作为而使人类受到伤害；

（2）机器人必须服从人类的命令，除非这些命令与第一法则相冲突；

（3）机器人必须自我保护，只要这种保护不与第一或第二法则相冲突。[679]

阿西莫夫还在后来的小说中补充了第四法则：

（4）机器人不得伤害人类的整体利益，或因不作为而使人类整体利益受到损害。

实际的问题是，这些法则应如何适用于自动驾驶航空器的运行？《芝加哥公约》第8条可能与阿西莫夫的第一法则相契合。

> 第8条　无人驾驶航空器
> ……缔约各国承允对此项无人驾驶的航空器在向民用航空器开放的地区内的飞行加以管制，以免危及民用航空器。

毫无疑问，第8条第2句的实质是确保无人驾驶航空器运行安全，因此其不得靠近其他航空器飞行，以免造成人员伤害。

如果自动驾驶航空器的人工智能遵循授权人员的命令，如航空器运营人、无人驾驶航空器系统交通管理人员、空中交通服务机构或者网络管理者，则可能满足机器人第二法则规定的义务。

阿西莫夫的机器人第三法则指的是，人工智能应该避免任何危及自动驾

---

[679] P. P. Tottenham. *What Are Isaac Asimov's Three Laws of Robotics? Are They Purely Fictitious or Is There Scientific Credence to Them?*. The Guardian（Guardian News and Media）. Accessed 28 May 2020. https：//www.theguardian.com/notesandqueries/query/0，5753，-21259，00.html.

驶航空器自身存续的威胁。然而，若为最大限度减轻或消除对人员及财产的威胁，自动驾驶航空器的受控坠毁在特定情况下可被接受。

"对航空安全的威胁即是对生命的威胁"和"保护航空安全即是保护生命权"的原则[680]符合阿西莫夫提出的第四法则。不惜一切代价保证人类安全是操纵自动驾驶航空器之人工智能的首要义务。这一义务意味着，自动驾驶航空器不能降低有人驾驶航空器目前所实现的全球安全水平。

此外，以下针对机器人的附加规则经必要修正后，可以适用于自动驾驶航空器的运行。其中，"机器人"一词可以替换为"自动驾驶航空器"：

（a）机器人（自动驾驶航空器）必须在所有情况下明确其身份；[681]

（b）机器人（自动驾驶航空器）必须知道自己是机器人（自动驾驶航空器）；[682]

（c）机器人（自动驾驶航空器）必须服从授权人员的命令；[683]

（d）机器人（自动驾驶航空器）必须避免破坏人类住所或工具，包括其他机器人（自动驾驶航空器）。[684]

在现实案例中，也有一些旨在制定机器人运行规则的倡议。例如，最相关的倡议是来自韩国的《机器人伦理宪章》（Robot Ethics Charter），该宪章不仅根据阿西莫夫的法则规定了机器人的权利和责任，还明确了制造商、用户和所有者的权利和责任。[685] 2007年4月，日本发布了"确保下一代机器人之安全性能"的建议方案。[686]此外，欧洲机器人研究网络（EURON）

---

[680] J. Huang. *General Conclusions*. In *Aviation Safety and ICAO* (Alphen aan den Rijn: Kluwer Law International, 2009), 241.

[681] L. Dilov. *Icarus's Way* (1974).

[682] N. Kesarovski. *The Fifth Law of Robotics* (1983).

[683] D. Langford. *Three Laws of Robotics* (*Applications to Future Technology*). Accessed 29 May 2020. https://www.cs.mcgill.ca/~rwest/wikispeedia/wpcd/wp/t/Three_Laws_of_Robotics.htm.

[684] *Japan's 'Ten Principles of Robot Law'*. Enlightenment of an Anchorwoman. 29 September 2010. Accessed 29 May 2020. https://akikok012um1.wordpress.com/japans-ten-principles-of-robot-law/.

[685] *South Korean Robot Ethics Charter 2012*. Enlightenment of an Anchorwoman. 3 October 2010. Accessed 29 May 2020. https://akikok012um1.wordpress.com/south-korean-robot-ethics-charter-2012/.

[686] *Japan Drafting New Advanced Robotics Rules, Asimov's Laws of Robotics Becoming a Reality?*. Gearfuse. 7 April 2007. Accessed 29 May 2020. https://www.gearfuse.com/japan-drafting-new-advanced-robotics-rules-asimovs-laws-of-robotics-becoming-a-reality/.

提出了《欧盟机器人伦理公约（2025年）》（European Union's Convention on Robethics 2025）的倡议，[687]旨在建立标准委员会以确定商用机器人的技术和法律标准。如果倡议获得通过，该公约将要求欧盟所有成员方纳入下列标准：

（1）**安全**：所有机器人的设计都必须包含对其自主性的控制措施。在机器人行为无法得到保证的情况下，操作者应能够限制其自主性。

（2）**安保**：作为最低标准，所有机器人的设计必须至少包含硬件和软件密钥，以防止非法使用。

（3）**可追溯性**：所有机器人的设计必须包含对其行为的完全可追溯性，类似于航空器的"黑匣子"系统。

（4）**可识别性**：所有机器人的设计必须包含受保护的序列号和识别号。

（5）**隐私性**：所有可能处理敏感个人信息的机器人都必须配备硬件和软件系统，以加密并安全存储这些敏感个人信息。

在民用航空领域，基于阿西莫夫的机器人法则，托马斯·杜博特（Thomas Dubot）提出了如下针对自动驾驶航空器运行的规则：[688]

（1）自动驾驶航空器不得以伤害人类或因不作为而使人类受到伤害的方式运行，除非启动预设避碰控制功能以避免或减少此类事件。

（2）自动驾驶航空器应始终与预定义接口保持持续通信，以服从授权人员（如无人驾驶航空器系统运营人、无人驾驶航空器系统交通管理员或网络管理者）的命令，除非此类行为与第一条规则相冲突。

（3）自动驾驶航空器必须能够保护自身和任何其他人类财产（包括其他无人驾驶航空器系统），无论是在地面还是空中，除非这种操作与第一条或第二条规则相冲突。

（4）自动驾驶航空器必须始终从事基于其航线的可预测飞行，并具备可替代的预编程场景，除非所有预测选项都与第一条、第二条或第三条规则相

---

[687] European Union's Convention on Roboethics 2025. Enlightenment of an Anchorwoman. 29 September 2010. Accessed 29 May 2020. https://akikok012um1.wordpress.com/european–union's–convention–on–roboethics–2025/.

[688] T. Dubot. Integrating Civil Unmanned Aircraft Operating Autonomously in Non-segregated Airspace: Towards a Dronoethics?（2012）. http://ceur–ws.org/Vol–885/paper2.pdf.

冲突。

（5）自动驾驶航空器应当根据运行空域、通用优先规则、应急程序和拦截程序，与周围的交通工具互动、通信或间隔，但与第一条、第二条或第三条规则相冲突时除外。

（6）自动驾驶航空器必须始终明确其无人驾驶航空器的身份，并在被要求或必要时如实表明。

（7）与任何空域使用者一样，自动驾驶航空器不得在安全、安保、环境、成本效益、运力和服务质量（如效率、灵活性和可预测性）等方面降低现有民用航空系统的全球标准，除非第一条、第二条或第三条规则要求此类操作。

（8）自动驾驶航空器必须确保其所有行为的完全可追溯性。

根据目前技术的发展状况，笔者还为自动驾驶航空器的运行提出一条附加规则：

（9）自动驾驶航空器必须向其管理人报告潜在的网络攻击，并采取反制措施以减轻此类威胁，除非此类行为与第一条或第二条规则相冲突。

因此，任何自动驾驶航空器制造商都应在人工智能系统中创建必要的算法，以确保自动驾驶航空器遵守上述规则。

6.5.5 尚需解决的问题和结论性意见

目前悬而未决的问题是，谁将对违反这些规则的行为负责，是系统制造商还是创建算法的人？世界是否正处于创造人工意识以促进自动驾驶航空器融入国际民用航空的边缘？这些问题的答案需要进一步的研究、分析和讨论。

虽然上述规则没有法律效力，但出于安全考虑，这些规则可以作为国际民用航空框架下自动驾驶航空器应适用规则之参考。虽然要解决这些问题还有很长的路要走，但鉴于信息技术（尤其是人工智能）的快速发展，针对这些问题的讨论应尽早开始。

最后，正如人工智能的发展挑战了当前国际民用航空的基本伦理价值和法律框架一样，未来针对自动驾驶航空器的研究可以考虑其与有人驾驶航空器交互的新模式。该领域的进一步研究或将催生新的运行概念，优化现行规则体系，并为操作自动驾驶航空器的人工智能建立全新算法框架，从而为所有空域用户构建更为安全的民航系统。

6.6 建议

鉴于无人驾驶航空器系统运行的日益增多和逐渐普遍，其应用场景将只增不减，国际民航组织及其成员方和行业利益相关者有必要建立起更密切的联系，打造关于民用航空未来的共同愿景，促进而非阻碍无人驾驶航空器系统的创新。必须寻求无人驾驶航空器和有人驾驶航空器在共享空域中的共存之道，并充分协调这种关系，以构建适用于两类航空器的统一监管框架。这意味着各方需要在以下四个方面达成共识。

（1）**未来发展的共同愿景**。共同愿景不仅包括全球范围内有人驾驶航空器和无人驾驶航空器运行的安全有序发展，还包括应以一切可能的方式激发和促进无人驾驶航空器系统的民事运行，以满足用户和行业日益增长的需求。

（2）**各国和运营人面临的管理、监管和执法挑战**。当无人驾驶航空器从事国际空中航行时，航空器上没有驾驶员这一情形对"发现和避免"交通和危险情况的能力提出了挑战，这些危险情况包括与其他空域用户或障碍物的潜在碰撞以及恶劣天气条件。[689]

为了确保无人驾驶航空器安全运行，本书第5章提出了如下规则：

◆ 针对无人驾驶航空器系统的安全管理体系规则；

◆ 针对无人驾驶航空器系统的安保管理体系规则；

◆ 关于发现与避让系统和间隔保障技术的规则，以确保无人驾驶航空器国际空中航行安全；

◆ 关于无人驾驶航空器不同运营模式的无人驾驶航空器系统交通管理规则；

◆ 关于有人驾驶航空器和无人驾驶航空器之间飞行间隔的无人驾驶航空器系统交通管理规则；

◆ 关于无人驾驶航空器系统交通管理和空中交通管理之间无人驾驶航空

---

[689] 国际民航组织，《遥控驾驶航空器系统（RPAS）国际仪表飞行规则运行概念》，访问时间：2020年2月9日，https://www.icao.int/safety/ua/documents/rpas%20conops.pdf。

器空中交通管理的交互规则；
- ◆ 关于遥控站驾驶舱/舱室准入的规则；
- ◆ 关于遥控驾驶员和技术人员访问遥控站及相关基础设施位置的规则；
- ◆ 防止指挥与控制链路被黑客攻击、数据链欺骗或其他形式干扰的规则；
- ◆ 针对无人驾驶航空器系统运营和性质的人为因素的规则；
- ◆ 针对无人驾驶航空器系统的飞行计划规则；
- ◆ 关于无人驾驶航空器系统和有人驾驶航空器共同使用机场的规则；
- ◆ 关于无人驾驶航空器系统安全交接的程序规则；
- ◆ 关于无人驾驶航空器同时运行的规则；
- ◆ 关于无人驾驶航空器在紧急情况下的程序规则。

遥控驾驶员无法像机上驾驶员一样发现和避让其他航空器及威胁，故而无人驾驶航空器系统在运行时需要配备发现和避让其他航空器及威胁的设备。同时，鉴于无人驾驶航空器可能在不同国家设立多个遥控站，运营人及其监管机构将面临如何安全监管遥控站和遥控驾驶员的挑战。为使无人驾驶航空器稳健、高效且安全地运营，需要由不同国家共同审议管辖权及执法问题，并达成共识。[690]

（3）**空域和机场的一体化问题**。各国应评估是否建立仅适用于无人驾驶航空器系统国际运行的机场，还是建立有人驾驶航空器和无人驾驶航空器共用的机场。此外，无人驾驶航空器系统必须满足其拟飞行空域的要求，包括在仪表飞行规则下实现超视距飞行的能力。为机场开发独立专用程序，将需要机场运营商和对机场有管辖权的民航局之间达成协议。同时，无人驾驶航空器应能够在地面上和空中安全运行，并符合标准和建议措施以及专门针对无人驾驶航空器系统的空中航行服务程序。这包括检测和响应视觉标志和标记的能力。

（4）**关于《芝加哥公约》及其附件的未来修改**。根据本书之研究，针对无人驾驶航空器系统国际运行的限制主要来自监管层面而非法律层面。各国

---

[690] 国际民航组织，《遥控驾驶航空器系统（RPAS）国际仪表飞行规则运行概念》，访问时间：2020年2月9日，https://www.icao.int/safety/ua/documents/rpas%20conops.pdf。

和国际民航组织目前正致力于制定专门针对无人驾驶航空器系统的新的标准和建议措施。如前所述，笔者认为，《芝加哥公约》目前为推动遥控驾驶空器与国际民用航空的整合提供了必要的法律框架，但其附件确实需要修订，以便纳入新的专门的标准和建议措施，从而确保遥控驾驶航空器安全运行。然而，自动驾驶航空器（无人驾驶航空器的一种）的介入，使得《芝加哥公约》及其标准和建议措施都需要被重新审视和修订，以应对飞行中无人干预的挑战。关于无人驾驶航空器进入国际空域的问题，各国必须商定是否可以通过双边/多边安排建立简化手续，以细化《芝加哥公约》第8条关于无人驾驶航空器特许的规定。同样，各国应确定现行航空运输协定是否制定了旨在促进和简化航权交换的基本规范，以使无人驾驶航空器能够载运乘客、货物或邮件进行国际航空运输。

无人驾驶航空器系统的安全整合需要创新和整体思维，以更好地理解新法规如何支持无人驾驶航空器运行之安全、安保和国际协调。

有人驾驶航空器在运行过程中更注重人为因素，而无人驾驶航空器在运行中更多地依赖自动化管理技术，其中一些将使用人工智能和其他先进技术。机器学习和机器人技术将不仅改变我们所熟知的几乎各行各业，而且导致很难预测未来的发展与变化。一种情况是，在一二十年内，数十亿人可能因技术进步而失业。另一种情况是，即使从长远来看，自动化会继续为所有人创造新的就业机会，乃至提供更广阔的发展前景。

目前，驾驶员需要进行定期培训，及时了解国际民用航空法规的最新要求。例如，当两架有人驾驶航空器处于同一飞行高度或同时接近同一机场时，驾驶员和空中交通管制单位可能会误解彼此的意图，从而导致驾驶器相撞。这种情况曾经发生过。[691]然而，由于自动驾驶航空器可以全部联网，当两架自动驾驶航空器处于前述情景时，它们可能不再是两个独立的实体，而是单一算法和网络的一部分。因此，它们之间发生误解的可能性将大大降低。此外，如果国际民航组织或国家民航局改变其政策和规定，所有自动驾驶航空

---

[691] *Brazil Upholds U. S. Pilots' Convictions in 2006 Air Disaster*. Reuters. Thomson Reuters. 16 October 2012. Accessed 29 May 2020. https://www.reuters.com/article/uk-brazil-crash-retrial/brazil-upholds-u-s-pilots-convictions-in-2006-air-disaster-idUSLNE89F01420121016.

器都可以同时更新,并能够立即遵守新规定。

尽管人工智能可能带来巨大的发展前景,但埃塞俄比亚航空公司(Ethiopian Airlines)[692]和印度尼西亚狮子航空公司(Lion Air)[693]的两起涉及波音737 Max 8飞机的航空事故导致数百人死亡,这些事件对人工智能广泛应用于航空运输业务是否会使航空运输更安全提出了质疑。在这两起事故中,初步报告都表明计算机干预控制了航空器,超出了驾驶员作出反应的能力范围。当前航空业是否已过度依赖计算机系统,导致驾驶员自身驾驶能力退化,应急处置水平下降?抑或人工智能已获得过高的决策自由度,足以掌控生死攸关的复杂决断?

尽管如此,首要任务是解决当前的技术和监管挑战。各国、国际民航组织以及无人驾驶航空业的利益相关方(如无人驾驶航空器系统的生产商、软硬件制造商、运营商和服务提供商等)应专注于解决上述挑战,以完成无人驾驶航空器系统与国际民用航空体系的整合。这一过程中积累的经验将促进新技术的发展,例如使自动驾驶航空器遵循整合无人驾驶航空器系统的路径,确保自动驾驶航空器不会增加对人员和基础设施安全的风险。因此,使用自动驾驶航空器应符合《芝加哥公约》的宗旨,即"使国际民用航空得按照安全和有秩序的方式发展,并使国际航空运输业务得建立在机会均等的基础上,健康地和经济地经营";[694]同时,"鼓励为和平用途的航空器的设计和操作艺术"。[695]

为了防止在无人驾驶航空业需要及时监管以加快无人驾驶航空器系统国际运行的情况下,国际民航组织放缓完善标准和建议措施的步伐,各国以及行业的经济、技术和人员支持至关重要。

各国应邀请航空业的利益相关方共同审查相关可用数据,以鼓励制定符合各国和航空业需求的新的标准和建议措施。他们还应与国际民航组织分享

---

[692] 2019年3月10日,执行该航班的波音737 Max 8飞机在起飞6分钟后在比绍夫图镇附近坠毁,机上157人全部遇难。

[693] 2018年10月29日,执行该航班的波音737 Max 8飞机在起飞12分钟后坠入爪哇海,造成189名乘客和机组人员死亡。

[694] 参见《芝加哥公约》序言。

[695] 参见《芝加哥公约》第44条(b)项。

有关无人驾驶航空器系统运行的技术信息,以更新关于无人驾驶航空器系统的航空运输协定和空中航行服务程序。各国和国际民航组织的工作重点应是整合,而非仅仅使无人驾驶航空器系统适应民用航空体系。[696]

现实的挑战是,几乎不可能预测无人驾驶航空器被滥用的所有场景及其构成的威胁。因此,就前述问题制定法规是一项复杂的任务。然而,以下行动可能有助于防止或减少无人驾驶航空器系统被滥用:

◆ 所有缔约方需要确保无人驾驶航空器系统不被用于任何不符合《芝加哥公约》目的及宗旨之用途,因此各国必须修改或调整国内立法,旨在追责滥用无人驾驶航空器系统之人,包括那些策划、帮助或包庇罪犯的人。在这一过程中,各国可以建立伙伴关系,以协助调查、逮捕和起诉罪犯。

◆ 缔约方可以商定特别资金,以支持国际民航组织在无人驾驶航空器安全方面的工作,并鼓励国际民航组织理事会优先制定有关无人驾驶航空器系统安全的标准和建议措施。缔约方必须在其领土内采取适当的安保行动,以防止和消除涉及无人驾驶航空器系统的恐怖袭击。

◆ 国际民航组织理事会目前尚未通过足够的关于无人驾驶航空器系统安保的标准和建议措施。确保标准和建议措施实施的审计项目同样重要。

◆ 国际民航组织大会、理事会和秘书长必须将无人驾驶航空器系统的潜在滥用作为对民用航空的新威胁加以解决,并应重新评估和确定现行航空安保条约对无人驾驶航空器系统的适用性。此外,有必要修订国际民航组织的航空安保计划,包括《芝加哥公约》附件17《安保》,并考虑采取任何其他必要的行动,以减少或避免潜在的滥用无人驾驶航空器系统的行为。

一切皆可完善,因此仍有改进的空间。本书之研究已经部分解决了这些问题,有助于推动整合无人驾驶航空器系统,使其与有人驾驶航空器共同飞行。然而,在制定针对无人驾驶航空器系统的法规时,将航空利益相关者

---

[696] 适应是指,无人驾驶航空器系统可以通过某种程度的调整或通过某种技术支持在现有空域运行,这弥补了其无法遵守现有操作规章的缺陷。整合是指,无人驾驶航空器未来可能定期进入空域系统,而不需要空中交通管制的特殊程序。整合需要无人驾驶航空器系统的技术进步,以及统一的标准和建议措施与空中航行服务程序。参见2018年10月9日至19日第13次空中航行会议,蒙特利尔,访问时间:2020年5月29日,https://www.icao.int/Meetings/anconf13/Documents/WP/wp_006_en.pdf.

（无论是否熟悉无人驾驶航空器运营）纳入其中至关重要，因为其早期参与将确保新的标准和建议措施能适当地满足他们的需求。国际民航组织有相应的机构及其成员方继续为制定有关无人驾驶航空器系统国际运行的监管规则奠定安全实用的基础，并帮助民航局理解其安全监督责任。国际民航组织的前述机构包括大会[697]、理事会（具有强制性和许可性职能）[698]以及空中航行委员会。[699]而缔约方作为主权国家，对其领土内的事务拥有完全控制权，并有权通过针对无人驾驶航空器系统运行的法律。[700]

在安全、安保和环境保护领域，《芝加哥公约》框架下促进无人驾驶航空器系统国际运行最关键的工具是标准制定。第54条（l）项赋予国际民航组织理事会通过标准和建议措施的权限，同时为方便起见，将标准和建议措施称为《芝加哥公约》的附件，并将已采取的行动通知所有缔约方。[701]第54条（m）项授权国际民航组织理事会审议空中航行委员会有关修改附件的建议，并按照《芝加哥公约》第20章的规定采取行动。

尽管《芝加哥公约》并未明确规定国际民航组织制定和通过航空法条约的权限，但积极参与编写航空法国际文书是国际民航组织长期以来的做法。大会第A1-46号决议设立了国际民航组织法律委员会作为常设机构，为国际民航组织及其机构提供建议并推动航空法的发展。[702]

笔者建议采纳本书第4章中提出的关于无人驾驶航空器从事国际航空运输的具体规定。业界和运营人必须确定其应如何与政府合作，以最大限度地确保和满足业界和运营人的需求和期望。过去的经验表明，国际航空在各方合作时可以取得最佳成果，而无人驾驶航空器系统概莫能外，其中创新性思维将至关重要。在这一努力中，不应忽视现有的航空监管框架，因为其已有效保证有人驾驶航空器国际运行的安全。

---

[697] 参见《芝加哥公约》第49条。
[698] 参见《芝加哥公约》第54条、第55条。
[699] 参见《芝加哥公约》第57条。
[700] 参见《芝加哥公约》第1条。
[701] 《芝加哥公约》第57条（1）项与第37条、第38条一并阅读。
[702] 参见国际民航组织法律委员会，Doc 7669，《章程—程序规则—批准公约草案的程序》，第5版，1988年。

6.7 最后陈述

无人驾驶航空器系统常规国际运行的潜力巨大，但这并非易事，因为这需要各方共同努力才能确保无人驾驶航空充分发挥其效益。尽管国际民航组织在确保全球无人航空的安全、安保和有序发展方面发挥了领导作用，但其不应独自承担这一重任。为加快无人驾驶航空器系统的常态化国际运营，还需要各国、专门机构、学术界、航空法律专家、运营人、制造商、驾驶员代表以及民间社会的共同努力。

多年来，航空法随着航空业的发展而不断演进，并一直与航空技术的发展保持同步。毫无疑问，随着技术持续创新，航空法也将继续进一步发展。本书之研究不仅试图解决无人驾驶航空器系统国际运行的法律问题，而且试图应对其带来的安全挑战。故而，笔者希望通过本书之研究为航空法的法律思维和持续发展作出贡献。

本文所分析的内容并未涵盖无人驾驶航空器系统安全、常态化国际运行的所有方面。由于针对无人驾驶航空器系统的监管活动尚处于早期阶段，相关议题仍需进一步探讨与法律审视。因此，这一充满魅力和发展前景的民用航空新领域的未来依赖于持续分析和深入研究，这将在无人驾驶航空业的发展进程中发挥重要作用。

无人驾驶航空器系统运行的政策和规则制定过程是循序渐进的，是一项长期活动。虽然正在努力推进制定有关民用无人驾驶航空器系统的法规以及协调航空法律制度，但这仍处于早期阶段，还有更多工作需要完成。例如，还需要对更多领域进行深入研究，如无人驾驶航空器系统的融资、国际航空法下民用无人驾驶航空器系统运行造成损害的民事责任、使用无人驾驶航空器进行国际航空运输的经济法规、无人驾驶航空器系统的航空保险以及由人工智能控制的自动驾驶航空器在民事领域的运用。

与民用有人驾驶航空器类似，为使得无人驾驶航空器从事国际航空运输成为现实，不仅需要采用新的标准和建议措施，还应完善国家之间的双边/多边协定。为此，有必要设立基准和标准，以解决无人驾驶航空器从事国际航空运输涉及之经济问题和法律问题。毫无疑问，航空业已经进入了一个新的

第6章 结论和建议

时代。创新和灵活的方法是根本，这意味着在优先考虑安全的同时，有必要跳出固有思维模式，以促进无人驾驶航空器系统运行的蓬勃发展。

最后，在未来几年内，当克服了无人驾驶航空器系统所涉及的全部安全和监管挑战时，无人驾驶航空器运行很可能会像有人驾驶航空器一样实现常态化运营。然而，世界正处于技术颠覆性发展的非凡阶段，人工智能在认知能力上正在超越人类。这种情况不仅引发了法律领域的新问题，也提出了哲学领域的思考。

因此，一旦人工智能成为航空业的重要参与者，我们人类是否会面临一场深刻的行业颠覆？自动驾驶航空器能否提供比遥控驾驶员操纵的无人驾驶航空器系统更好、更安全的航空运输服务，特别是在降低航空事故的死亡率方面？《芝加哥公约》和航空运输协定是否准备好应对自动驾驶航空器带来的挑战？现行法律监管体系是否准备好应对人工智能完全取代人类驾驶员？人工智能如何促进国际民用航空的发展？未来几年，人类与人工智能合作而非竞争是否会成为民用航空发展的特征。未来关于无人驾驶航空器系统国际运行的研究，应着力于探寻这些问题的答案。

毫无疑问，人工智能带来的挑战要比将无人驾驶航空器系统整合至国际民用航空体系面临的挑战更为艰巨。寻求上述问题的答案，需要结合信息技术革新对社会影响的创新性思考，探讨其是否将成为推动国际航空运输服务在经济上更加健全和高效的催化剂。然而，最重要的是，这要以无人驾驶航空器系统能使国际民用航空更安全为前提。

参考书目

Abeyratne, R. I. R. 'Convention on International Civil Aviation: A Commentary'. In *Convention on International Civil Aviation: A Commentary*. Switzerland: Springer International Publishing, 2014.

Annacker, C. 'The Legal Regime of Erga Omnes Obligations under International Law'. 46(2) Austrian J. Publ. Int. Law (1994).

Attard, D. 'The High Seas'. In *The IMLI Manual on International Maritime Law: Volume I: The Law of the Sea*. Oxford: Oxford University Press, 2014.

Bowditch, N. 'Glossary'. Essay. In *The American Practical Navigator*. New York, NY: Skyhorse, 2013.

Buergenthal, T. 'Law-Making in the ICAO'. Essay. In *Law-Making in the ICAO*. New York: Syracuse University Press, 1969.

Brierly, J.-S. *The Law of Nations*. Oxford: Clarendon Press, 1928.

Brownlie, I. *Principles of Public International Law*. Oxford: Oxford University Press, 2010.

Cheng, B. 'The Law of International Air Transport'. In *The Law of International Air Transport*. London: Stevens and Sons, 1984.

Cohen, M. S. 'A 1979 Look at Airline Deregulation: Presentation of Marvin S. Cohen, Chairman, Civil Aeronautics Board at the American Bar Association President's "Showcase Programme", Dallas, Texas, August 15, 1979'. Essay. Washington: Civil Aeronautics Board, 1979.

Cooper, J. C. 'Backgrounds of International Public Air Law'. 1 *Yearbook of Air and Space Law* (1967).

Currie, J. H., et al. *International Law: Doctrine, Practice and Theory.* Toronto, Ontario: Irwin Law, 2014.

Dalamagkidis, K., L. A. Piegl and K. P. Valavanis. *On Integrating Unmanned Aircraft Systems into the National Airspace System: Issues, Challenges, Operational Restrictions, Certification and Recommendations.* Dordrecht: Springer, 2009.

Dilov, L. *Icarus's Way*, 1974.

Dixon, M., M. D. Evans and J. Crawford. *International Law: Compiled from Brownlie's Principles of Public International Law, Eighth Edition; James Crawford, Textbook on International Law, Seventh Edition; Martin Dixon, International Law, Fourth Edition.* Edited by Malcolm Evans. Oxford: Oxford University Press, 2015.

Dresner, M. and M. Tretheway. 'ICAO and the Economic Regulation of International Air Transport'. 17 *Annals of Air and Space Law* (1992).

Evans, M. D. 'International Law'. In *International Law.* Oxford: Oxford University Press 2018.

Falk, R. A. 'On Treaty Interpretation and the New Haven Approach: Achievements and Prospects'. *Virginia Journal of International Law* (1968).

Frowein, J. A. *Reaction by Not Directly Affected States to Breaches of Public International Law.* In *Collected Courses of the Hague Academy of International Law.* Garner, B. A. and H. C. Black: St. Paul, Minn.: West Group, 1994.

Gardiner, R. K. *Treaty Interpretation.* Oxford: Oxford University Press, 2017.

Garner, B. A. and H. C. Black. *Black's Law Dictionary.* 7th ed. St. Paul, Minn.: West Group.

Gidwitz, B. *The Politics of International Air Transport.* Lexington, Mass.: Lexington Books, 1980.

Havel, B. F. *Beyond Open Skies: A New Regime for International Aviation.* Austin: Wolters Kluwer, 2009.

Havel, B. F. and G. Sanchez. *The Principles and Practice of International*

Aviation Law (The United States). New York: Cambridge University Press, 2014.

Havel, B. F. and J. Q. Mulligan. 'Unmanned Aircraft Systems: A Challenge to Global Regulators'. 65(1) *DePaul Law Review* (2015).

Hilton, J. E. *Latin for Lawyers*. Clark, N. J: Exchange, 2015.

Jenks, C. W. 'The Conflict of Law-Making Treaties'. *XXX BYIL* (1953).

Huang, J. *Aviation Safety and ICAO*. Alphen aan den Rijn: Kluwer Law International, 2009.

Kesarovski, N. *The Fifth Law of Robotics*. 1983.

Kotaite, A. XXX. 'Aviation Safety and Security—Two Sides of the Same Coin'. Keynote Address to the Aviation Study Group at Linacre College, Oxford University, 27 June 2003.

Lepard, B. D. *Customary International Law: A New Theory with Practical Applications*. Cambridge: Cambridge University Press, 2011.

Lissitzyn, O. J. *International Air Transport and National Policy*. New York: Garland Pub., 1983.

McConville, M., et al. 'Chapter 1: Qualitative Legal Research'. Essay. In *Research Methods for Law*. Edinburgh: Edinburgh University Press, 2017.

Mendes de Leon, P. *Introduction to Air Law*. 10th ed. Alphen aan den Rijn: Kluwer Law International, 2017.

Milde, M. 'The Chicago Convention—After Forty Years'. IX *Annals of Air and Space Law* (1984).

Milde, M. 'The Chicago Convention—Are Major Amendments Necessary or Desirable 50 Years Later?'. XIX *Annals of Air and Space Law* (1994).

Milde, M. *International Air Law and ICAO*. Hague, The Netherlands: Eleven International Pub., 2012.

Newcome, L. R. *Unmanned Aviation: A Brief History of UAV*. Reston, Va.: American Institute of Aeronautics and Astronautics, 2004.

Peterson, M. E. *The UAV and the Current and Future Regulatory Construct for Integration into the National Airspace System*. Ottawa: Library and Archives

Canada (Bibliothèque Et Archives Canada), 2007.

Provost, R. 'Reciprocity in Human Rights and Humanitarian Law'. 65(1) *British Yearbook of International Law* (1994).

Pringle, H. and N. J. Cooke. *Human Factors of Remotely Operated Vehicles*. Bingley: Emerald Group Publishing Limited, 2009.

Reuter, P. *Introduction to the Law of Treaties*. London: Pinter Publishers, 1989.

Saba, H. 'Quasi-Legislative Activities of the Specialised Agencies of the United Nations' (in French). 111 *Revue de droit compare (RdC)* (1964).

Sinclair, I. *The Vienna Convention on the Law of Treaties*. Manchester: Manchester University Press, 1973.

Svarlien, O. *An Introduction to the Law of Nations*. New York: McGraw-Hill Book Company, 1955.

Scott, B. I. *The Law of Unmanned Aircraft Systems: An Introduction to the Current and Future Regulation under National, Regional and International Law*. Alphen aan den Rijn: Wolters Kluwer, 2016.

Schwarzenberger, G. *Myths and Realities of Treaty Interpretation*. London: Stevens & Sons, 1969.

Thirlway, H. 'The Law and Procedure of the International Court of Justice 1960-1989: Part Three'. 62(1) *BYBIL* (1991).

Tomuschat, C. *Obligations Arising for States Without or Against Their Will*. In *Collected Courses of the Hague Academy of International Law* 1993.

Yotova, R. *Challenges in the Identification of the General Principles of Law Recognised by Civilized Nations: The Approach of the International Court*. Cambridge: University of Cambridge Faculty of Law, 2017.

Williams, A. S. *The Interception of Civil Aircraft over the High Seas in the Global War on Terror*. Ottawa: Library and Archives Canada (Bibliothèque et Archives Canada), 2008.

ILC. *Yearbook of the ILC*. Vol. II, p. 53, paragraph 1, 1964, citing Part III of the Harvard draft codification of international law in 1935.

其他类型

About Us, Global Market Insights Delaware. Accessed 4 May 2018. https://www.gminsights.com/about-us.

Airspace Restrictions. FAA Seal. 11 December 2018. https://www.faa.gov/uas/recreational_fliers/where_can_i_fly/airspace_restrictions/.

Allott, P. 'The Concept of International Law'. http://www.ejil.org/pdfs/10/1/577.pdf.

Amazon Prime Air. Robot Check. Accessed 29 April 2018. https://www.amazon.com/Amazon-Prime-Air/b?ie=UTF8&node=8037720011.

Artificial Intelligence—Oxford Reference. 16 June 2017. http://www.oxfordreference.com/view/10.1093/oi/authority.20110803095426960.

Associated Press. 'Aeropuerto De Dubái Cancela Vuelos Por Drones'. El Nuevo Herald, 15 February 2019. https://www.elnuevoherald.com/noticias/mundo/article226318085.html.

B4UFLY Mobile App Update. FAA Seal. 26 February 2019. https://www.faa.gov/uas/recreational_fliers/where_can_i_fly/b4ufly/.

Bernauw, K. 'Drones: The Emerging Era of Unmanned Civil Aviation'. Zbornik Pravnog Fakulteta U Zagrebu. 29 April 2016. Accessed 6 November 2018. https://hrcak.srce.hr/157605.

Brazil Upholds U.S. Pilots' Convictions in 2006 Air Disaster. Reuters. Thomson Reuters, 16 October 2012. https://www.reuters.com/article/uk-brazil-crash-retrial/brazil-upholds-u-s-pilots-convictions-in-2006-air-disaster-idUSLNE89F01420121016.

CARICOM Secretariat. Transport Policy—CARICOM. Accessed 9 May 2019. https://caricom.org/transport-policy.

Cargo Drones. IATA. Accessed 3 May 2018. http://www.iata.org/whatwedo/cargo/Pages/cargo-drones.aspx.

CBS New York. FAA Investigating Drone Scare That Grounded Flights at

Newark Airport. CBS New York. 23 January 2019. https://newyork.cbslocal.com/2019/01/23/faa-investigating-newark-airport-drone-scare/.

Chinese Start-up Plans to Launch Dubai Flying Taxis in 2018. ArabianBusiness.com. Accessed 19 April 2018. http://www.arabianbusiness.com/industries/transport/384321-chinese-start-up-plans-to-launch-dubai-flying-taxis-in-2018.

CNBC. Smugglers Used Drones to Bring $79.8 Million Worth of iPhones into China. They Just Got Busted. CNBC 30 March 2018. https://www.cnbc.com/2018/03/30/china-busts-smugglers-using-drones-to-transport-smartphones.html.

Coffey, H. Drone Attack Grounds Flights at Dubai Airport. The Independent. Independent Digital News and Media. 15 February 2019. https://www.independent.co.uk/travel/news-and-advice/dubai-airport-drones-attack-ground-flights-cancelled-delayed-a8780496.html.

Cohn, P., et al. Commercial Drones Are Here: The Future of Unmanned Aerial Systems. McKinsey & Company. Accessed 3 May 2018. https://www.mckinsey.com/industries/capital-projects-and-infrastructure/our-insights/commercial-drones-are-here-the-future-of-unmanned-aerial-systems.

Commercial Drone Market Outlook—UAV Industry Size Forecast 2024. Accessed 4 May 2018. https://www.gminsights.com/industry-analysis/unmanned-aerial-vehicles-UAV-commercial-drone-market.

Comunidad Andina—Decision 582. SICE. Accessed 10 April 2019. http://www.sice.oas.org/trade/JUNAC/decisiones/DEC582s.asp.

Conference on the Economics of Airports and Air Navigation. Determinants of the Economic Regulation of Airports and Air Navigation Services. Accessed 8 April 2019. https://www.icao.int/Meetings/ceans/Documents/Ceans_Wp_061_en.pdf.

Consciousness and Artificial Intelligence. Accessed 2 May 2018. http://www.consciousness.it/CAI/CAI.htm.

Cookson, C. Space Drones to Extend Life of Ageing Satellites. Financial Times. 17 January 2018. Accessed 30 April 2018. https://www.ft.com/content/9ab078e2-fac0-11e7-a492-2c9be7f3120a.

Dalamagkidis, K. Aviation History and Unmanned Flight. SpringerLink. Accessed 29 April 2018. https://link.springer.com/referenceworkentry/10.1007/978-90-481-9707-1_93.

Davenport, C. Why DARPA and NASA Are Building Robot Spacecraft Designed to Act like Service Stations on Orbit. The Washington Post. 22 December 2017. Accessed 30 April 2018. https://www.washingtonpost.com/news/the-switch/wp/2017/12/22/why-darpa-and-nasa-are-building-robot-spacecraft-designed-to-act-like-service-stations-on-orbit/?utm_term=.ee40969a8a6c.

Davies, A. Boeing's Experimental Cargo Drone is a Heavy Lifter. Wired. 14 January 2018. Accessed 3 May 2018. https://www.wired.com/story/boeing-delivery-drone/.

Depot to Depot Drone Delivery. Accessed 29 April 2018. http://www.dronedeliverycanada.com/depot-to-depot-drone-delivery/.

Detect and Avoid System for Safe Integration of RPAS in Airspace. The Netherlands Aerospace Centre. 30 January 2018. Accessed 2 May 2018. http://www.nlr.org/news/detect-avoid-system-safe-integration-rpas-airspace/.

Dinan, S. UA Become Latest Tool Drug Cartels Use to Smuggle Drugs into U.S. The Washington Times. 20 August 2017. Accessed 2 April 2018. https://www.washingtontimes.com/news/2017/aug/20/mexican-drug-cartels-using-UA-to-smuggle-heroi/.

Dodd, V. and M. Weaver. Heathrow Drone: Police Investigating Whether It Is Linked to Gatwick Chaos. The Guardian (Guardian News and Media). 9 January 2019. https://www.theguardian.com/uk-news/2019/jan/09/heathrow-drone-police-investigating-whether-it-is-linked-to-gatwick-chaos.

Dronamics. Accessed 25 May 2019. https://www. dronamics. com/.

Drone Delivery Canada Announces Commercial Agreement with Air Canada. Drone Delivery Canada. Accessed 5 June 2019. https://dronedeliverycanada. com/resources/drone – delivery – canada – announces – commercial – agreement – with – air – canada/.

Drones. Unmanned Civil Aviation. Scribd. Accessed 6 November 2018. https://www. scribd. com/document/370576620/Drones – Unmanned – Civil – Aviation.

European Union's Convention on Roboethics 2025. Enlightenment of an Anchorwoman. 29 September 2010. https://akikok012um1. wordpress. com/european – union's – convention – on – roboethics – 2025/.

Ells, M. Unmanned State Aircraft and the Exercise of Due Regard. Social Science Research Network. 21 March 2015. Accessed 7 November 2018. https://papers. ssrn. com/sol3/papers. cfm?abstract_id = 2580875.

EHANG | Official Site—EHANG 184 Autonomous Aerial Vehicle. EHANG | 亿航官网. Accessed 2 May 2018. http://www. ehang. com/ehang184/.

Erika. Invoking Obligations Erga Omnes in the Twenty-first Century: Progressive Developments Since Barcelona Traction. Social Science Research Network. 11 July 2015. https://papers. ssrn. com/sol3/papers. cfm?abstract_id = 2629560.

Forero, F. and K. Vyas. Venezuela Says Drone Attack Targeted President Maduro. The Wall Street Journal. 5 August 2018. Accessed 26 August 2018. https://www. wsj. com/articles/venezuela – says – drone – attack – targeted – president – maduro – 1533427311.

GCAAIT. UAE General Civil Aviation Authority. Accessed 16 April 2019. https://www. gcaa. gov. ae/en/pages/UASRegistration. aspx.

Grierson, J. Gatwick Returns to Normality, but Drone Threat Remains. The Guardian (Guardian News and Media). 4 January 2019. https://www. theguardian. com/world/2019/jan/04/gatwick – returns – to – normality – but –

drone – threat – remains.

Harris, M. Project Skybender: Google's Secretive 5G Internet Drone Tests Revealed. The Guardian. 29 January 2016. Accessed 29 April 2018. https://www.theguardian.com/technology/2016/jan/29/project – skybender – google – drone – tests – internet – spaceport – virgin – galactic.

Heathrow Airport Drone Investigated by Police and Military. BBC News. 9 January 2019. https://www.bbc.com/news/uk – 46804425.

Hermans, P. ATLAS, an Unmanned Medium Ranged Containerised Cargo Freighter. Platform Unmanned Cargo Aircraft. 1 July 2015. Accessed 3 May 2018. https://www.platformuca.org/project/atlas – an – unmanned – medium – ranged – containerized – cargo – freighter/.

History of U.S. Drones. Understanding Empire: Technology, Power, Politics. 23 January 2017. Accessed 29 April 2018. https://understandingempire.wordpress.com/2 – 0 – a – brief – history – of – u – s – drones/.

History Tuesday: The Origin of the Term 'Drone'. Intercepts | Defence News. 16 January 2014. Accessed 30 April 2018. http://intercepts.defensenews.com/2013/05/the – origin – of – drone – and – why – it – should – be – ok – to – use/.

Hobbs, A. Human Factor Guidelines for UAS in the National Airspace System. science.gov. Accessed 15 February 2019. https://www.science.gov/topicpages/m/multiple + unmanned + systems.html.

Human Performance Considerations for Remotely Piloted Aircraft Systems (RPAS). NASA, 19 June 2015. https://ntrs.nasa.gov/archive/nasa/casi.ntrs.nasa.gov/20150011435.pdf.

Huttunen, M. Unmanned, Remotely Piloted or Something Else? Analysing the Terminological Dogfight. Air and Space Law. 1 May 2017. Accessed 16 October 2018. https://www.kluwerlawonline.com/abstract.php? area = Journals&id = AILA2017023.349 – 68.

IATA_StrategicPartner_FORWEB_55pxLogo. Dronamics. Accessed 3 May

2018. https://www.dronamics.com/.

T. Dubot. Integrating Civil Unmanned Aircraft Operating Autonomously in Non-segregated Airspace: Towards a Dronoethics? (2012). http://ceur-ws.org/Vol-885/paper2.pdf.

Introduction of a Regulatory Framework for the Operation of Unmanned Aircraft. 18 December 2015. Accessed 5 November 2018. https://www.easa.europa.eu/sites/default/files/dfu/Introduction%20of%20a%20regulatory%20framework%20for%20the%20operation%20of%20unmanned%20aircraft.pdf.

Japan's Ten Principles of Robot Law. Enlightenment of an Anchorwoman. 29 September 2010. https://akikok012um1.wordpress.com/japans-ten-principles-of-robot-law/.

Japan Drafting New Advanced Robotics Rules. Asimov's Laws of Robotics Becoming a Reality? Gearfuse. 7 April 2007. https://www.gearfuse.com/japan-drafting-new-advanced-robotics-rules-asimovs-laws-of-robotics-becoming-a-reality/.

Journal of Transnational Law & Policy. Accessed 28 October 2018. http://www.law.fsu.edu/co-curriculars/jtlp.

Kaiser, S. A. 'UAVs and Their Integration into Non-segregated Airspace'. 36(2) Air and Space Law 161-172 (2011). Accessed 1 May 2018. https://www.kluwerlawonline.com/abstract.php?area=Journals&id=AILA2011019.

Kerczewski, R. J., et al. Progress on the Development of the UAS C2 Link and Supporting Spectrum from LOS to BLOS. 2017 IEEE Aerospace Conference. 2017, https://doi.org/10.1109/aero.2017.7943926.

Langford, D. Three Laws of Robotics (Applications to Future Technology). Accessed 29 May 2019. https://www.cs.mcgill.ca/~rwest/wikispeedia/wpcd/wp/t/Three_Laws_of_Robotics.htm.

Lissitzyn, O. J. The Diplomacy of Air Transport. Foreign Affairs. 11 October 2011. Accessed 3 December 2018. https://www.foreignaffairs.com/articles/global-commons/1940-10-01/diplomacy-air-transport.

Murison, M. Five Technologies Improving Drone Safety. DRONELIFE. 23 January 2019. https://dronelife.com/2019/01/23/5-technologies-improving-drone-safety/.

McDade, P. V. The Effect of Article 4 of the Vienna Convention on the Law of Treaties 1969'. 35(3) International and Comparative Law Quarterly 499-511 (1986). https://doi.org/10.1093/iclqaj/35.3.499.

McGeehan, P. Newark Airport Traffic is Briefly Halted After Drone is Spotted. The New York Times. 22 January 2019. https://www.nytimes.com/2019/01/22/nyregion/drones-newark-airport-ground-stop.html.

Miguel, R. Cancelados Todos Los Vuelos En Gatwick Por La Interferencia deliberada De Varios Drones. EL PAIS. 21 December 2018. Accessed 8 January 2019. https://elpais.com/internacional/2018/12/20/actualidad/1545274386_639692.html.

Naughton, R. Remote Piloted Aerial Vehicles. Accessed 25 April 2018. http://www.ctie.monash.edu/hargrave/rpav_home.html.

Non Liquet. Oxford Public International Law. 7 August 2018. Accessed 29 September 2018. http://opil.ouplaw.com/view/10.1093/law:epil/9780199231690/law-9780199231690-e1669.

Nullmeyer, R. and G, Montijo. Training Interventions to Reduce Air Force Predator Mishaps. CORE Scholar. Accessed 15 February 2019. https://corescholar.libraries.wright.edu/isap_2009/61/.

Op-ed | China's Well-crafted Counterspace Strategy. SpaceNews.com. 10 July 2017. Accessed 30 April 2018. http://spacenews.com/op-ed-chinas-well-crafted-counterspace-strategy/.

Part 101—CAA Consolidation. 10 March 2017. Accessed 5 November 2018. https://www.caa.govt.nz/assets/legacy/rules/Rule_Consolidations/Part_101_Consolidation.pdf.

Part 107—Small Unmanned Aircraft Systems ECFR Code of Federal Regulations. Accessed 1 May 2018. https://www.ecfr.gov/cgi-bin/text-idxSID=e331c2fe

611df1717386d29eee38b000&mc = true&node = pt14. 2. 107&rgn = div5#se14. 2. 1.

Passenger Drone: Unmanned Plane Takes Maiden Flight over UK Skies. RT International. Accessed 30 April 2018. https://www. rt. com/news/uk – passenger – drone – flight – 206/.

Philpott, D. Sovereignty. The Stanford Encyclopedia of Philosophy (Summer 2016 Edition), Edward N. Zalta (ed.). Accessed 25 May 2016. http://plato. stanford. edu/archives/sum2016/entries/sovereignty/.

Porter, J. Dubai Airport Forced to Halt Departures Due to Drone Sightings. The Verge. 15 February 2019. https://www. theverge. com/2019/2/15/18226077/ dubai – airport – drone – closure – ground – flights.

Research and Markets. About Us—Research and Markets. Research and Markets—Market Research Reports—Welcome. Accessed 4 May 2018. https:// www. researchandmarkets. com/info/about. asp.

Research and Markets, Ltd. UAV Market to 2025—Global Analysis and Forecasts by Component by Type and Application. Research and Markets—Market Research Reports—Welcome. Accessed 3 May 2018. https://www. researchandma rkets. com/research/vx2jd5/global_unmanned?w = 5.

Regulating RPAs for Safer Operations. Civil Aviation Safety Authority. 22 March 2016. Accessed 4 November 2018. https://www. casa. gov. au/about – us/ standard – page/regulating – rpas – safer – operations.

Register Your Drone. FAA. 1 November 2018. https://www. faa. gov/uas/ getting_started/register_drone/.

Remotely Piloted Aircraft Systems Legal Survey Legal Committee 37th Session. Accessed 22 October 2018. https://www. icao. int/Meetings/LC37/ Documents/LC37% 20WP% 202 – 1% 20EN% 20Remotely% 20Piloted% 20Aircraft. pdf.

Repertory of Practice of United Nations Organs and Repertoire of the Practice of the Security Council: United Nations Digital Library System. United Nations. Accessed 28 October 2018. http://digitallibrary. un. org/record/754889?ln = en.

Report: Russia Tested Anti-Satellite Weapon. The Daily Beast. 21 December 2016. Accessed 30 April 2018. https://www. thedailybeast. com/report – russia – tested – anti – satellite – weapon.

Self-Defense—International Law—Oxford Bibliographies—Obo. Igbo—African Studies—Oxford Bibliographies. 19 September 2018. Accessed 3 October 2018. http://www. oxfordbibliographies. com/view/document/obo – 9780199796953/obo – 9780199796953 – 0028. xml.

Updates about Drones. UK Civil Aviation Authority. Accessed 16 April 2019. https://www. caa. co. uk/Consumers/Unmanned – aircraft/Our – role/Updates – about – drones/.

SKYbrary Wiki. Due Regard—SKYbrary Aviation Safety. Accessed 7 November 2018. https://www. skybrary. aero/index. php/Due_Regard.

Simma, B. From Bilateralism to Community Interest in International Law. Oxford University Press, 1994.

South Korean Robot Ethics Charter 2012. Enlightenment of an Anchorwoman, 3 October 2010. https://akikok012um1. wordpress. com/south – korean – robot – ethics – charter – 2012/.

The V1. History Learning Site. Accessed 29 April 2018. https://www. historylearningsite. co. uk/world – war – two/world – war – two – in – western – europe/the – v – revenge – weapons/the – v1/.

Thirteenth Air Navigation Conference. https://www. icao. int/Meetings/anconf13/Documents/WP/wp_006_en. pdf.

The Impact of International Air Service Liberalisation on Chile. Agenda for Freedom. IATA. July 2009. https://www. iata. org/publications/economics/reports/chile – report. pdf.

The Law of the Future and the Future of Law. HiiL. Accessed 21 October 2018. http://www. hiil. org/publication/the – law – of – the – future – and – the – future – of – law.

The Platform for Unmanned Cargo Aircraft (PUCA). Platform Unmanned

Cargo Aircraft. Accessed 30 November 2018. https://www.platformuca.org/.

Thomson, I. U. S. Air Force Terminates Predator Drones. Now You Will Fear the Reaper. The Register-Biting the Hand That Feeds IT. Accessed 29 April 2018. https://www.theregister.co.uk/2017/02/27/us_air_force_put_predator_drones/.

The Universal Security Audit Programme Continuous Monitoring Approach (USAP-CMA) and Its Objective. Accessed 9 May 2019. https://www.icao.int/security/usap/pages/default.aspx.

Tottenham, P. P. What Are Isaac Asimov's Three Laws of Robotics? Are They Purely Ficticious or Is There Scientific Credence to Them?. The Guardian (Guardian News and Media). Accessed 28 May 2019. https://www.theguardian.com/notesandqueries/query/0,5753,-21259,00.html.

UTM Guidance. Accessed 25 April 2019. https://www.icao.int/safety/UA/Pages/UTM-Guidance.aspx.

Waldock, H. Yearbook of the ILC. Vol. II. http://legal.un.org/ilc/publications/yearbooks/english/ilc_1966_v2.pdf.

Wall, M. X-37B: The Air Force's Mysterious Space Plane. Space.com. 8 August 2017. Accessed 30 April 2018. https://www.space.com/25275-x37b-space-plane.html.

Welcome to the USOAP Continuous Monitoring Approach (CMA) website. Accessed 9 May 2019. https://www.icao.int/safety/cmaforum/Pages/default.aspx.

41 General Principles. YouTube. 27 January 2017. Accessed 3 October 2018. https://www.youtube.com/watch?v=ObSwnKQNWrM.

1978 Bonn Summit Statement on Air-hijacking, G7 Information Centre. Accessed 20 May 2019. http://www.g8.utoronto.ca/summit/1978bonn/hijacking.html.

案例列表

庇护权案(哥伦比亚诉秘鲁)

Asylum Case (Colombia v. Peru), Merits, Judgment, [1950] ICJ Rep 266, ICGJ194 (ICJ 1950), 20 November 1950, International Court of Justice (ICJ), Oxford Public International Law, 6 June 2017, https://opil. ouplaw. com/view/10. 1093/law:icgj/194icj50. case. 1/law – icgj – 194icj50, 12.

审计案(荷兰诉法国)

Auditing of Accounts (The Netherlands v. France), Award, 12 March 2004, XXV RIAA 267, Permanent Court of Arbitration, 84.

巴塞罗那电车、电灯和电力公司案(比利时诉西班牙)

Barcelona Traction, Light and Power Company, Limited (Belgium v. Spain), Second Phase, ICJ, 5 February 1970, 133

在尼加拉瓜境内和针对其的军事和准军事行动案(尼加拉瓜诉美国)

Case Concerning *Military and Paramilitary Activities In and Against Nicaragua (Nicaragua v. United States of America)*; Jurisdiction of the Court and Admissibility of the Application, ICJ, 26 November 1984, http://www. refworld. org/cases, ICJ, 4023a3034. html, 46.

大陆架案(利比亚诉马耳他)

Continental Shelf Case (Libya v. Malta), ICJ Judgment, 21 March 1984, ICJ, https://www. icj – cij. org/en/case/68, 8.

费尔德布鲁格诉荷兰案

Feldbrugge v. the Netherlands, Merits, App. No. 8562/79, (1986) 8 EHRR 425, IHRL 56 (ECHR 1986), 29 May 1986, European Court of Human Rights

（ECHR）. Oxford Public International Law, 19 June 2019, https://opil.ouplaw.com/view/10.1093/law:ihrl/56echr86.case.1/law-ihrl-56echr86, 65.

卡西基利岛/塞杜杜岛案（博茨瓦纳诉纳米比亚）

Kasikili/Sedudu Island（Botswana/Namibia）［1999］ICJ Reports 1045, at 1076, paragraph 49, quoting from［1966］Yearbook of the ILC, Vol. Ⅱ, 17.

菲尼克斯行动公司诉捷克案

Phoenix Action Ltd v. The Czech Republic, ICSID Case No. ARB/06/5, Award, 15 April 2009, 84.

印度领土通行权案（葡萄牙诉印度）

Right of Passage over Indian Territory（Portugal v. India）, Judgment ICJ 12 April 1960, ICJ, https://www.icj-cij.org/files/case-related/32/032-19600412-JUD-01-00-EN.pdf, 102.

萨利尼建筑公司和意大利贸易公司诉约旦案

Salini CostruttoriSpA and ItalstradeSpA v. the Hashemite Kingdom of Jordan, ICSID Case No. ARB/02/13, Decision on Jurisdiction, 9 November 2004, 84.

利吉丹岛和西巴丹岛主权案（印度尼西亚诉马来西亚）

Sovereignty over Pulau Ligitan and Pulau Sipadan（Indonesia/Malaysia）, Judgment, 2002, ICJ Rep 625, 17 December 2002, ICJ, https://www.icj-cij.org/en/case/102, 84.

领土争端案（利比亚诉乍得）

Territorial Dispute, *Libya v. Chad*, Judgment, Merits,［1994］ICJ Rep 6, ICGJ 88（ICJ 1994）, 3rd February 1994, United Nations（UN）; ICJ, 84.

领土争端案（黎巴嫩诉乍得）

Territorial Dispute, *Libyan Arab Jamahiriya v. Chad*, ICJ Judgment Rep 3, ICJ, 3 February 1994, https://www.icj-cij.org/en/case/83, 84.

文件列表

欧盟航空安全局,《2017 年第 5 号立法修正案通告》,访问时间:2018 年 5 月 1 日,https://www.easa.europa.eu/document-library/notices-of-proposed-amendment/npa-2017-05, 29。

第 11 次空中航行会议,蒙特利尔,2003 年 9 月 22 日至 10 月 3 日。

欧洲空中航行安全组织,《遥控驾驶航空器系统(RPAS)空中交通管理运行概念》,2017 年 12 月 21 日,访问时间:2018 年 11 月 4 日,https://www.eurocontrol.int/publications/remotely-piloted-aircraft-systems-rpas-atm-concept-operations-conops, 71。

国际民航组织法律委员会,《关于遥控驾驶航空器系统法律问题的研究(由美国提交)》,2018 年 7 月 24 日,LC/37-WP/2-8,https://www.icao.int/Meetings/LC37/Documents/LC37-WP2-8-RPAS.pdf, 143。

国际民航组织,国际民航组织第 32 届大会通过的暂定版第 A32-11 号决议:《国际民航组织普遍安全监督审计计划的订立》,访问时间:2020 年 1 月 6 日,https://www.icao.int/Meetings/AMC/MA/Assembly%2032nd%20Session/resolutions.pdf, 132。

国际民航组织,空中航行委员会,访问时间:2020 年 3 月 26 日,https://www.icao.int/about-icao/AirNavigationCommission/Pages/default.aspx, 70。

国际民航组织,Doc 9985 AN/492,《空中交通管理安保手册》(非公开),访问时间:2019 年 2 月 13 日,http://www.aviationchief.com/uploads/9/2/0/9/92098238/icao_doc_9985_-_atm_security_manual_-_restricted_and_unedited_-_not_published_1.pdf, 157。

国际民航组织,附录 2,《针对〈国际民用航空公约〉条款的评论》,由芝加哥会议秘书处弗吉尼亚·C. 利特尔夫人完成并由临时国际民航组织发布，1947 年 3 月 25 日，Doc 2996，IC/8 25，73。

国际民航组织，附录 5，《航空运输协定范本》，访问时间：2018 年 11 月 21 日，https：//www. icao. int/Meetings/AMC/MA/ICAN2009/templateairservicesagreements. pdf，91。

国际民航组织，Doc 10071，《第 39 届大会——技术委员会报告》，A39 - TE，99。

国际民航组织，第 328 号通告，《无人驾驶航空器系统》，访问时间：2018 年 4 月 18 日，https：//skybrary. aero/bookshelf/content/bookDetails. php? bookId = 3202，152。

国际民航组织，机场和空中航行服务经济会议，《机场和空中航行服务经济管理的决定因素》，访问时间：2020 年 4 月 8 日，https：//www. icao. int/Meetings/ceans/Documents/Ceans_Wp_061_en. pdf，107。

国际民航组织，Doc 10019 AN/507，《遥控驾驶航空器系统（RPAS）手册》，蒙特利尔：国际民航组织，2015 年，124。

国际民航组织，Doc 7278 - C/841，《定期国际航班的定义》，摘自《国际民航组织理事会向成员方提交的关于〈定期国际航班的定义〉以及〈芝加哥公约〉第 5 条所赋予权利的分析报告》，106。

国际民航组织，Doc 9416 C/1077，《国际民航组织理事会特别届会（1983 年）会议记录》，136。

国际民航组织，Doc 9433 AN/926，《民用航空器拦截手册（国际民航组织现行规定和专门建议合集）》，1990 年第 2 版，访问时间：2018 年 11 月 8 日，http：//www. wing. com. ua/images/stories/library/ovd/9433. pdf，82。

国际民航组织，Doc 9554 AN/932，《针对可能威胁民用航空器运行的军事活动的安全措施手册》，访问时间：2018 年 11 月 8 日，http：//www. wing. com. ua/images/stories/library/ovd/9554. pdf，82。

国际民航组织，Doc 9854 AN/458，《全球空中交通管理运行概念》，2005 年，73。

国际民航组织, 放飞无人机研讨会第170922-23号视频,《关于无人驾驶航空器的规章》, 访问时间: 2019年2月19日, https://rpas-regulations.com/community-info/icao-drone-enable-conference-170922-23-videos/, 160。

联合国系统行政长官协调理事会,《各机构支出的报告(国际民航组织)》, 访问时间: 2018年12月4日, https://www.unsystem.org/content/icao, 112。

国际民航组织,《国际民航组织关于世界民航的报告——行业表现(2017年)》, 蒙特利尔: 国际民航组织, 2018年, 90。

国际民航组织, 国际航空碳抵消和减排计划, 访问时间: 2020年9月30日, https://www.icao.int/ChicagoConference/Pages/default.aspx, 41。

国际民航组织, Doc 9626,《国际航空运输管理手册》, 2004年版, 访问时间: 2020年4月23日, http://www.icao.int/Meetings/atconf6/Documents/Doc%209626_en.pdf, 109。

国际民航组织,《智利开放国内载运权》, 访问时间: 2020年5月9日, https://www.icao.int/Meetings/a39/Documents/WP/wp_440_rev1_en.pdf, 112。

国际民航组织,《国际航空运输管理与产业发展综述》, 国际民航组织秘书处, 2020年8月13日, https://www.icao.int/Meetings/a39/Documents/Overview_of_Regulatory_and_Industry_Develop. 120。

国际民航组织, Doc 9587,《国际航空运输经济监管的政策与指导材料》, 访问时间: 2016年8月15日, https://www.icao.int/Meetings/a39/Documents/9587-PROVISIONAL%20VERSION.pdf, 107, 108。

国际民航组织,《1919年〈巴黎公约〉: 管理空中航行的起点》, 访问时间: 2018年5月22日, https://www.icao.int/secretariat/PostalHistory/1919_the_paris_convention.htm, 40。

国际民航组织,《芝加哥会议记录》(华盛顿特区, 美国国务院)第1册和第2册, 芝加哥: 伊利诺伊, 1944年11月1日至12月7日, https://www.icao.int/ChicagoConference/Pages/proceed.aspx, 41, 49, 104。

国际民航组织，《遥控驾驶航空器系统（RPAS）国际仪表飞行规则运行概念》，访问时间：2019年2月9日，https：//www.icao.int/safety/ua/documents/rpas%20conops.pdf，98，161，162。

国际民航组织法律委员会第37届会议，国际民航组织秘书处提交的《关于遥控驾驶航空器系统的法律调查》，访问时间：2020年7月27日，http：//www.icao.int/Meetings/LC37/Documents/LC37%20WP%202-1%20EN%20Remotely%20Piloted%20Aircraft.pdf，145。

国际民航组织，第A33-1号决议，《关于滥用民用航空器作为杀伤性武器和涉及民用航空的其他恐怖主义行为的宣言》，蒙特利尔，2001年9月25日至10月5日，访问时间：2018年3月27日，https：//www.icao.int/Meetings/AMC/MA/Assembly%2033rd%20Session/plugin-resolutions_a33.pdf，62。

国际民航组织，《第37届大会有效决议》，2010年10月8日，https：//www.icao.int/Meetings/AMC/Assembly37/Documents/ProvisionalEdition/a37_res_prov_en.pdf。59。

国际民航组织，第13次空中航行会议，2018年10月9日至19日，蒙特利尔，秘书处提交的《关于遥控驾驶航空器系统（RPAS）的报告》，访问时间：2018年12月日，https：//www.icao.int/Meetings/anconf13/Documents/WP/wp_006_en.pdf，98，140，141，150。

国际法院，《关于在武装冲突中使用核武器合法性的咨询意见》，1996年7月8日，访问时间：2019年8月1日，https：//www.refworld.org/cases.ICJ.3ae6b65a4.html，103。

国际法委员会，《国家对国际不法行为的责任的条款草案评述》，2011年，UN DOC A/56/10，13。

国际法委员会，由马尔蒂·科斯肯涅米主持的国际法碎片化研究小组，《国际法碎片化的报告》，访问时间：2020年2月28日，http：//legal.un.org/ilc/sessions/55/pdfs/fragmentation_outline.pdf，11。

国际法委员会，国际法委员会1978年年刊，第二册第一部分，《除提交联合国大会的报告之外的关于第30届委员会会议的报告》，纽约：联合国，1980年，17。

国际民航组织法律委员会，Doc 7669，《章程—程序规则—批准公约草案的程序》，第5版，1988年，197。

1919年《巴黎公约》序言，League of Nations Treaty Series Vol. XI.，也可从此处访问：Vol. XXX. Annals of Air and Space Law，2005，40。

美国总统，《美国国家安全战略》，华盛顿，2002年，15，47。

条约列表

《空中航行管理公约》，巴黎，1919年10月13日，1 ILM 359，第7条、第39条、第40条、第89条。

《国际民用航空公约》，芝加哥，1944年12月7日（ICAO Doc 7300/9），第4条、第6条、第16条、第19条、第41条、第42条、第49条、第83条、第84条、第104条、第116条。

《国际航空过境协定》，1944年12月7日，59 STAT. 1693，TIAS. NO. 487，UNTS 389（1951），第7条、第93条、第109条、第112~115条、第117条、第121条、第128条、第181条。

《国际航空运输协定》，1944年12月7日，59 STAT. 1701，TIAS NO. 488，UNTS 387（1953），第7条、第93条、第109条、第112条、第113条、第115~117条、第120条、第181条。

联合国，《联合国宪章》，1945年10月24日，1 UNTS XVI，第45条。

联合国，《国际法院规约》，1946年4月18日，第8条。

《关于在航空器内犯罪和其他某些行为的公约》，1963年9月14日订于东京，第63条。

《维也纳条约法公约》，1969年5月23日，1155 UNTS 33，第48条。

联合国，《制止非法劫持航空器的公约》，1970年12月16日，第63条、第135条、第167条、第168条。

《制止危害民用航空安全的非法行为的公约》，蒙特利尔，1971年9月23日，ICAO Doc 8966，第63条。

《联合国海洋法公约》，1982年12月10日，1833 U.N.T.S. 397，第51条、第90条、第143条。

《制止在用于国际民用航空的机场发生非暴力行为以补充一九七一年九月二十三日订于蒙特利尔的制止危害民用航空安全的非法行为的公约的议定书》,蒙特利尔,1988 年 2 月 24 日,ICAO Doc 9518,第 63 条、第 167 条。

《在可塑炸药中添加识别剂以便探测的公约》,1991 年 3 月 1 日订于蒙特利尔,ICAO Doc 9571,第 63 条。

索 引*

A

ACC,2

ADIZ,46

Aerodromes,162,163

AI,26,27,34,186-189,191,192,194,195,198

Air Canada Cargo,2

Air traffic management system,28

Air transportation,2,6,90,91,100,112,120-126,129,176,182,183

Airspace and aerodrome integration issues,193

AIS,173

Amazon PrimeAir,23,34

ANC,70,71,79,86,196

ANSP,159,161,164

Aquila,24

Article 4,5,19,26-29,42,45,52,58,59,66,68-70,72-78,80,81,83,85-87,94,99-105,109,110,120,125,128,134,140,151,166,167,179-183,186,189,194

Artificial consciousness,27,186,191

Artificial intelligence,26

ASA,91,117,120-127,139,183

---

* 索引中页码均为原书页码。

ATC, 28, 34 – 38, 59, 125, 159, 161, 162, 164, 175, 178, 181, 184, 194

ATLAS, 2

ATM, 28, 73, 153, 154, 160, 168, 170, 193

ATS, 78, 79, 82, 144, 153, 161, 173 – 175, 189, 191

Autonomous aircraft, 2, 24 – 29, 34, 38, 54, 71, 76, 80, 85, 87, 186 – 192, 194, 195, 198

B

Bilateral Agreements, 114

Boeing, 2, 30, 54, 194

BRLOS, 34, 36 – 38, 54, 98

BVLOS, 34, 36 – 38, 193

C

C2 link, 34 – 36, 38, 54, 64, 98, 125, 148, 154, 158, 159, 161, 164

CAA, 72, 149, 159, 166, 168, 179, 193, 194, 196

Cabotage, 41, 44, 99, 101 – 105, 110 – 112, 119, 128, 182

CARICOM, 111

CASA, 72

CDL, 172

Certificate of airworthiness, 95, 140, 144, 147 – 149, 164, 170, 172, 173, 185, 187

Civil aircraft, 5, 23, 28, 30, 31, 41, 44 – 46, 54 – 60, 62, 66, 67, 69, 74, 80 – 83, 85, 128, 132, 134 – 136, 140, 166, 167, 169, 170, 179, 180, 183, 184, 198

Civil and State aircraft, 4, 39, 41, 53 – 60, 67, 180

Civil aviation, 1, 4 – 8, 25, 26, 28 – 33, 39, 41, 42, 47, 49 – 51, 59 – 68, 81, 84, 87, 110 – 112, 119, 121, 123, 128, 129, 132, 134 – 137, 139, 141 – 145, 152 – 154, 162, 164, 165, 169, 171, 174, 177 – 181,

183–186, 190–192, 194–198

CMA, 137

Consistent practice of States, 9

Convention on International Civil Aviation, 4, 30, 41, 42, 54, 61, 62, 73, 77–80, 84, 90, 96, 99, 141, 149, 153, 161

Convention Relating to the Regulation of Aerial Navigation, 7, 39, 40, 89

Cross border civil operations, 3, 68, 72, 151

Cross border flights, 3, 4, 38, 39, 117

Cross border operations, 1, 3–8, 30, 31, 34, 37–39, 42, 48, 53, 66, 68, 87, 91, 100, 113, 131–134, 144, 145, 178–182, 184–186, 193, 195–197

D

DAA, 34–38, 60, 98, 159, 170, 193

DARPA, 24

DAS, 26

DDC, 2, 23, 122

Doctrinal research, 7

Documents carried on board, 5, 131, 147, 148, 173, 174

Dronamics, 2, 3

Drone, 25, 26

Drone Delivery Canada, 2, 122

E

EASA, 25, 29, 71, 137

EEZ, 51

Ehang, 2, 26, 34, 122

ELT, 147

Erga omnes, 133–136, 142

EURON, 190

F

FAA, 25, 26, 29, 82, 83, 165, 167, 168

Facebook, 24

FAR, 29

FIR, 175

Flight planning, 161, 162

Flown without a pilot, 69, 73 – 76, 80, 86, 102, 128

Foreign airspace, 4, 38, 53, 58, 69, 72, 74, 87, 89 – 92, 102, 128, 151, 187

Freedoms of the air, 5, 89, 93, 100, 112 – 121

Future operations, 192

G

GASP, 152

General principles of international law, 43

General principles of law recognised by the civilized nations, 9, 10

H

Handovers, 163, 164

Historical evolution, 4

I

IATA, 3, 31, 97, 119

ICAO, 3, 7, 15, 16, 25 – 30, 34, 35, 38, 42, 52, 54, 58, 59, 61 – 64, 66, 70 – 87, 91, 93 – 99, 106 – 108, 118, 120, 121, 124 – 126, 128, 131, 132, 136 – 139, 141, 143 – 145, 147, 148, 151 – 157, 160, 162, 163, 170, 171, 175, 178 – 180, 183 – 186, 188, 192 – 197

ICJ, 8-12, 17, 46, 48, 84, 102, 103, 133

Identifiability, 190

IFR, 99, 141, 145, 149, 153, 179, 183, 185, 193

ILC, 11, 12, 17

Incidents, 165-169

International air navigation, 4-6, 42-44, 62, 66, 68, 72-74, 87, 89-99, 128, 129, 131, 132, 136, 138-142, 144, 145, 147-149, 151, 152, 154, 158-162, 169-171, 174-177, 179-181, 185, 186, 188, 192, 193

International air services, 91, 92, 93, 97, 100, 102-104, 106, 109, 113-116, 118, 120, 125, 126, 161, 182

International Air Services Transit Agreement, 7, 93, 109, 112-115, 117, 121, 128, 181

International air traffic rights, 93

International air transport, 2, 5, 6, 42, 44, 48, 51, 60, 62, 66-68, 87, 89-93, 95-97, 99, 100, 103, 104, 111-114, 117, 120-128, 150, 177-183, 194, 195, 197, 198

International Air Transport Agreement, 7, 93, 109, 112, 113, 115-117, 120, 181

International Air Transport Association, 31

International civil aviation, 4, 6-8, 16, 26, 28, 30, 35, 41, 42, 47-51, 61, 62, 66, 67, 84, 86, 87, 112, 119, 123, 128, 132, 134-137, 139, 142, 145, 162, 165, 169, 177-180, 184-186, 192, 194, 195, 198

Investigation of accidents, 145

ITU, 98

J

Jetstream 31 aircraft, 24

L

Lex posterior derogat priori, 18, 19

Lex specialis, 5, 89, 101, 103 – 105, 128, 151, 182

Lex specialis derogat generalis, 18, 19, 99, 101, 103, 105

M

MAC, 35

Management of safety, 5, 131, 153

Management of safety and security, 5, 131, 153

Manned aircraft, 1, 2, 4, 5, 28, 31, 32, 35, 37, 38, 63, 75, 81, 87, 95 – 99, 103, 125, 126, 129, 139, 143, 148, 149, 152 – 154, 156, 158 – 161, 163, 164, 169, 170, 178, 179, 182, 184, 192, 193, 196

MASA, 111, 180

MCM, 172, 173

MEL, 172

Misuse of civil aviation, 64

Model aircraft, 24, 26, 28, 38

Modus vivendi, 10

MOU, 120

Mutatis mutandis, 151, 182, 189

N

NASA, 24, 26, 159

National airspace, 3, 29, 44, 49, 52, 82, 143, 160, 179

Non-liquet, 9

Non-scheduled flights, 68, 92, 93, 99 – 101, 103 – 109, 120, 181, 182

Non-segregated airspaces, 5, 27, 152

NOTAM, 173

O

Opinio juris, 8, 9

Opinio juris sive necessitates, 8

OTV, 24, 5

P

PANS, 16, 58, 70, 74, 83, 136, 152, 153, 159, 176, 184, 193, 195

Paris Convention 1919, 39 – 42, 44, 50, 56, 66, 73, 89, 104

PCIJ, 9

Personnel licensing, 5, 97, 131, 141, 149 – 151, 174, 185

Pilotless aircraft, 4, 5, 7, 19, 26, 40 – 42, 52, 58, 59, 66, 69 – 78, 80, 85 – 99, 102, 104, 128, 134, 179, 180, 189, 191, 194

Preamble, 121

Preamble of the Chicago Convention 1944, 39, 48 – 50, 61, 87, 111, 134

Prior authorisation, 5, 91, 104, 105, 128, 181, 182

Privacy, 190

Public international air law, 4, 7, 41, 44, 83

R

Ray Kurzweil, 1

Recognition of certificates and licences, 5, 124, 131, 151

Remote pilot station, 28, 36, 54, 71, 74, 76, 77, 96, 97, 109, 119, 122 – 125, 131, 146 – 148, 150, 154, 156 – 159, 162 – 164, 170, 172, 173, 183, 193

Remotely Piloted Aircraft Systems, 7, 25, 28, 35, 36, 40, 60, 63, 64, 71, 72, 85, 96, 98, 104, 124, 125, 140, 141, 145, 147, 149, 150, 152 – 157, 159, 161 – 164, 172, 173

Research questions, 3, 5 – 7, 53, 171, 177

RLOS, 36, 37, 54

ROA, 26

Robot, 188, 189, 190

RPA, 25 – 28, 35 – 38, 54, 67, 71, 74 – 78, 86, 87, 121, 186

RPAS, 7, 25, 26, 28, 29, 35 – 38, 40, 54, 63, 64, 67, 70 – 72, 75 – 81, 85, 86, 96 – 99, 104, 121, 124, 125, 128, 140, 141, 145, 147, 149, 150, 152 – 164, 172, 173, 185, 192

RPASP, 71, 86, 185

RPAV, 26

RPS, 36, 37, 54

Rules of interpretation, 5, 8, 11 – 14, 74, 75, 83, 85 – 87

Rules of the air, 5, 28, 35, 51, 59, 71, 76 – 78, 80, 81, 110, 131, 136, 141 – 143, 149, 150, 161, 167, 170, 174, 179, 181, 183 – 188

S

Safety, 5, 6, 16, 24, 26, 31, 32, 34, 39, 45, 50, 54 – 60, 63, 70, 72, 75, 77 – 84, 87, 90 – 98, 105, 110, 113, 117 – 119, 123 – 125, 129, 131 – 145, 149 – 156, 159 – 161, 163 – 166, 168 – 171, 174 – 198

SARPs, 3, 6, 7, 16, 28, 38, 50, 53, 57, 58, 63, 70, 71, 74, 75, 77, 81, 83, 85, 87, 89, 92, 94, 95, 97 – 99, 123 – 125, 128, 134, 136 – 141, 143 – 145, 148, 149, 151 – 153, 155 – 158, 164, 169 – 171, 175 – 179, 183 – 186, 193 – 196, 198

Scheduled flights, 85, 92

Security, 5, 15, 16, 24, 34, 46, 48, 60 – 64, 66, 67, 72, 79, 84, 87, 90 – 92, 94, 96 – 98, 117, 123, 125, 131, 137, 140, 153, 154, 156 – 158, 164 – 166, 168 – 170, 176, 178, 180, 182 – 184, 191, 194, 196, 197

SMS, 155, 156, 170, 192

Sovereignty, 4, 5, 10, 39, 41, 44, 45, 50 – 53, 61, 73, 92, 94, 100, 105, 112, 113, 151, 179

Space drones, 3, 24

Special authorisation, 45, 52, 58, 59, 66, 69, 72 – 74, 77 – 80, 85 – 87, 99, 100, 102 – 105, 110, 120, 140, 170, 181, 183

SSP, 155, 156, 176

Standards and Recommended Practices, 16, 70, 136

State aircraft, 4, 30, 32, 39 – 41, 53 – 60, 67, 80, 85, 106, 143, 178, 180

Substantial ownership and effective control, 115, 122

Supplementary means of interpretation, 12, 13

SUPPS, 16

T

TASA, 91, 121, 123 – 125, 127, 128

Territory, 4, 22, 39 – 42, 44 – 46, 50 – 53, 55, 56, 58, 60, 61, 64, 65, 67, 69, 72, 73, 78, 82, 91 – 96, 100 – 102, 104 – 111, 113 – 119, 124, 142, 143, 145, 146, 150, 151, 167, 168, 174, 179 – 182, 187, 188

To obviate danger to civil aircraft, 59, 66, 69, 74, 80, 81, 134, 140, 167, 170, 184

Traceability, 190

U

UA, 2 – 8, 16, 19, 21, 23 – 34, 37 – 41, 45, 49, 52 – 54, 56 – 60, 63 – 81, 83, 85, 86, 95 – 99, 101, 103 – 111, 114 – 129, 131, 132, 134, 139 – 145, 147 – 152, 157 – 174, 177 – 184, 186, 187, 192, 193, 195 – 198

UAS, 1 – 8, 16, 18, 21 – 27, 29 – 34, 36, 38, 39, 42, 48 – 50, 53, 59 – 61, 63 – 72, 74, 76 – 79, 85, 86, 89, 91, 93, 95 – 100, 104, 105, 109 – 115, 117 – 119, 121 – 129, 131, 132, 136, 137, 140 – 152, 154 – 173, 175, 177 – 186, 191 – 198

UASSG, 70, 71, 86

UAV, 26, 33, 74

UD, 26

UN, 15, 45, 46, 47

UNCLOS, 90, 143

Unmanned aircraft, 2, 26 – 29, 38, 40, 76, 152, 185

Unmanned aircraft systems, 1, 2, 27, 29, 40, 152, 185

Unmanned aviation industry, 142, 151, 195, 197

Unmanned cargo aircraft, 2

USOAP, 137

UTM, 154, 160, 170, 184, 189, 193

V

VCLT, 5, 10 – 15, 17, 43, 48, 49, 55, 58, 74, 83 – 87, 110, 120, 179

VFR, 37, 153, 185

VHF, 35

Vienna Convention on the Law of Treaties, 5, 18, 84, 120

VMC, 37

W

WWI, 4, 21, 22, 39 – 41, 44, 66, 73, 74, 85, 86

WWII, 4, 22, 39, 41, 46, 48, 51, 73

航空航天法律与政策系列

1. Erwin von den Steinen, *National Interest and International Aviation*(ISBN 90-411-2455-1).

2. Ludwig Weber, *International Civil Aviation Organisation: An Introduction*(ISBN 978-90-411-2622-1).

3. Niels van Antwerpen, *Cross-Border Provision of Air Navigation Services with Specific Reference to Europe: Safeguarding Transparent Lines of Responsibility and Liability*(ISBN 978-90-411-2688-7).

4. Brian F. Havel, *Beyond Open Skies: A New Regime for International Aviation*(ISBN 978-90-411-2389-3).

5. 黄解放(Jiefang Huang), *Aviation Safety through the Rule of Law: ICAO's Mechanisms and Practices*(ISBN 978-90-411-3115-7).

6. Marian Hoeks, *Multimodal Transport Law: The Law Applicable to the Multimodal Contract for the Carriage of Goods*(ISBN 978-90-411-3246-8).

7. 乔治·N. 汤普金斯(George N. Tompkins, Jr.),《从美国法院实践看国际航空运输责任规则的适用与发展：从1929年〈华沙公约〉到1999年〈蒙特利尔公约〉》(*Liability Rules Applicable to International Air Transportation as Developed by the Courts in the United States*)(ISBN 978-90-411-2646-7)。

8. Daniel Calleja Crespo and Pablo Mendes de Leon (eds), *Achieving the Single European Sky: Goals and Challenges*(ISBN 978-90-411-3730-2).

9. Donal Patrick Hanley, *Aircraft Operating Leasing: A Legal and Practical Analysis in the Context of Public and Private International Air Law*, Second Edition(ISBN 978-90-411-6050-8).

10. Mikołaj Ratajczyk, *Regional Aviation Safety Organisations: Enhancing Air Transport Safety through Regional Cooperation*(ISBN 978-90-411-5861-1).

11. Benjamyn I. Scott (ed.), *The Law of Unmanned Aircraft Systems: An Introduction to the Current and Future Regulation under National, Regional and International Law*(ISBN 978-90-411-6126-0).

12. Stamatis Varsamos, *Airport Competition Regulation in Europe*(ISBN 978-90-411-6831-3).

13. Katarzyna Malinowska, *Space Insurance: International Legal Aspects*(ISBN 978-90-411-6784-2).

14. John Milligan, *European Union Competition Law in the Airline Industry*(ISBN 978-90-411-6618-0).

15. 孔得建(Dejian Kong), *Civil Liability for Damage Caused by Global Navigation Satellite System*(ISBN 978-94-035-1171-9).

16. Pablo Mendes de Leon and Niall Buissing (eds), *Behind and Beyond the Chicago Convention: The Evolution of Aerial Sovereignty*(ISBN 978-94-035-1131-3).

17. Neta Palkovitz, *Regulating a Revolution: Small Satellites and the Law of Outer Space*(ISBN 978-94-035-1762-9).

18. Federico Bergamasco, Roberto Cassar, Rada Popova & Benjamyn I. Scott, *Cybersecurity: Key Legal Considerations for the Aviation and Space Sectors*(ISBN 978-94-035-0110-9).

19. 路易斯·费尔南多·菲亚洛斯·帕斯米尼奥,《航空法视域下无人驾驶航空器的国际民事运行》(ISBN 978-94-035-2854-0)。

译 后 记

无人驾驶航空器是低空经济发展的重要依托。随着无人驾驶航空器的快速普及以及应用领域的不断扩展，其越来越多地承担与有人驾驶航空器同样的功能。故此，有必要讨论现行有人驾驶航空器法律监管体系是否能够有效规制无人驾驶航空器；如不能，应在哪些方面作出调整。本书系统研究现行国际民用航空法律监管框架是否足以确保无人驾驶航空器系统的国际运行和发展，并保持高水平的安全性。为回答前述问题，本书在研究中提供了基础框架，有助于推动无人驾驶航空器在法治轨道上有序发展，并丰富了国际航空法涉及无人驾驶航空器的内容。

西北政法大学国际法学院张丝路讲师主持完成本书的翻译工作，王瀚教授作为航空法与空间法经典译丛的主编，力推本书的翻译工作。本书由西北政法大学国际法学院博士研究生王海茜负责第 4 章的翻译，硕士研究生刘清媛、张馨雅、刘聪，分别负责第 3 章、第 5 章、第 6 章的翻译，其他章节由张丝路讲师负责翻译并进行全书审校。

知识产权出版社秦金萍编辑对本书翻译稿的审阅、校对，亦是本书出版的重要助力。特就本书的翻译、出版，向以上人员一并表示感谢。虽各位译者和校订者尽了最大努力，但翻译不完善之处仍在所难免，敬请各位读者批评指正。